Conversational Russian

AN INTERMEDIATE COURSE

HELEN YAKOBSON

The George Washington University

HERMITAGE

Helen YAKOBSON

CONVERSATIONAL RUSSIAN
An Intermediate Course

Library of Congress Cataloging-in-Publication Data

Yakobson, Helen.
    Conversational Russian.

    1. Russian language--Conversation and phrase books.
2. Russian language--Text-books for foreign speakers--
English. I. Title.
PG2121.Y32 1985   491.783'421   85-17575
ISBN 0-938920-59-6 (pbk.)

Front cover: photo by Alexander Uzlyan
Back cover: photo by Tanya Hull
Photographs in text: Victor Abdalov, Tania Hull, Gordon Joseloff,
    Kalman Kaspiev, Igor Palmin, Mark Podgursky, Lev Poliakov,
    Roger Sandler, Yuri Shalamov, Howard Sochurek,
    Alfred Tulchinsky, Alexander Uzlyan.

Published by HERMITAGE
P. O. Box 410
Tenafly, N. J. 07670, U.S.A.

Foreword

This book is intended to help students of Russian develop ease in the conversational use of the language and at the same time gain an insight into traditional and contemporary Russian cultural values.

Each of its fifteen graded lessons deals with a particular aspect of everyday life, both here in the U.S.A. and in the U.S.S.R. Throughout the book, whether the subject of the dialogue is shopping, sports, or holidays, the parallel is drawn between Soviet everyday life and life in the U.S.A. When the conversation takes place in the U.S.S.R. the student is introduced to both the new vocabulary and the difference in way of life. At the same time the student is always given an opportunity to talk about himself and his own familiar pattern of life.

Every effort is made to encourage spontaneous conversation by creating situations that are natural for the American Smiths and the Russian Ivanovs. There is always the opportunity for the student to speak as an American "Smith". He does not always have to pretend to be a Russian "Ivanov".

An attempt is made throughout the book to represent various social and age groups—not only a college student, but a housewife, a white-collar worker, a teacher, and an average "man on the street" both here in the U.S.A. and in the U.S.S.R.

Thus, in the present book the language would vary greatly from story to story and dialogue to dialogue. The speech of the younger generation is more colloquial and slang expressions are frequent. An educated Russian's speech is more sedate. He uses longer sentences— no slang. The everyday language of "the man on the street" is full of common expressions and popular sayings.

Each Lesson provides common idiomatic expressions and vocabulary essential to effective conversation on the lesson topic. The range of lesson topics gradually develops from greeting friends and talking about the weather to discussions of matters of special interest to the individual student. By the time the student reaches the second half of the book he is prepared for the longer descriptive and explanatory passages of the later units.

The exercises are designed primarily for oral training. There are questions to be answered after each dialogue or story, "fill-in" exercises to check mastery of idiomatic expressions and a list of themes for conversational practice on the overall topic of the unit.

In addition to the exercises at the end of each lesson, there are special sections for vocabulary building, as the need and opportunity arise, throughout the book. *Word Formation* sections are planned as aids to memorization. Here words are arranged in "word families"; their similarities and common roots are pointed out. *For Information* sections introduce additional vocabulary pertinent to the lesson topic to give students a wider range of vocabulary for use in composing their own narratives and dialogues.

Suggestions on the classroom use of this textbook may be helpful to teachers and students. They are based on the author's personal experience in teaching classes of conversational Russian.

1. The conversational patterns, idioms and vocabulary should first be introduced in class; sometimes examples to illustrate their meaning and usage are helpful and should be given; all of the introductory material of each unit should be memorized.

2. The illustrative material—dialogues, stories and descriptive passages of each unit should first be read in class to insure complete understanding. The material can be read in the sequence given, or some shorter, easier dialogues might be read first, and descriptive passages set aside for later use or kept for reference only. Shorter dialogues should

be memorized by the entire class; longer stories should be treated as skits and acted out by the students.

3. After the basic material of the unit has been absorbed the student is ready to provide his own variation of the conversational patterns he memorized. Much of our success as language teachers depends on the degree of our students' "involvement" with the texts. The student should be encouraged to "personalize" the material of the lessons by changing its content to suit his needs and interests.

The author wishes to thank her colleagues in the Department of Slavic Languages and Literatures for their helpful suggestions and criticisms and the students of The George Washington University for their patience and cooperation during the book's trial period—both in the classroom and on the WTOP-TV Russian Telecourse.

AUTHOR'S NOTE

The present edition (the book was originally published by D.C. Heath and Co.) has been revised and updated to reflect changes which have taken place in the language and life-style of the Soviet Union over the past twenty years. I was glad to have had the opportunity personally to observe the current scene during a recent trip to the country. The inclusion of photographs depicting modern Soviet life also enlivens the material.

I wish to gratefully acknowledge Igor and Marina Yefimov, Hermitage Publishers, for their help. I also appreciate the assistance provided by my many new friends who have recently emigrated from the Soviet Union. Many thanks to Robert and Hanna Kaiser for the permission to use some photographs included in their book *Russia from the Inside* (published by E. P. Dutton, N.Y., 1980).

Helen Yakobson
August, 1985
Washington, D. C.

Contents

Introduction

Some Features of Conversational Russian

Spoken Russian differs from written Russian in its use of shorter sentences, contraction of grammatical forms, and colloquialisms.

Spoken Russian abounds in ejaculations, metaphors, hyperboles and slang. It is made more colorful by the frequent use of proverbs and popular sayings.

Intonation plays a particularly important role. Expressions of joy, approval, surprise, displeasure, indignation and grief are often comprehensible only when they are followed by a definite intonation or a gesture, or both, since the same word may express opposite emotions.

Some of the more common interjections and expressions are listed below. Remember that "Ну", "Да", "А", can be added at will to almost any of these expressions.

To express agreement, approval:

Да, да!	Oh, yes!
Это так!	That's so!
Вот и́менно!	That's just it! Exactly!
Коне́чно!	Of course!
Возмо́жно.	Possibly.
Вполне́ возмо́жно.	Quite possible.
По-ви́димому	It seems so.
Ве́рно! Пра́вильно!	Correct!
Соверше́нно ве́рно!	Quite correct!

Вы пра́вы!	You're right!
Я согла́сен.	I agree.
То́чно так!	Exactly so!
Поня́тно!	I see!
Решено́, договори́лись!	Agreed, settled!
Наде́юсь, что э́то так.	I hope so.
Ду́маю, что э́то так.	I think so.
Полага́ю, что э́то так.	I suppose so.
Меня́ э́то устра́ивает.	That's all right with me.

To express disagreement:

Нет, э́то не так.	No, it is not so.
Ничего́ подо́бного!	Nothing of the kind!
Я не согла́сен.	I do not agree.
Вы непра́вы, вы ошиба́етесь.	You are wrong, you are mistaken.
Я про́тив, я возража́ю.	I am against it, I object.
Я протесту́ю.	I protest.
Ни в ко́ем слу́чае!	On no account!
Не ду́маю, сомнева́юсь.	I don't think so, I doubt it.
Из э́того ничего́ не вы́йдет!	That won't work!
Об э́том не мо́жет быть и ре́чи!	It is out of the question!
Ни за что на све́те!	Not for the world!

To express surprise, doubt, disbelief:

Ну, ну! Да ну?	Well, well!
Во́т как!	Is that so!
Как же э́то так?	How come?
Вот но́вость!	That's news!
Бо́же мой! Ах, Бо́г мой!	
Го́споди!	Oh, my God!
Не мо́жет быть!	It can't be!
Да что́ вы говори́те!	You don't say!
Ра́зве! Неуже́ли! Пра́вда?	
В са́мом де́ле?	Really?
Но ведь . . .	But . . .
Гм, гм . . .	Hm, hm . . .
Вы уве́рены?	Are you sure?

10

To express indignation, disappointment, protest:

Ой, ай, ах, ох!	Oh!
Какóй ýжас! Как ужáсно!	How horrible!
Э́то безобрáзие!	This is an outrage!
Что за безобрáзие!	What an outrage!
Чепухá! Ерундá! Вздор!	Nonsense! Rubbish!
Э́то смешнó! Э́то нелéпо!	It's ludicrous! It's absurd!
Какáя досáда!	What a nuisance!
Стыд! Позóр!	Shame! For shame!
Э́то кошмáр!	It's a nightmare!
Дáльше идтú нéкуда!	It's the limit!
Кто вы такóй, чтóбы . . .	Who do you think you are to . . .
Нахáл! Негодя́й!	Impudent fellow! Scoundrel!
Хулигáн! Мерзáвец!	Ruffian! Villain!
Я потрясён!	I am surprised! I am shocked!
Ну и поря́дки!	That's a pretty state of affairs!
Ну и жизнь пошлá!	
Вот дóжили!	What a life!
Ну и временá!	What times!
Ну и лю́ди в нáше врéмя!	What people we have nowadays!
Чорт знáет что!	
Что за чорт!	What the devil!
Чорт возьмú! К чóрту!	Devil take it!

To express sympathy, compassion:

Óчень жаль! Óчень жáлко!	
Как жáль! Как э́то жáлко!	What a pity!
Э́то пройдёт.	It won't last (it will pass).
Увы́, что дéлать!	Alas, what's to be done!
Ничегó не подéлаешь!	There's nothing to be done!
Возьмúте себя́ в рýки!	Pull yourself together!
Всё бýдет хорошó!	
Всё обойдётся.	Everything will be all right.
Мóжет быть, э́то всё к лýчшему.	Perhaps all's for the best.
Не пáдайте дýхом!	Keep your chin up!
Нет хýда без добрá!	Every cloud has a silver lining.
На всё Бóжья вóля!	God's will be done!

РАЗГОВОРНЫЕ ФОРМУЛЫ ОБЩЕГО ХАРАКТЕРА
GENERAL CONVERSATIONAL PATTERNS

Когда хотят привлечь внимание, то говорят: (to attract attention:)

Послушайте!
Look here! Listen!

Простите.
Excuse me, pardon me.

Одну минуту, минуточку!
Just a minute!

Можно вас на минуточку?
May I see you for a minute?

На это отвечают:

Да? Что? А?
Yes? Well? Yes?

В чём дело? Чем могу вам помочь?
What is it? What can I do for you?

Что вам угодно?
What do you want?

К вашим услугам.
At your service.

Когда хотят выразить благодарность, то говорят: (to thank:)

Благодарю вас, благодарю.
Thank you.

Спасибо, большое спасибо.
Thanks, thanks a lot.

Я вам очень благодарен.
I am very grateful to you.

Я хотел бы поблагодарить вас за . . .
I would like to thank you for . . .

Я вам очень обязан.
I am very much obliged to you.

На это отвечают:

Пожалуйста. Не за что.
Не стоит благодарности.
That's all right!
Don't mention it!
Not at all!

Когда хотят извиниться, то говорят: (to apologize:)

Простите, виноват.
I'm sorry, sorry.

Простите, прошу прощения.
I beg your pardon.

Простите, извините меня.
Pardon, excuse me.

На это отвечают:

Ничего, ничего.
Ничего, пожалуйста.
It's nothing. No harm done.

Ну что вы!
It's quite all right!

Какие пустяки!
Don't mention it!

INTRODUCTION

Я винова́т пе́ред ва́ми.
I am at fault.

Я до́лжен извини́ться за то, что . . .
I must apologize to you for . . .

Пра́во, не зна́ю как э́то случи́лось!
I really don't know how it could
ever have happened!

Прости́те за беспоко́йство!
Sorry to trouble you!

Не сто́ит об э́том говори́ть!
It's nothing to speak of!
Бог прости́т!
God shall forgive!

Ва́ши извине́ния не меня́ют де́ла!
Your apologies will not help!
Извине́ния вам не помо́гут!
Being sorry does not help!
Э́то непрости́тельно!
It's unforgivable!

Никако́го беспоко́йства!
No trouble at all!

Поле́зные выраже́ния для нача́ла разгово́ра

Кста́ти . . . кста́ти о . . . говоря́ о . . . *That reminds me, speaking of . . .*

Что каса́ется меня́ то . . . *As far as I am concerned . . .*

Ли́чно я . . . *Personally, I . . .*

По моему́ мне́нию . . . По-мо́ему . . . *In my opinion . . .*

Понима́ете ли . . . Ви́дите ли . . . *You know . . . You understand . . .*

Е́сли вы хоти́те знать моё мне́ние . . . *If you want to know my opinion . . .*

Не ста́ну скрыва́ть . . . *I don't mind telling you . . .*

По пра́вде говоря́ . . . *To tell the truth . . .*

Я име́ю в виду́ . . . *I have in mind . . .*

Предположи́м . . . *Let's suppose, suppose . . .*

Полага́ю, что . . . *I suppose that . . .*

Наско́лько мне изве́стно . . . *As far as I know . . .*

Наско́лько я понима́ю . . . *As far as I can see . . .*

Де́ло в том, что . . . *The fact is that . . .*

В э́том слу́чае . . . *In this case . . .*

Как бы там ни́ было . . . *Anyway, anyhow . . .*

Так и́ли ина́че . . . *Anyhow . . .*

Бо́льше того́ . . . Кро́ме того́ . . . *More than that*

Что ещё важне́е . . . *What's more . . .*

Други́ми слова́ми . . . Ина́че говоря́ . . . *In other words . . .*

Вообще́ говоря́ . . . *Generally speaking . . .*

Стро́го, серьёзно говоря́ . . . *Strictly, seriously speaking . . .*

По́просту говоря́ . . . *In plain words . . .*

По той и́ли ино́й причи́не . . . *For some reason or other . . .*

Мне вдруг пришло́ в го́лову . . . *It suddenly occurred to me . . .*

Полёзные выражёния к концу разговóра

В концё концóв . . . *In the end, after all* . . .

В óбщем . . . **В цёлом** . . . *All in all* . . . *On the whole* . . .

Так вот . . . **Итáк** . . . **Ну, а тепёрь** . . . *Now then* . . . *And so* . . . *Well, and now* . . .

Подводя итóг . . . **Подытóживая** . . . *Summing it up* . . . *To sum it up* . . .

Принимáя всё это во внимáние . . . *Taking all this into consideration* . . . *(Everything considered* . . .*)*

Вот и всё . . . *That's all* . . .

Пожáлуй, это и всё . . . *That's about all there is to it* . . .

Корóче говоря . . . **В двух словáх** . . . *To make a long story short* . . .

Так вот как . . . **Такúе-то делá** . . . *So that's that* . . . *And that's that* . . .

Довóльно. Наговорúлись . . . *That's enough* . . . *We've talked long enough.*

Хвáтит об этом . . . *Enough of that* . . .

Вопрóс исчёрпан . . . *The question is settled* . . .

Тепёрь всё ясно (понятно) . . . *It's all clear now* . . .

INTRODUCTION

ПЕ́РВЫЙ уро́к
Встре́чи
и
разгово́ры

ЧТО ГОВОРЯ́Т РУ́ССКИЕ, КОГДА́ ОНИ́ ВСТРЕЧА́ЮТСЯ

Приве́тствия:

Здра́вствуйте.   Hello.
До́брый день.   Good day.
До́брый ве́чер.   Good evening.
До́брое у́тро.   Good morning.

Вопро́сы:

Как пожива́ете?
  How are you?
Как вы? Как живёте? Как жизнь?
  How is life?

Как дела́?
  How are things?
Как здоро́вье? Как ва́ше здоро́вье?
  How is your health?
Как ва́ша семья́?
  How is your family?

На э́то отвеча́ют:

Здра́вствуйте.
До́брый день.
До́брый ве́чер.
До́брое у́тро.

Отве́ты:

Прекра́сно, отли́чно.
  Excellent.
О́чень хорошо́, хорошо́.
  Very well, fine.
Ничего́, так себе́.
  OK, so-so.
Нева́жно, не о́чень хорошо́.
  Not too well.
Пло́хо, совсе́м пло́хо.
  Bad, very bad.
Всё хорошо́, спаси́бо, всё в поря́дке, спаси́бо.
  Everything is OK.
Всё сла́ва Бо́гу, все здоро́вы.
  All is well.

Что нóвого? Какúе нóвости? Что у вас нóвого?
What's new?

Ничегó нóвого, никакúх новостéй.
Nothing new, no news.

Всё так же, всё то же.
Everything is the same.

Всё как всегдá.
Everything is as always.

Всё по-стáрому.
As of old.

Всё по-прéжнему.
As before, everything is as before.

Без перемéн.
Without changes, no changes.

Мнóго нóвого, у нас мнóго новостéй, большúе нóвости.
Lots of news, great news.

Мнóго перемéн, большúе перемéны.
Many changes, great changes.

Когдá прощáются, то говорят:

До свидáния. Good-bye.
Бýдьте здорóвы. Keep well.
Всегó хорóшего, лýчшего.
  All the best.
Покá, до свидáнья. So long.
Привéт! Greetings.
Прощáйте! Farewell.
До скóрой встрéчи. See you soon.
Надéюсь вас скóро опять увúдеть.
  Hope to see you soon.
Передáйте привéт, клáняйтесь от меня: (женé, семьé, мýжу, дéтям) всем дóма, всем вáшим. Give my regards, greetings to ... everyone at home.

На это отвечáют:

До свидáния.
Бýдьте здорóвы.
Всегó хорóшего, всегó лýчшего.

Покá, до свидáнья.
Привéт!
Прощáйте!
До скóрой встрéчи.
Бýду óчень рад, рáда.
  Shall be very glad.
Спасúбо.

пéрвый урóк

Разгово́р пе́рвый—обы́чный

— Здра́вствуйте, Ива́н Ива́нович!
— Здра́вствуйте, Ве́ра Ива́новна!
— Как пожива́ете?
— Ничего́, спаси́бо, а вы?
— Хорошо́, спаси́бо. Как ва́ша семья́?   5
— Отли́чно, спаси́бо, а ва́ша?
— Всё, сла́ва Бо́гу, хорошо́, спаси́бо.
— Что у вас но́вого?
— Да ничего́ но́вого. Всё как всегда́: рабо́та, дома́шние дела́. А
у вас каки́е но́вости, Ива́н Ива́нович?   10
— Да никаки́х новосте́й, всё по-ста́рому, сла́ва Бо́гу.
— Вот и́менно, « от добра́ добра́ не и́щут »! Вы пра́вы. До сви-
да́ния, Ива́н Ива́нович, я спешу́. Ра́да была́ вас встре́тить.
Кла́няйтесь жене́.
— Спаси́бо. До свида́ния. Переда́йте приве́т всем ва́шим.   15
— Спаси́бо. Наде́юсь вас ско́ро опя́ть уви́деть. Всего́ хоро́шего.
— Всего́ хоро́шего.

ЗАПО́МНИТЕ Э́ТИ ВЫРАЖЕ́НИЯ

дома́шние дела́ *housework*
от добра́ добра́ не и́щут *be satisfied with what you have*

ОТВЕ́ТЬТЕ НА Э́ТИ ВОПРО́СЫ

1. Кто с кем встре́тился?
2. Что но́вого у Ве́ры Ива́новны?
3. Каки́е но́вости у Ива́на Ива́новича?
4. Кому́ переда́ла приве́т Ве́ра Ива́новна?
5. Кому́ кла́нялся Ива́н Ива́нович?

Разгово́р второ́й — оптимисти́чный

— До́брый ве́чер, дорога́я Мари́я Петро́вна.
— Здра́вствуйте, Ива́н Ива́нович. Как пожива́ете?
— Отли́чно. А вы?
— Прекра́сно. Как семья́?
5 — Спаси́бо, всё в поря́дке. А ва́ша?
— Спаси́бо, всё хорошо́. Что но́вого у вас?
— У нас мно́го новосте́й. Я ду́маю, что мы ку́пим но́вый дом.
— Да ну́? Но ведь у вас прекра́сный дом! Почему́ вы хоти́те купи́ть но́вый?
10 — Да ве́рно, дом у нас хоро́ший. Но мы хоти́м име́ть бо́льше ме́ста для дете́й. А кро́ме того́, вы зна́ете, что я люблю́ переме́ны! «Жизнь — э́то движе́ние », как говоря́т.
— Вот вы како́й энерги́чный челове́к! Ну, пока́, до свида́ния, переда́йте приве́т ва́шей жене́.
15 — Спаси́бо. До ско́рой встре́чи. Бу́дьте здоро́вы. Кла́няйтесь му́жу.
— Спаси́бо. Всего́ хоро́шего!

ЗАПО́МНИТЕ Э́ТИ ВЫРАЖЕ́НИЯ

Я люблю́ переме́ны *I like changes*
« жизнь — э́то движе́ние » *"all life is motion"*

ОТВЕ́ТЬТЕ НА Э́ТИ ВОПРО́СЫ

1. Кто с кем встре́тился?
2. Каки́е но́вости у Ива́на Ива́новича?
3. Почему́ он хо́чет купи́ть но́вый дом?

Разговóр трéтий — пессимисти́чный

— Дóброе у́тро, Андрéй Сергéевич!

— Здрáвствуйте, Ю́рий Петрóвич, как живёте?

— Так себé. А вы?

— Невáжно.

— В чём дéло?   5

— Да всё плóхо! Здорóвье невáжное, рабóта скýчная . . .

— А как семья́?

— Не спрáшивайте! Неужéли вы дýмаете, что в нáше врéмя дéти мóгут доставля́ть рáдость? Увы́! Смотрю́ на свои́х детéй и думáю: неужéли э́то мои́?

— Да что вы говори́те! Рáзве они́ плóхо ýчатся в шкóле?

— Нет, не плóхо, учителя́ и́ми довóльны, но что учителя́ понимáют!

— Ну да, я отли́чно понимáю вас. Нáши шкóлы однá хýже другóй!   15

— А как вам нрáвится погóда, Ю́рий Петрóвич? То дождь, то снег, то жарá, то хóлод. У́жас!

— Да, рáньше такóй погóды нé было. А каки́е нóвости у вас на рабóте, Андрéй Сергéевич?

— Ах, не говори́те, Ю́рий Петрóвич. Всё то же, без перемéн.   20 Рабóтаю по-прéжнему, день и ночь, себя́ не жалéю, а кто э́то цéнит?

— Вот и́менно, Андрéй Сергéевич, никтó не цéнит! Ну, до свидáния, прости́те, я спешý.

— Всегó хорóшего. Кáжется, дождь бýдет. Ну и кли́мат!   25

— Чорт знáет что! . . .

ЗАПÓМНИТЕ Э́ТИ ВЫРАЖÉНИЯ

в чём дéло? *what's the matter?*
не спрáшивайте *don't ask*
учителя́ и́ми довóльны *teachers are pleased with them*
однá хýже другóй *one's worse than the other*
себя́ не жалéю *I don't spare myself*
а кто э́то цéнит? *who appreciates this?*

пéрвый урóк   19

ОТВЕ́ТЬТЕ НА Э́ТИ ВОПРО́СЫ

1. Кто с кем встре́тился?
2. Почему́ Андре́й Серге́евич недово́лен свое́й жи́знью?
3. Как семья́ Андре́я Серге́евича?
4. Что ду́мает Ю́рий Петро́вич о шко́лах?
5. Что но́вого на рабо́те у Андре́я Серге́евича?

Разгово́р четвёртый
(встре́ча оптими́ста с пессими́стом)

— До́брый день, дорого́й Пётр Ива́нович. Как я рад вас ви́деть!
— Здра́вствуйте, Ви́ктор Андре́евич.
— Как пожива́ете?
— Так себе́. Что мо́жет быть хоро́шего?!

— Что вы, дорогóй! На дворé весна́, во́здух чи́стый и све́жий, на́ небе ни о́блака . . .

— Да, а в газе́те пи́шут, что сего́дня бу́дет дождь . . . Как здоро́вье ва́шего бра́та? Я слы́шал, что у него́ была́ серьёзная опера́ция? 5

— Отли́чно, спаси́бо. Тепе́рь он здоро́в и, как всегда́, ве́сел и по́лон эне́ргии . . . Что у вас но́вого?

— Никаки́х новосте́й. Всё по-ста́рому, всё така́я же ску́чная жизнь! А вы куда́ спеши́те?

— В кино́. Сего́дня идёт но́вый фильм. Говоря́т, что о́чень 10 хоро́ший.

— Неуже́ли вы ве́рите тому́, что говоря́т? Я чита́л в газе́те об э́том фи́льме . . . Писа́ли, что игра́ют нева́жно . . .

— Ну вы, Пётр Ива́нович, всегда́ ду́маете, что всё пло́хо . . . Бу́дьте здоро́вы. Приве́т! 15

— До свида́ния.

ЗАПО́МНИТЕ Э́ТИ ВЫРАЖЕ́НИЯ

что мо́жет быть хоро́шего *nothing good ever happens to me*
неуже́ли вы ве́рите тому́, что говоря́т? *do you really believe everything that you hear?*

ОТВЕ́ТЬТЕ НА Э́ТИ ВОПРО́СЫ

1. Кто с кем встре́тился?
2. Кака́я была́ пого́да?
3. Как брат Ви́ктора Андре́евича?
4. Что но́вого у Петра́ Ива́новича?
5. Куда́ спеши́т Ви́ктор Андре́евич?

СДЕ́ЛАЙТЕ Э́ТИ УПРАЖНЕ́НИЯ

I. *Впиши́те ну́жные слова́:*

1. До́брый ——. 2. До́брое ——. Как ——? 3. —— спаси́бо. Как ——? 4. —— спаси́бо. Что ——? 5. Ничего́ ——, все ——. А каки́е —— у вас? 6. У меня́ никаки́х ——. Ну до свида́ния. 7. Всего́ ——. Переда́йте —— жене́. 8. Спаси́бо. Кла́няйтесь ——. 9. Спаси́бо. Бу́дьте ——. 10. До —— встре́чи.

II. *Дáйте отвéты на эти вопрóсы и выражéния:*

1. Как поживáете?
2. Что нóвого?
3. Дóбрый вéчер!
4. Как делá?
5. Как вáше здорóвье?
6. Всегó хорóшего.
7. Передáйте привéт женé.
8. Здрáвствуйте.
9. У меня плохúе нóвости.
10. Надéюсь вас скóро опять увúдеть.

III. *Впишúте словá противополóжного значéния (антóнимы)*

Примéр: хорошó — *плóхо*

1. Отлúчно
2. Невáжно
3. Ничегó нóвого
4. Мнóго хорóших новостéй
5. Всё по-стáрому
6. Всё плóхо
7. Однá хýже другóй
8. Мнóго перемéн
9. Никтó не цéнит
10. Ничегó хорóшего

IV. *Состáвьте разговóры мéжду двумя оптимúстами; мéжду двумя пессимúстами; мéжду оптимúстом и пессимúстом.*

Abdalov

пéрвый урóк

ВТОРÓЙ урóк

В ГОСТЯ́Х

Когдá рýсские знакóмятся,
то онú говоря́т:

Вы незнакóмы? Э́то мой знакóмый (знакóмая, прия́тель, товáрищ, друг) Михаúл Ивáнович Жýков.
Don't you know each other? This is my friend ...

Пожáлуйста, познакóмьтесь: Михаúл Ивáнович Жýков
Please meet ...

Я хочý познакóмить вас с моúм знакóмым (моéй знакóмой, прия́телем, товáрищем, дрýгом) Михаúлом Ивáновичем Жýковым
I want you to meet my friend ...

Позвóльте, разрешúте мне познакóмить вас с Михаúлом Ивáновичем Жýковым.
Permit me to introduce you to my friend.

Позвóльте, разрешúте мне предстáвить вам Михаúла Ивáновича Жýкова.
Permit me to present to you my friend.

Познакóмьте меня́, пожáлуйста.
Предстáвьте меня́, пожáлуйста.
Please introduce me.

На э́то отвечáют:

Да, мы (ужé, давнó) знакóмы.
Yes, we know each other (already, for a long time).
Нет, мы незнакóмы.
No, we don't know each other.

О́чень прия́тно.
Very pleased.
О́чень прия́тно познакóмиться.
Very pleased to meet you.
О́чень рад (рáда) с вáми познакóмиться.
Very glad to meet you.

С удовóльствием, с большúм удовóльствием.
With pleasure, great pleasure.

Я бýду óчень рад (рáда) познакóмить вас, предстáвить вас.
I shall be very glad to introduce you, to present you.

Я хотéл бы познакóмиться с э́тим господи́ном (э́той дáмой, э́тим молоды́м человéком, э́той молодóй дéвушкой).
I would like to meet this gentleman (this lady, this young man, this young woman).

Я с удовóльствием вас познакóмлю, представлю; я сейчáс же вас познакóмлю, представлю.
I shall introduce you with pleasure; I shall introduce you at once.

Когдá по-рýсски спрáшивают:
Где вы рабóтаете?
Где вы слýжите?
Where do you work?

На э́то отвечáют:
Я рабóтаю, служý в контóре,
I work in an office,
на госудáрственной слýжбе,
I have a government job,
я в отстáвке, я пенсионéр.
I am retired, on pension.

Чем вы занимáетесь?
What do you do?

Я занимáюсь наýчно-исслéдовательской рабóтой,
I am engaged in research work
чáстной прáктикой,
private practice,
общéственно-политúческой рабóтой, твóрческой рабóтой,
social-political work, creative work,
домáшним хозя́йством; я студéнт
housework; I am a student,
я продавщи́ца, у меня́ своё дéло.
I am a salesgirl, I have my own business.

Кто вы по профéссии?
Кто вы по специáльности?
Какáя у вас специáльность?
What is your profession?

Я по профéссии, по специáльности
By profession I am
врач, дóктор, юри́ст, хи́мик,
a doctor, lawyer, chemist,
агронóм,
agronomist,
худóжник, учи́тель, музыкáнт.
artist (painter), teacher, musician.

В какóй óбласти вы рабóтаете?
По какóй специáльности вы рабóтаете?
What is your field of work?

Я хирýрг, зубнóй врач, специали́ст
I am a surgeon, a dentist, I am a
по междунарóдному прáву;
specialist in international law,
я рабóтаю в óбласти междунарóд-
I work in the field of international

ного пра́ва, в о́бласти био-хи́мии;
law, in the field of bio-chemistry;
я занима́юсь изуче́нием по́чвы,
I am engaged in soil research,
иссле́дованиями в о́бласти я́дер-
studies in the field of nuclear
ной фи́зики.
physics.

Встре́ча на у́лице

— Здра́вствуйте, Никола́й Па́влович. Прости́те, вы не знако́мы? Э́то мой това́рищ по рабо́те — Серге́й Петро́вич Серо́в. Серге́й Петро́вич, — э́то Никола́й Па́влович Петро́в.

второ́й уро́к

— О́чень прия́тно. Вы не брат Влади́мира Петро́вича Серо́ва?

— Да. Ра́зве вы зна́ете моего́ бра́та?

— Коне́чно, зна́ю, мы познако́мились с ним два го́да тому́ наза́д. Мы служи́ли вме́сте в Бюро́ Пате́нтов.

5 — Во́т как! Вы то́же юри́ст?

— Да. А вы? Кака́я у вас специа́льность?

— Я инжене́р, но сейча́с не рабо́таю по специа́льности. Я служу́ в компа́нии « Бра́тья Смит ».

— Да что́ вы говори́те! В э́той компа́нии слу́жит мой хоро́ший
10 прия́тель. Вы знако́мы с Джо́ном Кро́ксом? Он – заве́дующий э́кспортным отде́лом.

— Нет, я не знако́м с господи́ном Кро́ксом. Я хоте́л бы с ним по-
знако́миться. Меня́ интересу́ет э́кспортное де́ло.

— Я с удово́льствием вас познако́млю. Скажи́те, вы член Клу́ба
15 бизнесме́нов?

— Да, коне́чно.

— Отли́чно. Я позвоню́ Джо́ну, и мы там пообе́даем вме́сте.
Како́й день вам удо́бнее?

— Мне все равно́, любо́й день, кото́рый бу́дет удо́бнее для вас
20 и для господи́на Кро́кса.

— Прекра́сно. Я дам вам знать за́втра. О́чень был рад с ва́ми
познако́миться. Кла́няйтесь ва́шему бра́ту. До ско́рой встре́чи!

— Спаси́бо. Всего́ хоро́шего.

— До свида́ния.

ЗАПО́МНИТЕ Э́ТИ ВЫРАЖЕ́НИЯ

колле́га по рабо́те, мы служи́ли вме́сте *co-worker, we worked together*

Бюро́ Пате́нтов *Bureau of Patents*

заве́дующий э́кспортным отде́лом *manager of the Export Department*

меня́ интересу́ет . . . *I am interested in . . .*

вы член клу́ба? *are you a member of the club?*

како́й день вам удо́бнее? *what day is more convenient for you?*

я дам вам знать *I'll let you know*

ОТВЕ́ТЬТЕ НА Э́ТИ ВОПРО́СЫ

1. Кто с кем познако́мился?
2. Зна́ет ли Никола́й Па́влович бра́та Серге́я Петро́вича Серо́ва?

3. Кто слу́жит в компа́нии « Бра́тья Смит »?
4. Знако́м ли Никола́й Па́влович с Джо́ном Кроќсом?
5. Кто и где мо́жет их познако́мить?

Разгово́р студе́нтов

— Здра́вствуй, Никола́й. С кем ты идёшь на вечери́нку в суббо́ту
ве́чером?

— До́брое у́тро, Ви́ктор. Как дела́? Я ещё никого́ не пригласи́л
на вечери́нку.

— О чём же ты ду́маешь?! Сего́дня уже́ среда́. Пригласи́ Веро́- 5
нику Ро́бинс.

— Я с ней не знако́м. Ты мог бы меня́ с ней познако́мить?

— Коне́чно, с удово́льствием. Идём знако́миться с Веро́никой.

— Веро́ника, разреши́те мне познако́мить вас с мои́м хоро́шим
прия́телем Никола́ем Бро́ганом. 10

— О́чень прия́тно познако́миться. Я о вас мно́го слы́шала.

— О́чень рад познако́миться с ва́ми. Наде́юсь, ничего́ плохо́го?

— Нет, наоборо́т, я слы́шала о вас то́лько са́мое хоро́шее.
Председа́тельница на́шего литерату́рного кружка́, Бе́тси Крокс,
говори́ла мне о вас. 15

— А, Бе́тси Крокс! Мы с ней давно́ знако́мы, мы вме́сте учи́лись
в сре́дней шко́ле. Вы давно́ с ней знако́мы?

— Нет, я познако́милась с ней совсе́м неда́вно, но я была́ зна-
ко́ма с её бра́том.

— Вы знако́мы с её бра́том Ви́ктором, кото́рый занима́ется 20
нау́чно-иссле́довательской рабо́той в о́бласти фи́зики и́ли с
Ге́нри, кото́рый занима́ется изуче́нием междунаро́дного пра́ва?

— Я знако́ма с Ге́нри. А вы знако́мы с бра́тьями Бе́тси?

— Нет, но я давно́ хоте́л с ни́ми познако́миться. Скажи́те,
Веро́ника, вы свобо́дны в суббо́ту ве́чером? Я хоте́л бы при- 25
гласи́ть вас на вечери́нку.

— В э́ту суббо́ту и́ли в суббо́ту на бу́дущей неде́ле?

— Вечери́нка в э́ту суббо́ту. Наде́юсь, что вы не за́няты?

— Мне о́чень жаль, но в э́ту суббо́ту я занята́. Я приглашена́ на
бал студе́нтов юриди́ческого факульте́та. Е́сли бы я зна́ла 30
зара́нее . . .

второ́й уро́к **27**

— Ну, что де́лать! В сле́дующий раз приглашу́ вас за три неде́ли вперёд! А сейча́с мо́жно пригласи́ть вас на ча́шку ко́фе и́ли вы спеши́те на ле́кцию?

— Нет, я свобо́дна и с удово́льствием принима́ю ва́ше при-
5 глаше́ние.

ЗАПО́МНИТЕ Э́ТИ ВЫРАЖЕ́НИЯ

с кем ты идёшь
кого́ ты пригласи́л **на вечери́нку?** *with whom are you going to the party, whom did you invite to the party?*
ты мог бы меня́ познако́мить? *could you introduce me?*
я о вас мно́го слы́шала *I heard much about you*
ничего́ плохо́го *nothing bad*
то́лько са́мое хоро́шее *only the very best*
литерату́рный кружо́к *literary circle (club)*
сре́дняя шко́ла *high school*
юриди́ческий факульте́т *law school*
е́сли бы я зна́ла зара́нее *if I only knew beforehand*
за три неде́ли вперёд *three weeks ahead*
пригласи́ть на ча́шку ко́фе *to invite for a cup of coffee*

ОТВЕ́ТЬТЕ НА Э́ТИ ВОПРО́СЫ

1. Кого́ пригласи́л Никола́й на вечери́нку?
2. Знако́м ли Никола́й с Веро́никой Ро́бинс?
3. Кто мо́жет познако́мить Никола́я с Веро́никой?
4. Что слы́шала Веро́ника о Никола́е?
5. От кого́ она́ слы́шала о Никола́е?
6. Как давно́ знако́м Никола́й с Бе́тси Крокс?
7. Как давно́ знако́ма Веро́ника с Бе́тси?
8. Знако́м ли Никола́й с бра́тьями Бе́тси?
9. Свобо́дна ли Веро́ника в э́ту суббо́ту?
10. Куда́ приглашена́ Веро́ника в э́ту суббо́ту?
11. Куда́ пригласи́л Никола́й Веро́нику сейча́с?
12. Приняла́ ли она́ его́ приглаше́ние?

До́роти и Дик Дэ́вис в гостя́х у госпожи́ Пи́терсон

Господи́н и госпожа́ Дэ́вис живу́т в Вашингто́не. Дик Дэ́вис фи́зик по образова́нию и рабо́тает по свое́й специа́льности в Бюро́ Станда́ртов. Он заве́дует отде́лом нау́чных перево́дов. Госпожа́ Дэ́вис по профе́ссии учи́тельница англи́йского языка́,

28   второ́й уро́к

но сейча́с она́ нигде́ не рабо́тает. У Дэ́вис ма́ленькие де́ти, и Доро́ти занима́ется хозя́йством и детьми́.

В про́шлом году́ До́роти и Дик на́чали изуча́ть ру́сский язы́к по телеви́дению. Для рабо́ты в свое́й о́бласти Ди́ку ва́жно знать ру́сский язы́к. Что каса́ется До́роти, то, во-пе́рвых, она́ всегда́ 5 помога́ла му́жу в его́ нау́чно-иссле́довательской рабо́те, а во-вторы́х, она́ никогда́ ни в чем не хоте́ла отстава́ть от му́жа.

Вчера́ у́тром в кварти́ре Дэ́висов позвони́л телефо́н. Звони́ла госпожа́ Питерсо́н. Она́ сказа́ла:

— Дорога́я До́роти, мне нужна́ ва́ша по́мощь. В четве́рг ве́че- 10 ром у нас в гостя́х бу́дет сове́тская делега́ция. Э́то гру́ппа нау́чных рабо́тников, кото́рые прие́хали сюда́ в поря́дке культу́рного обме́на ме́жду США и СССР. Большинство́ из них фи́зики и́ли хи́мики по специа́льности. Я зна́ю, что вы и Дик изуча́ете ру́сский язы́к . . . 15

— Нам, коне́чно, бы́ло бы о́чень интере́сно встре́титься с ва́шими гостя́ми, но, пра́во, я не зна́ю, наско́лько мы мо́жем вам быть поле́зны. Мы ещё не так хорошо́ зна́ем ру́сский язы́к, и у нас бы́ло так ма́ло пра́ктики в разгово́ре . . .

— До́роти, вы и Дик про́сто сли́шком скро́мны. Пожа́луй- 20 ста, да́йте мне сло́во, что вы бу́дете у нас в четве́рг . . .

— Ну, хорошо́. Я поговорю́ с Ди́ком и дам вам знать.

До́роти звони́т му́жу по телефо́ну на слу́жбу:

— Дик, госпожа́ Пи́терсон пригласи́ла нас на приём в четве́рг ве́чером. У неё в гостя́х бу́дет гру́ппа сове́тских нау́чных 25 рабо́тников, и она́ про́сит нас быть перево́дчиками.

— Перево́дчиками! Перево́дчиками нам быть ещё сли́шком ра́но, но встре́титься с её гостя́ми нам, коне́чно, бы́ло бы о́чень интере́сно . . .

— Да, ты прав. Я так ей и скажу́. Но интере́сно, пойму́т ли 30 э́ти ру́сские наш ру́сский язы́к? Как ты ду́маешь?

— Они́-то нас, мо́жет быть, и пойму́т, но вот поймём ли мы их! Я бою́сь, что они́ бу́дут так бы́стро говори́ть, что мы ничего́ не смо́жем поня́ть . . .

— Ну, посмо́трим! 35

ЗАПО́МНИТЕ Э́ТИ ВЫРАЖЕ́НИЯ

заве́дует отде́лом   *head of the department*
что каса́ется   *as to*

второ́й уро́к   29

во-пе́рвых *in the first place*
во-вторы́х *in the second place*
ни в чём не отстава́ть от му́жа *not to be left behind her husband in anything*
в поря́дке культу́рного обме́на *as part of a cultural exchange*
большинство́ из них *the majority of them*
наско́лько мы мо́жем вам быть поле́зны *the extent to which we can be of assistance to you*
вы про́сто сли́шком скромны́ *you are just too modest*

ОТВЕ́ТЬТЕ НА Э́ТИ ВОПРО́СЫ

1. Где рабо́тает Дик Дэ́вис?
2. Кто он по образова́нию?
3. Каки́м отде́лом он заве́дует?
4. Кто по профе́ссии госпожа́ Дэ́вис?
5. Почему́ она́ сейча́с не рабо́тает по свое́й специа́льности?
6. Почему́ Дик реши́л изуча́ть ру́сский язы́к по телеви́дению?
7. Почему́ До́роти реши́ла изуча́ть ру́сский язы́к?
8. Кто позвони́л Дэ́висам вчера́ у́тром?
9. Почему́ г-же Пи́терсон была́ нужна́ по́мощь Дэ́висов?
10. Почему́ Дик и До́роти боя́лись быть перево́дчиками?

До́роти и Дик Дэ́вис в гостя́х у г-жи Пи́терсон

Г-жа Пи́терсон: — До́брый ве́чер, До́роти. Здра́вствуйте, Дик. Ми́лости про́сим.

До́роти: — До́брый ве́чер. Како́й у вас сего́дня большо́й приём!

Дик: — До́брый ве́чер. А где ва́ши сове́тские го́сти?

5 *Г-жа Пи́терсон:* — Ах, они́ ещё не пришли́. Они́ позвони́ли, что они́ опозда́ют, бу́дут у нас че́рез час. Скажи́те, вы знако́мы с адмира́лом Ви́льсоном?

До́роти и Дик: — Нет, мы не знако́мы.

Г-жа Пи́терсон: — Я с удово́льствием вас познако́млю. Адми-
10 ра́л Ви́льсон сейча́с в отста́вке. Он о́чень интере́сный челове́к. Вы, коне́чно, слы́шали о его́ но́вой сенсацио́нной кни́ге?

Дик: — Ах, да, он, ка́жется, написа́л кни́гу о япо́нском фло́те.

Г-жа Пи́терсон: — Адмира́л Ви́льсон, разреши́те мне пред-
ста́вить вам господи́на и госпожу́ Дэ́вис. Господи́н Дэ́вис —
15 фи́зик, он изве́стный молодо́й учёный.

Вильсон: — Óчень прия́тно познако́миться. Господи́н Дэ́вис, вы говори́те; Дэ́вис ... Я по́мню, служи́л во фло́те капита́н Дэ́вис. Ваш оте́ц? ...

Дик: — Мне óчень жаль, адмира́л Ви́льсон, но мой оте́ц был по профе́ссии агроно́мом. 5

Г-жа Пи́терсон: — Прости́те, адмира́л, я ви́жу, что ва́ша жена́ вас и́щет.

Адмира́л Ви́льсон: — Где она́? Ах, ви́жу, она́ сто́ит и разгова́ривает с сена́тором Сми́том. Рад был с ва́ми познако́миться, господи́н Дэ́вис. Наде́юсь, мы ещё уви́димся. 10

Дик: — Я та́кже.

Г-жа Пи́терсон: — До́роти, я хочу́ вас познако́мить с господи́ном Ла́йкиным. Он изве́стный худо́жник. Господи́н Ла́йкин, пожа́луйста познако́мьтесь: госпожа́ Дэ́вис.

Ла́йкин: — Óчень прия́тно. 15

До́роти: — Я так ра́да с ва́ми познако́миться, господи́н Ла́йкин. Я так мно́го о вас слы́шала.

Ла́йкин: — Вы интересу́етесь иску́сством? А, мо́жет быть, вы са́ми худо́жница?

До́роти: — Нет, нет, что́ вы! 20

Ла́йкин: — На приёмах у госпожи́ Пи́терсон всегда́ встреча́ешь таки́х интере́сных люде́й. Я уве́рен, что вы занима́етесь каки́м-нибудь тво́рческим трудо́м. Вы не актри́са?

До́роти: — Нет, я про́сто мать и жена́, домохозя́йка.

Ла́йкин: — Неуже́ли! Госпожа́ Дэ́вис, у вас тако́е интере́сное 25 лицо́. Я хоте́л бы написа́ть ваш портре́т ...

Г-жа Пи́терсон: — Дик, разреши́те мне вам предста́вить мою́ подру́гу – Мэ́ри Бра́йон.

Дик: — Óчень прия́тно познако́миться.

Г-жа Бра́йон: — Óчень прия́тно, но мне ка́жется, что мы с ва́ми 30 где-то уже́ встреча́лись ...

Дик: — Вполне́ возмо́жно.

Г-жа Бра́йон: — Мне ка́жется, что я познако́милась с ва́ми и с ва́шей ми́лой жено́й у до́ктора Бра́уна. Вы, коне́чно, зна́ете до́ктора Бра́уна? 35

Дик: — Хиру́рга Бра́уна и́ли специали́ста по серде́чным боле́зням?

второ́й уро́к 31

Г-жа Бра́йон: — Я не зна́ю, в како́й о́бласти рабо́тает до́ктор Бра́ун, но он бо́льше администра́тор, он неда́вно был назна́чен замдире́ктором городско́го го́спиталя.

Дик: — Ах, э́то Ро́берт Бра́ун. Коне́чно, мы знако́мы. Мы с
5 Ро́бертом больши́е друзья́!

Г-жа Бра́йон: — Да что вы говори́те! Ро́берт и я — друзья́ де́тства. Где вы рабо́таете, господи́н Дэ́вис? Вы то́же врач?

Дик: — Нет, по образова́нию я фи́зик и рабо́таю по свое́й специа́льности в Бюро́ Станда́ртов.

10 *Г-жа Бра́йон:* — Вы фи́зик. Как э́то интере́сно! Я ничего́ не понима́ю в нау́ке, но не могли́ бы вы мне объясни́ть, что тако́е « расщепле́ние а́тома »? Пожа́луйста!

Г-жа Пи́терсон: — Мэ́ри, прости́те; Дик, на́ши сове́тские го́сти то́лько что прие́хали. Вы мне нужны́ как перево́дчик. По́сле того́,
15 как вы с ни́ми познако́митесь, я попрошу́ вас предста́вить их мои́м гостя́м.

Дик: — Одну́ мину́ту, где До́роти?

Г-жа Пи́терсон: — Я то́лько что познако́мила До́роти с мои́м юри́стом, вы встреча́лись, коне́чно, с Бо́бом Мак Ке́ллером? Он
20 выдаю́щийся челове́к!

Дик: — Да, но я не могу́ говори́ть по-ру́сски без по́мощи До́роти.

Г-жа Пи́терсон: — Ах так! Ну тогда́ я сейча́с пошлю́ к вам ва́шу помо́щницу! Ме́жду про́чим, у главы́ э́той делега́ции така́я дли́н-
25 ная фами́лия, что я да́же и прочита́ть её не могу́. Вот чита́йте.

Дик: — (*чита́ет*) Профе́ссор Владисла́в Гео́ргиевич Кресто-воздви́женский. До́роти! Всё пропа́ло!

ЗАПО́МНИТЕ Э́ТИ ВЫРАЖЕ́НИЯ

ми́лости про́сим   *welcome*
служи́ть во фло́те   *to serve in the Navy*
интересова́ться иску́сством   *to be interested in art*
написа́ть портре́т   *to paint a portrait*
вполне́ возмо́жно   *quite possible*
назна́чен замдире́ктором   *appointed assistant director*
специали́ст по серде́чным боле́зням   *heart specialist*
больши́е друзья́   *great friends*
Бюро́ Станда́ртов   *Bureau of Standards*

второ́й уро́к

расщепле́ние а́тома   *splitting of the atom*
выдаю́щийся челове́к   *outstanding man*
глава́ делега́ции   *head of a delegation*
одну́ мину́ту   *just a minute*
ме́жду про́чим   *by the way*
всё пропа́ло   *all is lost*

ОТВЕ́ТЬТЕ НА Э́ТИ ВОПРО́СЫ

1. У кого́ был большо́й приём?
2. С кем познако́мила хозя́йка г-на и г-жу Дэ́вис?
3. В како́й о́бласти рабо́тает Дик Дэ́вис?
4. Служи́л ли оте́ц Ди́ка во фло́те?
5. С кем познако́милась До́роти?
6. Кака́я специа́льность у господи́на Ла́йкина?
7. Знако́м ли был Дик с госпожо́й Бра́йон?
8. О чём госпожа́ Бра́йон спроси́ла Ди́ка?
9. Кака́я фами́лия была́ у главы́ сове́тской делега́ции?
10. Что сказа́л господи́н Дэ́вис, когда́ прочита́л э́ту фами́лию?

СЛОВООБРАЗОВА́НИЕ

ОН	ОНА́	ОНИ́
рабо́тник	рабо́тница	рабо́тники
помо́щник	помо́щница	помо́щники
актёр	актри́са	актёры
худо́жник	худо́жница	худо́жники
певе́ц	певи́ца	певцы́
писа́тель	писа́тельница	писа́тели
поэ́т	поэте́сса	поэ́ты
журнали́ст	журнали́стка	журнали́сты
заве́дующий	заве́дующая	заве́дующие
слу́жащий	слу́жащая	слу́жащие
нача́льник	нача́льница	нача́льники
председа́тель	председа́тельница	председа́тели
перево́дчик	перево́дчица	перево́дчики

action or place of work	person performing the action	verb
рабóта	рабóчий, рабóтник	рабóтать
слýжба	слýжащий	служи́ть
пóмощь	помóщник	помогáть
пéние	певéц	петь
писáние	писáтель	писáть
учéние	учёный, учи́тель	учи́ть
перевóд	перевóдчик	переводи́ть

ДЛЯ СПРÁВОК

Кто чем занимáется:

учёный, наýчный рабóтник занимáются наýчно-исслéдовательской рабó-
    той
писáтель, поэ́т, худóжник, компози́тор занимáются твóрческим трудóм
дóктор, врач, зубнóй врач, юри́ст занимáются чáстной прáктикой
слýжащие и рабóчие слýжат и́ли рабóтают на госудáрственной слýжбе,
    в торгóвых и промы́шленных компáниях и́ли контóрах, на фáбриках
    и завóдах
администрáтор, начáльник, дирéктор, замдирéктора, главá, завéдующий
    руководя́т и́ли завéдуют рабóтой

СДÉЛАЙТЕ Э́ТИ УПРАЖНÉНИЯ

I. *Дáйте нýжные отвéты:*
   1. Я хотéла бы познакóмиться с вáшим брáтом.
   2. Пожáлуйста, познакóмьтесь: Майкл Брóган — Мáша Ивáнова.
   3. Вы не знакóмы с Мари́ей Петрóвной Соколóвой?

II. *Познакóмьте меня́, пожáлуйста, с Михаи́лом Ивáновичем
    Грóмовым:*
   1. Разреши́те мне вам предстáвить . . .
   2. Позвóльте мне вас познакóмить с . . .
   3. Познакóмьтесь, пожáлуйста. . .

III. *Пригласи́те ва́шу знако́мую, Ната́шу Во́лкову:*

на вечери́нку, на ча́шку ко́фе, на обе́д, на приём, в го́сти к ва́шим друзья́м.

IV. *Расскажи́те:*

где вы рабо́таете, кто вы по профе́ссии и по образова́нию, в како́й о́бласти вы рабо́таете, чем вы занима́етесь, чем вы интересу́етесь.

V. *Соста́вьте диало́г ме́жду главо́й сове́тской нау́чной деле-га́ции и дире́ктором большо́го америка́нского заво́да. Они́ знако́мятся и говоря́т о свое́й рабо́те.*

VI. *Найди́те ну́жные слова́ для э́той табли́цы:*

Приме́р: Адмира́л состои́т на вое́нной слу́жбе во фло́те.

КТО	ЧЕМ ЗАНИМА́ЕТСЯ	ГДЕ
перево́дчик		
	занима́ется ча́стной пра́ктикой	
		в конто́ре
домохозя́йка		
	руководи́т рабо́той	
		во фло́те
нау́чный рабо́тник		
	слу́жит	
		до́ма
рабо́чий		
	занима́ется тво́рческим трудо́м	
		на госуда́рственной слу́жбе
учёный		
	рабо́тает	

ТРЕ́ТИЙ уро́к
Семья́

СЛОВА́РЬ

семья́, род, поколе́ние family, kin, generation
ста́ршее, мла́дшее поколе́ние older, younger generation
родство́, в родстве́ kinship, to be related
родня́, родны́е, ро́дственники relatives
чле́ны семьи́ members of the family
ба́бушка, де́душка grandmother, grandfather
роди́тели parents
мать, оте́ц mother, father
до́чери, сыновья́ daughters, sons
внук, вну́чка, вну́ки grandson, granddaughter, grandchildren
тётя, дя́дя aunt, uncle
племя́нник, племя́нница nephew, niece
двою́родная брат cousin (*male*)
двою́родная сестра́ cousin (*female*)
вступа́ть в брак to enter into marriage
жени́ться, выходи́ть за́муж to marry
жена́тый, жена́т to be married (*male*), he is married
заму́жняя, за́мужем to be married (*female*), she is married
жени́х, неве́ста, сва́дьба bridegroom (fiancé), bride, wedding
ста́рая де́ва, холостя́к old maid, bachelor
обруча́ться, обручи́ться to get engaged

Семья́ Смит

Ря́дом с на́ми живёт семья́ Смит. Э́то больша́я и дру́жная семья́. Ста́ршие чле́ны э́той семьи́ — ба́бушка и де́душка. Де́душка нигде́ не рабо́тает, он — пенсионе́р. Ба́бушка занима́ется хозя́йством. На ней, как говоря́т, де́ржится весь дом. Ста́ршая дочь,
5 Мэ́ри, за́мужем за юри́стом и у неё тро́е дете́й: два ма́льчика и де́вочка. Ма́льчики хо́дят в шко́лу, а де́вочка ещё ма́ленькая, ей то́лько два го́да.

Мэ́ри — учи́тельница по образова́нию, и до того́, как она́ обручи́лась, она́ преподава́ла англи́йский язы́к в городско́й шко́ле.

Тепе́рь Мэ́ри не рабо́тает, а помога́ет ма́тери по хозя́йству и занима́ется детьми́.

Мла́дшая дочь Луи́за ещё не за́мужем. Говоря́т, что наш библиоте́карь — ее жени́х, но до сва́дьбы, очеви́дно, еще далеко́! Луи́за — веселая и жива́я де́вушка и, коне́чно, в ста́рых де́вах не оста́нется! Луи́за слу́жит в конто́ре большо́й торго́вой компа́нии, она́ — прекра́сная секрета́рша. 5

Ста́рший сын Джон — экономи́ст по образова́нию и рабо́тает по свое́й специа́льности в э́кспортно-и́мпортном отде́ле торго́вой конто́ры Д. П. Бра́ун. Джон жена́т, и у него́ дво́е 10 дете́й: ста́ршей до́чери пять лет, а мла́дшему сы́ну — три го́да. Жена́ Джо́на, Джоа́нна, био́лог по образова́нию. У неё хоро́шая слу́жба. Она́ рабо́тает в лаборато́рии большо́го хими́ческого заво́да.

Мла́дший брат, Майкл, — журнали́ст. Он рабо́тает в журна́- 15 ле « Но́вости Ми́ра » и ча́сто е́здит в Нью-Йо́рк, Чика́го и Лос-А́нжелос . . . Майкл — холостя́к. В го́роде все говоря́т, что ему́ давно́ пора́ жени́ться на хоро́шей, споко́йной де́вушке (у нас в го́роде мно́го таки́х « хоро́ших, споко́йных де́вушек », но то́лько почему́-то никто́ не хо́чет на них жени́ться!) 20

На все вопро́сы: « Когда́ же ты наконе́ц же́нишься, Майкл? » — он отвеча́ет: — Где я найду́ де́вушку, кото́рая гото́вит так же хорошо́, как моя́ мать? Вы е́ли я́блочные пироги́ мое́й ма́тери? Я о́чень дово́лен свое́й жи́знью, заче́м мне жени́ться? Я — ста́рый холостя́к. 25

ЗАПО́МНИТЕ Э́ТИ ВЫРАЖЕ́НИЯ

дру́жная семья́   *a close family*
на ней де́ржится весь дом   *she holds the whole household well in hand*
оста́ться в ста́рых де́вах   *to remain an old maid*
ему́ давно́ пора́ жени́ться   *it's time he was married*
где я найду́?   *where shall I find?*
я́блочный пиро́г   *apple pie*
дово́лен свое́й жи́знью   *satisfied with (one's) life*
ста́рый холостя́к   *old bachelor*
когда́ же ты наконе́ц   *when will you ever*

тре́тий уро́к

ОТВЕ́ТЬТЕ НА Э́ТИ ВОПРО́СЫ

1. О ста́рших чле́нах семьи́ Смит: чем занима́ется де́душка, чем занима́ется ба́бушка?
2. О ста́ршей до́чери Мэ́ри: за́мужем ли она́, есть ли у неё де́ти, кто она́ по образова́нию, чем она́ сейча́с занима́ется?
3. О мла́дшей до́чери Луи́зе: како́й у неё хара́ктер, где она́ слу́жит, оста́нется ли она́ в ста́рых де́вах?
4. Чем занима́ется Джон, како́е у него́ образова́ние, жена́т ли он, есть ли у него́ де́ти?
5. О жене́ Джо́на: чем она́ занима́ется, кака́я у неё слу́жба?
6. О Ма́йкле: где он рабо́тает, жена́т ли он и́ли он холостя́к, почему́ он не хо́чет жени́ться?

В гостя́х у семьи́ Ивано́вых

Семья́ Ивано́вых живёт в Москве́. В семье́ шесть челове́к: оте́ц, мать, ба́бушка и тро́е дете́й. Роди́тели рабо́тают, а ба́бушка занима́ется хозя́йством и воспита́нием дете́й. Ста́рший сын у́чится в техни́ческой шко́ле, ста́ршая дочь начала́ ходи́ть в шко́лу в про́шлом году́, а мла́дшая хо́дит в де́тский сад.   5

С ра́ннего утра́ ба́бушка спеши́т за поку́пками, — э́то не так про́сто: на́до знать, в како́м магази́не сего́дня продаю́т ры́бу, а в како́м магази́не мо́жно получи́ть ма́сло и́ли све́жие я́йца . . . Когда́ ба́бушка идёт за поку́пками, она́ берёт с собо́й большу́ю су́мку и́ли мешо́к, — их в СССР называ́ют « аво́ська », от сло́ва   10 « аво́сь », что зна́чит: — « а что, е́сли » — и́ли « мо́жет быть »! Свои́ поку́пки ба́бушка скла́дывает в « аво́ську » и несёт домо́й.

тре́тий уро́к

У Ивано́вых кварти́ра в две ко́мнаты, а ку́хня коммуна́льная, о́бщая для трёх кварти́р. Иногда́ ба́бушка гото́вит на плите́, а иногда́ на при́мусе. Говоря́т, что ско́ро у всех бу́дут кварти́ры с ку́хнями. Вот тогда́ ба́бушка бу́дет печь пироги́!

5   Де́ти в шко́ле с утра́ до 4-х часо́в, по́сле уро́ков прихо́дят домо́й. Ба́бушка ко́рмит их обе́дом, слу́шает их расска́зы о том, что

случи́лось за́ день, смо́трит за тем, что́бы ста́ршие де́ти де́лали уро́ки, а ма́ленькой вну́чке расска́зывает ска́зки.

Роди́тели иногда́ прихо́дят домо́й, когда́ де́ти уже́ спят. Семён Петро́вич Ивано́в, сын ба́бушки, нау́чный рабо́тник, его́ жена́ Со́фья — учи́тельница. Кро́ме рабо́ты по слу́жбе, они́ о́ба 5 за́няты обще́ственно-полити́ческой рабо́той, и по вечера́м у них быва́ют собра́ния.

В выходны́е дни, в пра́здники и́ли когда́ у них нет ни собра́ний, ни спе́шной рабо́ты на слу́жбе, роди́тели до́ма. И, е́сли у дете́й ма́ло дома́шних зада́ний и нет заня́тий в шко́льных круж- 10 ка́х, вся семья́ собира́ется за столо́м на у́жин.

Иногда́ прихо́дит в го́сти сестра́ Со́фьи с му́жем и детьми́, а иногда́ — мла́дшая дочь ба́бушки. Э́ту тётю де́ти о́чень лю́бят: она́ молода́я, краси́вая, весёлая и всегда́ прино́сит что́-нибудь свои́м племя́нницам и племя́ннику. С двою́родными бра́тьями 15 и сёстрами де́ти не дру́жат, — они́ сли́шком ре́дко встреча́ются, и у них нет о́бщих интере́сов.

ЗАПО́МНИТЕ Э́ТИ ВЫРАЖЕ́НИЯ

занима́ться воспита́нием дете́й   *to bring up children*
идти́ за поку́пками   *to go shopping*
спеши́ть за поку́пками   *to hurry shopping*
скла́дывать поку́пки   *put away the purchases*
кварти́ра в две ко́мнаты   *two-room apartment*
о́бщая ку́хня, коммуна́льная   *common, communal kitchen*
что случи́лось за́ день   *what happened during the day*
обще́ственно-полити́ческая рабо́та   *social-political work*
выходны́е дни   *days off*
спе́шная рабо́та   *rush job*
у них нет о́бщих интере́сов   *they have no common interests*

ОТВЕ́ТЬТЕ НА Э́ТИ ВОПРО́СЫ

1. Где живёт семья́ Ивано́вых?
2. Ско́лько дете́й в семье́?
3. Кто занима́ется воспита́нием дете́й?
4. Что берёт с собо́й ба́бушка, когда́ она́ идёт за поку́пками?
5. Ско́лько ко́мнат в кварти́ре?

тре́тий уро́к   41

6. Где бабушка готовит обед?
7. Когда дети приходят домой?
8. Что должна делать бабушка вечером?
9. Где работает Семён Петрович Иванов?
10. Какая специальность у его жены?
11. Чем ещё заняты родители, кроме службы?
12. Когда родители бывают дома?
13. Кто иногда приходит к ним в гости?
14. Кого дети любят?
15. Дружат ли они с двоюродными братьями и сёстрами?
16. Почему дети не дружат?
17. Как вы думаете, есть ли общие интересы у детей и родителей?
18. Дружная ли это семья?
19. Кто глава этой семьи?
20. Чем отличается жизнь семьи Ивановых от жизни семьи Смит?

СДЕЛАЙТЕ ЭТИ УПРАЖНЕНИЯ

I. *Впишите нужные слова в эти фразы:*

1. Самые старшие члены семьи это ——. 2. Моя старшая дочь выходит —— за директора банка. 3. Ваш младший сын ещё не ——, он холостяк. 4. Дочь моей дочери это моя ——, а сын моей дочери мой ——. 5. Родители моего двоюродного брата мой —— и ——. 6. Сколько —— у вас в семье? 7. У вас есть —— или сёстры? 8. Сколько лет вашей старшей ——? 9. Ребёнок скучал без —— и матери. 10. Сёстры моей —— это мой тёти.

II. *Впишите нужные слова в эти фразы (жениться, женат, жених, женатый):*

1. Он —— уже три года. 2. Господин Петров —— на моей подруге. 3. На ком —— ваш брат? 4. Он не хотел —— на Маше, но теперь, после того как они —— пять лет, он говорит, что только —— человек может быть счастлив. 5. Он стал —— Веры в мае прошлого года.

III. *Впишите нужные слова в эти фразы (выходить замуж, быть замужем):*

1. Мэри —— в январе. 2. Я не знал, что она —— за этим скучным человеком. 3. Сколько лет она уже —— за ним? 4. С тех пор, как она —— за него, она не была у нас. 5. Завтра её младшая сестра ——.

IV. *Впиши́те ну́жные слова́ в э́ти фра́зы:*

1. Мать занима́ется —— дете́й. 2. Ба́бушка занима́ется ——: она́ хо́дит за поку́пками и гото́вит обе́д. 3. Ста́ршая дочь скла́дывает —— в су́мку. 4. У нас кватри́ра —— ко́мнаты. 5. Расскажи́те, что —— день. 6. У меня́ на слу́жбе мно́го —— рабо́ты. 7. Как жаль, что у бра́тьев нет ——. 8. Вы занима́етесь обще́ственно- —— рабо́той? 9. Не так про́сто гото́вить в —— ку́хне. 10. Де́ти не —— с де́душкой.

V. *Соста́вьте диало́г ме́жду ба́бушкой Смит и ба́бушкой Ивано́вой. Ка́ждая расска́зывает о свое́й семье́.*

VI. *Отве́тьте на э́ти вопро́сы.*

1. У вас больша́я семья́? 2. Ско́лько дете́й в семье́? 3. Кто глава́ ва́шей семьи́? 4. Кто занима́ется хозя́йством в ва́шей семье́? 5. Вы живёте в кварти́ре и́ли в своём до́ме? 6. У вас есть ста́рший брат? 7. Вы мла́дший в семье́? 8. У вас есть двою́родные бра́тья и сёстры? 9. У вас есть племя́нницы и племя́нники? 10. У вас дру́жная семья́? 11. У чле́нов ва́шей семьи́ есть о́бщие интере́сы? 12. Кто из чле́нов ва́шей семьи́ занима́ется обще́ственно-полити́ческой рабо́той?

Uzlyan

тре́тий уро́к

ЧЕТВЁРТЫЙ урок
Обычный
день

СЛОВА́РЬ

дни неде́ли   days of the week
понеде́льник, вто́рник, среда́, четве́рг, пя́тница, суббо́та, воскресе́нье   Monday, Tuesday, Wednesday, Thursday, Friday, Saturday, Sunday
распоря́док, расписа́ние дня   schedule for the day
просыпа́ться, буди́ть   to wake up (oneself), to wake up someone
встава́ть   to get up
де́лать гимна́стику, заря́дку   to do exercises
мы́ться, умыва́ться   to wash, to wash the face
принима́ть ва́нну, душ   to take a bath, a shower
чи́стить зу́бы   to brush one's teeth
бри́ться   to shave
причёсываться   to comb, to arrange one's hair
расчёсывать во́лосы   to comb one's hair
одева́ться, надева́ть   to dress, to put on
начина́ть рабо́чий день   to begin the working day
ложи́ться спать   to go to sleep, to go to bed
засыпа́ть   to fall asleep
ви́деть сон   to dream

Как прохо́дит день в семье́ Дэ́вис

6:30 утра́ — До́роти просыпа́ется пе́рвая в семье́. Она́ встаёт, бы́стро умыва́ется, чи́стит зу́бы, причёсывается и спеши́т на ку́хню пригото́вить ко́фе.

7:00 часо́в — Звони́т буди́льник и бу́дит Ди́ка. Он встаёт, при-
5 нима́ет душ и бре́ется.

7:30 — До́роти идёт буди́ть дете́й: ста́ршего сы́на Би́лли и дочь Ба́рбару.

7:45 — вся семья́ сиди́т за столо́м в большо́й ку́хне и́ли « семе́й-ной ко́мнате », как её иногда́ называ́ют в США, и за́втракает.

Обы́чный за́втрак э́то: стака́н апельси́нового со́ка, горя́чая ка́ша для Ба́рбары, кукуру́зные хло́пья с бана́ном для Би́лли, яи́чница для Ди́ка, хлеб и́ли бу́лочки с ма́слом и с варе́ньем. Де́ти пьют молоко́, роди́тели — ко́фе.

8:15 — за́втрак око́нчен. Дик целу́ет жену́, надева́ет пальто́ и шля́пу, берёт свой портфе́ль и идёт в гара́ж за автомоби́лем. Би́лли и Ба́рбара то́же целу́ют мать и спеша́т в шко́лу.

8:20 — в до́ме ти́хо. До́роти убира́ет со стола́, скла́дывает гря́зную посу́ду в маши́ну для мытья́ посу́ды, ста́вит ма́сло и молоко́ в холоди́льник. Так начина́ется обы́чная рабо́та по хозя́йству. Утром на́до постели́ть посте́ли, вы́тереть пыль, вы́чистить ковры́ пылесо́сом, постира́ть и погла́дить бельё . . .

12:00 — До́роти на ку́хне гото́вит второ́й за́втрак для себя́ и для дете́й. Она́ де́лает не́сколько са́ндвичей: для себя́ са́ндвич с сы́ром, а для дете́й са́ндвичи с беко́ном и́ли с ветчино́й. На сла́дкое де́ти едя́т пече́нье и́ли я́блочный пиро́г. До́роти не ест сла́дкого, потому́ что она́ следи́т за свое́й фигу́рой и не хо́чет полне́ть.

12:15 — за столо́м в ку́хне де́ти едя́т за́втрак и расска́зывают ма́тери, что случи́лось за у́тро в шко́ле.

12:45 — в до́ме опя́ть ти́хо. По́сле того́, как До́роти убра́ла со стола́ и вы́мыла посу́ду, у неё есть вре́мя для себя́. Иногда́ она́ ложи́тся отдохну́ть, иногда́ сиди́т в гости́ной и чита́ет, а иногда́ к ней захо́дит сосе́дка на ча́шку ко́фе.

3:30 — де́ти прихо́дят домо́й из шко́лы. Они́ переодева́ются и бегу́т игра́ть с ребя́тами.

4:30 — До́роти зовёт дете́й домо́й: пора́ поду́мать об уро́ках. У Ба́рбары во второ́м кла́ссе, коне́чно, ма́ло рабо́ты, но у Би́лли в девя́том кла́ссе мно́го рабо́ты; иногда́ он сиди́т за уро́ками три, четы́ре часа́.

6:30 — Дик приезжа́ет домо́й. Он здоро́вается с жено́й и детьми́, спра́шивает у них, что случи́лось за́ день, а пото́м разгова́ривает с сы́ном в гости́ной, пока́ До́роти и Ба́рбара накрыва́ют на стол.

7:00 — вся семья́ за столо́м в столо́вой. До́роти прекра́сно гото́вит: всё всегда́ о́чень вку́сно и хорошо́ пригото́влено. Сла́ва Бо́гу, аппети́т у всех в семье́ отли́чный: иногда́ про́сят не то́лько втору́ю, но и тре́тью по́рцию жарко́го и́ли сла́дкого!

8:15 — Оте́ц за́нят вече́рней газе́той, де́ти, е́сли уро́ки на за́втра уже́ сде́ланы, смо́трят програ́ммы по телеви́зору, а иногда́ игра́ют в « монопо́лию » с роди́телями.

четвёртый уро́к   45

9:00 — Бáрбара ложи́тся спать. Онá раздевáется, принимáет вáнну, чи́стит зу́бы, расчёсывает во́лосы и, когдá онá совсéм готóва лечь в кровáть, отéц и мать прихóдят к ней в кóмнату поцеловáть её нá ночь и прослу́шать её вечéрнюю моли́тву.

5 *9:30* — Би́лли желáет роди́телям спокóйной нóчи и идёт спать.

10:30 — Дэ́висы рáно встаю́т, а поэ́тому они́ рáно ложáтся спать. Пéред тем как заснýть, муж и женá разговáривают о том, что случи́лось зá день, о дéтях и о том, что нáдо бýдет сдéлать зáвтра.

10 *11:00* — свет потýшен, все спят крéпким снóм и ви́дят прия́тные сны . . .

ЗАПÓМНИТЕ Э́ТИ ВЫРАЖÉНИЯ

звони́т буди́льник   *the alarm rings*
семéйная кóмната   *family room*
апельси́новый сок   *orange juice*
кукурýзные хлóпья   *corn flakes*
я́ичница   *fried eggs*
зáвтрак окóнчен   *breakfast is finished*
убирáть со столá   *to clear the table*
маши́на для мытья́ посýды   *dishwasher*
постели́ть постéли   *to make the beds*
вы́тереть пыль   *to dust*
вы́чистить пылесóсом   *to vacuum clean*
постирáть; поглáдить бельё   *to wash; to iron*
вторóй зáвтрак   *second breakfast, lunch*
на слáдкое   *for dessert*
следи́ть за своéй фигýрой   *to watch one's figure*
не хóчет полнéть   *does not want to gain weight*
есть врéмя для себя́   *there is time for oneself*
захóдит на чáшку кóфе   *to drop in for a cup of coffee*
порá подýмать   *it is time to think*
сиди́т за урóками   *sits at his lessons*
накрывáть на стол   *to set the table*
всё вкýсно приготóвлено   *everything is tastily prepared*
слáва Бóгу   *thank God*
жаркóе   *main (meat) dish*
зáнят газéтой   *busy with the newspaper*
урóки на зáвтра сдéланы   *the lessons for tomorrow are done*
прогрáммы по телеви́зору   *TV programs*

четвёртый урóк

игра́ть в « монопо́лию »   *to play "monopoly"*
поцелова́ть на́ ночь   *to kiss good night*
прослу́шать вече́рнюю моли́тву   *to listen to one's evening prayers*
жела́ть споко́йной но́чи   *to say good night, to wish, bid good night*
пе́ред тем как засну́ть   *before falling asleep*
свет поту́шен   *the light is turned out*
спят кре́пким сном   *sleep soundly*

ОТВЕ́ТЬТЕ НА Э́ТИ ВОПРО́СЫ

1. В кото́ром часу́ встаёт До́роти?
2. В кото́ром часу́ бу́дит буди́льник Ди́ка?
3. В кото́ром часу́ просыпа́ются де́ти?
4. Что ест семья́ Дэ́вис на за́втрак?
5. Что де́лает До́роти до́ма у́тром?
6. В кото́ром часу́ прихо́дят де́ти на второ́й за́втрак?
7. Что гото́вит До́роти на второ́й за́втрак?
8. Что де́лает До́роти, когда́ у неё есть вре́мя для себя́?
9. Что де́лают де́ти, когда́ они́ прихо́дят домо́й из шко́лы?
10. В кото́ром часу́ де́ти де́лают уро́ки?
11. В кото́ром часу́ семья́ обе́дает?
12. Как прово́дят ве́чер чле́ны семьи́?
13. Что де́лает Ба́рбара пе́ред тем как она́ засыпа́ет?
14. Когда́ ложа́тся спать остальны́е чле́ны семьи́?
15. О чём разгова́ривают муж и жена́ пе́ред тем как они́ засыпа́ют?

Тётя Ма́рта

К господи́ну и госпоже́ Дэ́вис прие́хала сего́дня в го́сти ста́рая тётя госпожи́ Дэ́вис, Ма́рта Ри́чардсон. Она́ приезжа́ет к Дэ́висам ка́ждый год на две неде́ли в ма́е ме́сяце. С тех пор как Дик и До́роти пожени́лись, 14 лет наза́д, тётя Ма́рта не пропусти́ла ни одного́ визи́та к свое́й люби́мой племя́ннице!   5

У тёти Ма́рты стро́гие взгля́ды на жизнь: жизнь должна́ идти́ по расписа́нию, всё должно́ быть сде́лано во́-время, все ве́щи должны́ быть всегда́ на своём ме́сте, и лю́ди то́же должны́ знать своё ме́сто . . . « Е́сли бы все лю́ди жи́ли так, как я живу́, — говори́ла она́, — то не́ было бы у люде́й сто́лько неприя́тностей, 10 а жизнь была́ бы легка́ и проста́ ».

— Да, конéчно, — говори́л Дик женé, — éсли бы все так жи́ли, как тётя Ма́рта, то ско́ро на землé не остáлось бы людéй — все они́ у́мерли бы от ску́ки!

— Пожáлуйста, Дик, будь добр к тёте Ма́рте, ты знáешь, как онá одино́ка и как онá нас лю́бит.

— Совершéнно вéрно, а почему́ онá одино́ка, почему́ онá остáлась в стáрых дéвах? Мо́жет быть её жизнь легкá и простá, как онá говори́т, но жизнь други́х людéй онá дéлает сло́жной . . .

— Рáди Бóга, Дик . . . Онá бу́дет у нас тóлько две недéли . . .

В понедéльник, в пéрвый же день своего́ приéзда, тётя Ма́рта занялáсь детьми́. Рáно у́тром онá разбуди́ла стáршего сы́на Би́лли на полчасá рáньше, чем он всегдá просыпáлся.

— Порá вставáть, Би́лли!

Би́лли посмотрéл на часы́.

— Ещё тóлько полови́на восьмóго, ещё рáно, я сплю до восьми́ часóв, — сказáл он и повернýлся на другóй бок.

— Ну и поря́дки у вас в дóме, — грóмко сказáла тётя Ма́рта, — э́то прóсто лень, дорогóй мой. Ты дóлжен сейчáс же встать, приня́ть холóдный душ, сдéлать гимнáстику . . .

«Холóдный душ, гимнáстика . . . Стáрая тётка прóсто сошлá с умá! — подýмал Би́лли. — Нáдо поговори́ть с мáмой . . .»

— Тётя Ма́рта, — сказáл Би́лли вéжливо, — а вы посмотрéли, проснýлась ли Бáрбара?

— Пóсле тогó, как я отпрáвлю тебя́ принимáть душ, я займýсь твоéй млáдшей сестрóй, — стрóго отвéтила тётя Ма́рта.

— Вставáй, вставáй, не разговáривай!

Ничегó не подéлаешь! Би́лли сдéлал вид, что он сейчáс встáнет.

— Бáрбара, Бáрбара! — услы́шал Би́лли гóлос тёти Ма́рты, — Ах, ты ужé встáла, вот у́мница! А почему́ ты не постели́ла постéль? А зу́бы ты ужé чи́стила? Покажи́ мне, хорошó ли ты расчесáла вóлосы . . .

Дóроти готóвит зáвтрак на ку́хне, а Дик ещё брéется в вáнной. Дóроти смóтрит на часы́: без чéтверти вóсемь, — éсли Дик ещё не готóв, он, конéчно, опоздáет на слýжбу . . .

— Дóброе у́тро, тётя Ма́рта, как спáли? Хорошó отдохнýли?

четвёртый урóк

— Доброе у́тро, я всегда́ хорошо́ сплю, да́же на но́вом ме́сте, да́же тогда́, когда́ посте́ль сли́шком мя́гкая . . . Ско́лько раз я тебе́ говори́ла, До́роти, как вре́дно . . .

— Доброе у́тро, тётя Ма́рта, хорошо́ спа́ли? — сказа́л Дик, входя́ в ку́хню. — До́роти, скоре́й, скоре́й! Где мой за́втрак? Я опа́здываю . . . Уже́ без пяти́ во́семь . . . 5

— Как э́то вре́дно для здоро́вья! — говори́т тётя Ма́рта.

— У́тром никогда́ не на́до спеши́ть. На́до во́-время встать, приня́ть холо́дный душ, сде́лать гимна́стику, хорошо́ поза́втракать . . . 10

«Ещё 13 дней! . . .» поду́мал Дик и сел за́втракать.

ЗАПО́МНИТЕ Э́ТИ ВЫРАЖЕ́НИЯ

не пропусти́ла ни одного́ визи́та *didn't miss a visit*
стро́гие взгля́ды на жизнь *very definite views on life*
всё должно́ быть сде́лано во́-время *everything must be done on time*
лю́ди должны́ знать своё ме́сто *people must know their places*
будь добр к . . . *be kind to . . .*
она́ так одино́ка *she is so lonely*
поверну́лся на друго́й бок *turned on the other side*
ну и поря́дки! *well, that's a fine state of affairs!*
ничего́ не поде́лаешь *there is nothing to be done*
сде́лать вид *to pretend*
вот у́мница! *that's a clever girl! Clever boy!*
хорошо́ отдохну́ли? *did you rest well?*

ОТВЕ́ТЬТЕ НА Э́ТИ ВОПРО́СЫ

1. Как ча́сто приезжа́ет тётя Ма́рта в го́сти к Дэ́висам?
2. Каки́е взгля́ды на жизнь у тёти Ма́рты?
3. Что сде́лала тётя Ма́рта у́тром в пе́рвый день своего́ прие́зда?
4. В кото́ром часу́ обыкнове́нно встаёт Би́лли?
5. Что сказа́ла тётя Ма́рта Би́лли?
6. Кого́ пошла́ буди́ть тётя Ма́рта?
7. Вста́ла ли уже́ Ба́рбара?
8. Что де́лала До́роти на ку́хне?
9. Что вре́дно для здоро́вья?
10. О чём поду́мал Дик?

четвёртый уро́к   49

Рабо́чий день Ива́на Ивано́ва

Ива́н Ивано́в — инжене́р по специа́льности. Он рабо́тает на большо́м заво́де шесть дней в неде́лю. Воскресе́нье — выходно́й день.

Рабо́чий день начина́ется в во́семь часо́в утра́. Ива́н встаёт
5 без че́тверти семь, де́лает у́треннюю заря́дку, чи́стит зу́бы, бре́ется и умыва́ется. В э́то вре́мя просыпа́ются остальны́е чле́ны семьи́: жена́ Ива́на, Мари́я, их де́ти и ба́бушка. Пока́ все мо́ются и одева́ются, ба́бушка гото́вит за́втрак. Обы́чный за́втрак э́то: горя́чая ка́ша, хлеб с ма́слом, иногда́ яи́чница,
10 горя́чий чай, ре́же — пьют молоко́, кака́о, ко́фе.

По́сле за́втрака все чле́ны семьи́, за исключе́нием ба́бушки, ухо́дят из до́му. Мари́я — врач и рабо́тает в кли́нике, де́ти це́лый день в шко́ле.

По вто́рникам у Ива́на профсою́зное собра́ние в семь часо́в
15 ве́чера, а по четверга́м ве́чером он на собра́нии заводско́го комите́та. По среда́м в полови́не восьмо́го собира́ется кружо́к электроте́хников, а в понеде́льник у него́ произво́дственное совеща́ние в шесть часо́в ве́чера.

Рабо́чий день Ива́на начина́ется ра́но и конча́ется то́лько
20 по́здно ве́чером, но Ива́н ка́ждый день чита́ет в газе́те « Пра́вда », что то́лько « несозна́тельные » гра́ждане не понима́ют, что « социалисти́ческое строи́тельство тре́бует трудовы́х по́двигов от сове́тского наро́да »!

четвёртый уро́к

ЗАПОМНИТЕ ЭТИ ВЫРАЖЕНИЯ

за исключением *with the exception*
профсоюзное собрание *trade union meeting*
заводской комитет *factory committee*
по средам собирается *meets on Wednesdays*
кружок электротехников *club of electrotechnicians*
производственное совещание *conference on production*
« несознательные » граждане *« backward » citizens*
социалистическое строительство *building of socialism*
трудовые подвиги *heroic achievements of labor*

ОТВЕТЬТЕ НА ЭТИ ВОПРОСЫ

1. Какая специальность у Ивана Иванова?
2. Где он работает?
3. Сколько дней в неделю он работает?
4. Когда встаёт Иванов?
5. Сколько человек в семье Иванова?
6. Что обычно едят Ивановы на завтрак?
7. Что делают члены семьй после завтрака?
8. Когда ходит Иванов на профсоюзные собрания?
9. В какой день у него собрание заводского комитета?
10. По каким дням собирается кружок электротехников?
11. В какой день у Иванова производственное совещание?
12. Когда кончается рабочий день Иванова?
13. Какую газету читает Иванов каждый день?
14. Что должны понимать « сознательные » граждане в СССР?

Разговор студентов

— Какое у тебя расписание на сегодня?
— Не знаю. Я никогда не живу по расписанию. Неужели ты записываешь, что ты должен делать каждый час?
— Нет, не каждый час, конечно, но у меня всегда есть расписание на неделю. Каждый сознательный гражданин должен 5
быть хозяином своего времени! Вот, смотри: на этой неделе в
понедельник в 7:30 утра — завтрак с Михайлом; с девяти до
одиннадцати — лекции; в половине второго — чай в студенческой столовой; во вторник в девять часов — экзамен по экономике; 12:30 — собрание кружка электротехников; 4:30 — 10
занимаюсь в библиотеке до шести часов; в 6:45 — собрание в

четвёртый урок 53

студе́нческом общежи́тии; в сре́ду в 8:30 — рабо́таю в лабора-
то́рии; в 3:45 — семина́р по политэконо́мии . . .

— Да, я ви́жу, что у тебя́ нет ни мину́ты свобо́дной! Ты не
хозя́ин своего́ вре́мени, а раб своего́ расписа́ния!

ЗАПО́МНИТЕ Э́ТИ ВЫРАЖЕ́НИЯ

расписа́ние на сего́дня; на неде́лю   *a schedule for a day; a week*
хозя́ин своего́ вре́мени   *a master of one's own time*
студе́нческая столо́вая   *student dining room*
экза́мен по эконо́мике   *economics examination*
студе́нческое общежи́тие   *student dormitory*
семина́р по политэконо́мии   *seminar in political economy*
нет ни мину́ты свобо́дной   *not a free minute*
раб своего́ расписа́ния   *a slave of one's schedule*

ОТВЕ́ТЬТЕ НА Э́ТИ ВОПРО́СЫ

1. О́ба ли студе́нта живу́т по расписа́нию?
2. Како́е расписа́ние у одного́ студе́нта?
3. Почему́ его́ прия́тель сказа́л, что он «раб своего́ распи-
са́ния»?

Обы́чный день студе́нта

7:30 утра́ — В студе́нческом общежи́тии в ко́мнате студе́нта
Бро́гана звони́т буди́льник. Бро́ган просыпа́ется, с трудо́м от-
крыва́ет глаза́, выключа́ет буди́льник, повора́чивается на друго́й
бок и опя́ть засыпа́ет.

5   Его́ това́рищ по ко́мнате, Майкл Мак-Ке́ллер, то́же просы-
па́ется, встаёт и начина́ет одева́ться.

7:45 — Майкл бу́дит това́рища:

— Никола́й, встава́й! Ты опозда́ешь на ле́кции.

— В чём де́ло? Кото́рый час?

10   — 7:45 — Кака́я у тебя́ пе́рвая ле́кция? И́ли ты бо́льше не хо́-
дишь на ле́кции?

— Како́й сего́дня день?

— Понеде́льник. «Чёрный» понеде́льник для меня́: в 9:10 у
меня́ экза́мен по англи́йской литерату́ре, в 10 часо́в я до́лжен
15 де́лать докла́д в кла́ссе проф. Бра́уна, а по́сле обе́да прове́рочная
рабо́та по зооло́гии.

— Да, день сего́дня у тебя́ тру́дный! Ничего́, — я уве́рен, что ты прекра́сно вы́держишь экза́мен по литерату́ре. Ты отли́чно подгото́вился к экза́мену: сиде́л и зубри́л всю суббо́ту и воскресе́нье.

— Да, я гото́вился к экза́мену, но кто зна́ет, что бу́дут спра́шивать! Профе́ссор Ко́линс чита́ет ле́кции о́чень интере́сно, но я с 5
трудо́м мог запи́сывать его́ ле́кции. Ты слу́шал его́ ле́кции?

— Нет, я занима́лся ру́сской литерату́рой. Кото́рый час?

— 8:10 — Ну, я гото́в. Встре́тимся в столо́вой? Ты не заснёшь опя́ть?

— Нет, спать не́когда. У меня́ пе́рвая ле́кция в 10 часо́в, но мне 10
на́до подгото́виться к уро́ку ру́сского языка́: вы́учить но́вые слова́, перечита́ть расска́з и прове́рить перево́д с англи́йского на ру́сский.

— Да, говоря́т, что трудне́е всего́ перейти́ со второ́го ку́рса на тре́тий! 15

— Ничего́, мы перешли́ с пе́рвого на второ́й курс, перейдём и на тре́тий курс и на четвёртый, око́нчим университе́т и полу́чим на́ши дипло́мы. Ну, я иду́ принима́ть душ. Уви́димся в столо́вой. Пока́. Жела́ю уда́чи!

— Спаси́бо. 20

ЗАПО́МНИТЕ Э́ТИ ВЫРАЖЕ́НИЯ

экза́мен по литерату́ре   *literature examination*
де́лать докла́д   *to give a report*
прове́рочная рабо́та по зооло́гии   *zoology test, quiz*
держа́ть, вы́держать экза́мен   *to take, pass an examination*
подгото́виться к экза́мену   *to prepare for an examination*
сиде́л и зубри́л всю суббо́ту   *sat cramming (for an exam) all Saturday*
чита́ть, слу́шать ле́кции   *to give, conduct, attend lectures*
запи́сывать ле́кции   *to take notes in class*
спать не́когда   *there is no time for sleeping*
прове́рить перево́д   *to check a translation*
перейти́ со второ́го ку́рса на тре́тий   *to pass from the second to the third year*
око́нчить университе́т   *to graduate from the university*
получи́ть дипло́м   *to receive a diploma, a degree*
уви́димся   *I'll see you*
жела́ю уда́чи   *wish you luck; good luck*

четвёртый уро́к

ОТВЕ́ТЬТЕ НА Э́ТИ ВОПРО́СЫ

1. Когда́ и как просыпа́ется студе́нт Бро́ган?
2. Кто то́же просыпа́ется в 7:30 утра́?
3. В кото́ром часу́ Майкл бу́дит това́рища?
4. Почему́ Майкл говори́т, что сего́дня для него́ «чёрный» понеде́льник?
5. Как гото́вился Майкл к экза́мену по литерату́ре?
6. Слу́шал ли Никола́й ле́кции профе́ссора Ко́линса?
7. В кото́ром часу́ у Никола́я пе́рвая ле́кция?
8. Подгото́вился ли Никола́й к уро́ку ру́сского языка́?
9. Тру́дно ли перейти́ со второ́го ку́рса на тре́тий?
10. Где уви́дятся това́рищи?

СЛОВООБРАЗОВА́НИЕ

буди́ть—разбуди́ть; буди́льник

гото́вить—приго́товить—подгото́вить; гото́в, приго́товлено

писа́ть—запи́сывать—записа́ть; расписа́ние

проверя́ть—прове́рить; прове́рочная, прове́рка

труд, тру́дный, трудово́й

раб, рабо́та, рабо́чий, рабо́тник, рабо́тать

СДЕ́ЛАЙТЕ Э́ТИ УПРАЖНЕ́НИЯ

I. *Впиши́те ну́жные слова́: просыпа́ться–просну́ться, буди́ть–разбуди́ть, встава́ть–встать, принима́ть–приня́ть, чи́стить–вы́чистить, мы́ться–вы́мыться, причёсываться–причеса́ться, расчёсывать–расчеса́ть, бри́ться–побри́ться, умыва́ться–умы́ться, одева́ться–оде́ться, за́втракать–поза́втракать.*

1. Ка́ждое у́тро мы ——, и́ли нас —— буди́льник. 2. Мы ——, —— душ и́ли ва́нну. 3. Мы —— зу́бы и —— и́ли —— во́лосы. 4. Мужчи́нам на́до ка́ждое у́тро ——. У́тром не́которые лю́ди —— гимна́стику. 5. Когда́ у нас нет вре́мени и́ли возмо́жности приня́ть душ и́ли ва́нну, мы —— ру́ки и ——. 6. По́сле того́, как мы —— душ и́ли ва́нну, и́ли —— зу́бы, и́ли —— во́лосы, мы должны́ —— и поза́втракать.

II. *Впишите нужные слова: ложиться–лечь, засыпáть–заснýть, спать–поспáть.*

1. Я дóлжен —— вóсемь часóв в день. 2. Когдá вы —— спать вчерá? 3. Мой млáдший сын —— спать в дéвять часóв. 4. Мы дóлго не моглú —— пóсле разговóра с бáбушкой. 5. Пóсле ýжина он чáсто —— в крéсле в гостúной. 6. Онú хорошó —— пóсле обéда.

III. *Впишите нужные словá: готóвить–приготóвить, варúть–сварúть, накрывáть–накрыть, убирáть–убрáть, склáдывать–сложúть, стелúть–постелúть, вытирáть–вытереть, чúстить–вычистить, стирáть–постирáть (выстирать), глáдить–поглáдить (выгладить).*

1. Рáно ýтром домохозяйка —— детéй и идёт в кýхню —— зáвтрак. На зáвтрак онá —— кáшу. 2. Онá —— на стол, а когдá зáвтрак кóнчен, онá —— посýду со столá и —— посýду в машúну для мытья́ посýды. 3. Пóсле тогó, как домохозяйка —— со столá и —— посýду, онá идёт —— постéли, —— пыль и —— коврú пылесóсом. 4. Пóсле тогó, как домохозяйка —— постéли, —— пыль, —— коврú пылесóсом, онá отдыхáет. 5. Ýтром иногдá онá тáкже должнá —— бельё и —— бельё.

IV. *Вот план квартúры. Расскажúте, что мы дéлаем в кáждой из этих кóмнат:*

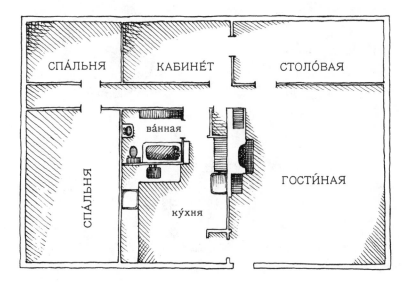

V. *Расскажи́те что вы де́лаете в э́то вре́мя:*

6:30 утра́

12:15 дня

7:15 утра́

8:30 ве́чера

10:15 утра́

8:45 ве́чера

11:30 ве́чера

четвёртый уро́к

VI. *Впишите нужные слова в эти фразы: готовиться–под-готовиться, держать–выдержать экзамен; слушать, записывать лекции, учить–выучить, переходить–перейти на курс, оканчивать–окончить университет, получать–получить диплом.*

1. Ты хорошо —— к уроку? 2. Мне трудно было —— его лекцию. 3. Он плохо —— экзамен. 4. Мы —— на второй курс. 5. Когда вы —— университет? 6. В конце этого семестра мы —— диплом. 7. К уроку надо —— все эти слова. 8. Он говорил так быстро, что я не мог —— его лекции. 9. В конце года надо —— экзамены. 10. Когда вы —— на третий курс?

VII. *Сделайте расписание на неделю*

1. для студента. 2. для домохозяйки. 3. для заведующего экспортно-импортным отделом. 4. для учительницы. 5. для бизнесмена.

VIII. *Составьте диалог между студентами, которые спорят о том как лучше жить: по расписанию или без расписания.*

Sochurek

четвёртый урок

ПЯ́ТЫЙ уро́к

Проду́кты
Еда́

СЛОВА́РЬ

еда́, пи́ща, продово́льствие food

продово́льственные проду́кты: мясны́е, моло́чные, ры́бные, о́вощи, фру́кты, конди́терские изде́лия food products: meat, milk, fish, vegetables, fruit, pastry, confectionery

вы́пивка, напи́тки: спиртны́е, кре́пкие drinks: alcoholic, strong

вы́бор блюд: заку́ска, пе́рвое, второ́е, тре́тье блю́до, сла́дкое the choice of dishes: hors d'œuvres, first, second, third course, dessert

брать, взять, заказа́ть (на) за́втрак, обе́д, у́жин to order (for) breakfast, dinner, supper

что вы предпочита́ете? what do you prefer?

что вы хоте́ли бы заказа́ть? what would you like to order?

принеси́те пожа́луйста please bring

я с удово́льствием съел бы, вы́пил бы I would enjoy eating, drinking

я закажу́, возьму́ себе́, для себя́ I will order, take for myself

я го́лоден, голодна́, о́чень хочу́ есть, проголода́лся, проголода́лась I am hungry, I am very hungry, I became hungry

я сыт, сыта́ I am full

соблюда́ть дие́ту, быть на дие́те to keep a diet, to be on a diet

прия́тного аппети́та good, pleasant appetite

есть с аппети́том, без аппети́та to eat with, without appetite

Обе́д до́ма

Ми́ша: — Что у нас сего́дня на обе́д? Я о́чень го́лоден.

Ба́бушка: — Ты всегда́ го́лоден! Накро́й на стол, обе́д бу́дет гото́в че́рез де́сять мину́т.

Ми́ша: — Где накры́ть, в столо́вой и́ли в ку́хне? Ско́лько чело-
5 ве́к бу́дет к обе́ду?

60   пя́тый уро́к

Podgursky

Uzlyan

62

Бабушка: — Сегодня мы одни будем обедать. Паша на собрании, а Николай съел бутерброд с ветчиной, выпил стакан молока и ушёл заниматься в библиотеку.

Миша: — Ах так? Тогда я накрою в кухне. Где тарелки, вилки, ножи и ложки? 5

Бабушка: — Не забудь положить салфетки и поставить на стол соль, перец и сахарницу.

Миша: — Хорошо. Очень вкусно пахнет. Что это? Баранина?

Бабушка: — Сядешь за стол — узнаешь. Не мешайся под ногами! 10

Бабушка: — Намазать тебе хлеб маслом?

Миша: — Да, пожалуйста. Передай мне, пожалуйста, соль.

Бабушка: — Почему ты не берёшь пирожки к бульону? Я их только что испекла. Это твои любимые пирожки с мясом, свежие и вкусные. 15

Миша: — Спасибо, с удовольствием попробую. Ну и пирожки — объедение!

Бабушка: — Специально для тебя были сделаны. Хочешь ещё супа?

Миша: — Нет спасибо, я ещё и первую порцию не доел. А что 20 сегодня на третье?

Бабушка: — Подожди думать о сладком. Я ещё второе не подала, а ты уже о третьем спрашиваешь!

Миша: — Да я, бабушка, уже сыт, не могу есть жаркое.

Бабушка: — Как так не можешь! А для кого я картофельное 25 пюре делала? А кто меня просил зажарить баранью ногу на обед? Нет, голубчик, ты, пожалуйста, сиди спокойно за столом и ешь. Дай твою тарелку.

Миша: — Бабушка, пожалуйста не так много мяса, поменьше порцию, пожалуйста . . . Не надо шпината! 30

Бабушка: — Ешь, ешь на здоровье.

ЗАПОМНИТЕ ЭТИ ВЫРАЖЕНИЯ

очень вкусно пахнет *smells good*
не мешайся под ногами *get away from under my feet*
намазать хлеб маслом *to put butter on bread*
передай мне, пожалуйста *please pass me*

пятый урок 63

пирожки́ с мя́сом *small meat pastries*
с удово́льствием попро́бую *I shall be glad (happy) to taste*
объеде́ние *delicious*
бара́нья нога́ *leg of lamb*
ешь на здоро́вье *eat for good health*

ОТВЕ́ТЬТЕ НА Э́ТИ ВОПРО́СЫ

1. Кто о́чень го́лоден?
2. Когда́ бу́дет гото́в обе́д?
3. Кто сего́дня обе́дает до́ма?
4. Где остальны́е чле́ны семьи́?
5. Как на́до накры́ть на стол?
6. Что ба́бушка испекла́ к бульо́ну?
7. Вку́сные ли бы́ли пирожки́?
8. По́сле кото́рого блю́да внук был сыт?
9. Мог ли он есть жарко́е?
10. Что сказа́ла ба́бушка вну́ку?

В рестора́не

— Что вы возьмёте?

— Подожди́те, да́йте мне изучи́ть меню́. Я ду́мал взять по́лный обе́д, зака́зывать отде́льные блю́да всегда́ выхо́дит доро́же.

— Да, вы пра́вы, коне́чно, по́лный обе́д вы́йдет деше́вле.

5 — Прекра́сный вы́бор блюд, вы не нахо́дите? С чего́ начнём?

— Я предлага́ю нача́ть с холо́дных заку́сок. Говоря́т, что у них осо́бенно хороша́ селёдка в смета́не.

— Я закажу́ себе́ паште́т, икру́ и шпро́ты. Како́й суп мы зака́-жем?

10 — Пра́во, не зна́ю. Борщ и́ли щи, но бою́сь, что э́то бу́дет сли́шком мно́го. Я всё таки стара́юсь соблюда́ть дие́ту . . .

— Ну, бро́сьте ду́мать о дие́те! Не хоти́те ли попро́бовать ры́бного су́па? По-ру́сски его́ называ́ют « уха́ ».

— Нет, я предпочита́ю кури́ный бульо́н.

15 — Ну, тогда́ возьми́те к бульо́ну пирожки́ с мя́сом.

— Отли́чно, после́дую ва́шему сове́ту.

— Ну, так, мы реши́ли, что возьмём на пе́рвое, а что вы ду́маете нам взять на второ́е?

— Тут прекра́сно гото́вят бара́нину. Я закажу́ шашлы́к по-кавка́зски.

— Пожа́луй, я после́дую ва́шему приме́ру. К жа́реной бара́нине нам даду́т жа́реный карто́фель. Каки́е ещё о́вощи вы хоте́ли бы заказа́ть? 5

— Я о́чень люблю́ цветну́ю капу́сту, осо́бенно под бе́лым со́усом. Та́кже, я ду́маю, зака́жем зелёный горо́шек и морко́вь.

— А я возьму́ тушёную капу́сту и шпина́т. А как насчёт сла́дкого? И́ли сла́дкое зака́жем по́сле?

— Мне всё равно́, как хоти́те. 10

— Я си́льно проголода́лся, наде́юсь, что не придётся сли́шком до́лго ждать.

— Не ду́маю. Вот идёт официа́нт. Дава́йте зака́жем наш обе́д.

Официа́нт: — Я к ва́шим услу́гам. (*Официа́нт запи́сывает заказ и спра́шивает:*) 15

— Како́е вино́ вы предпочита́ете?

— Зна́ете, я с удово́льствием бы вы́пил кру́жку све́тлого пи́ва. А вы?

— Благодарю́ вас, я не пью кре́пких напи́тков. Ничего́ спиртно́го, пожа́луйста. 20

Официа́нт: — Разреши́те порекомендова́ть вам заказа́ть минера́льный воды́ «Нарза́н».

— Нет, благодарю́ вас. Принеси́те, пожа́луйста, про́сто стака́н холо́дной воды́.

Официа́нт: — Что вы зака́жете на сла́дкое? 25

— Сыр и све́жие фру́кты для меня́, пожа́луйста.

— А я всегда́ за моро́женое. Есть у вас клубни́чное моро́женое?

Официа́нт: — Да, коне́чно. Вы предпочита́ете ко́фе и́ли чай?

— Стака́н ча́ю с лимо́ном, пожа́луйста.

— А мне ко́фе, пожа́луйста и рю́мочку коньяку́ к ко́фе. 30

Официа́нт: — Так. Отли́чно. Прия́тного аппети́та.

ЗАПО́МНИТЕ Э́ТИ ВЫРАЖЕ́НИЯ

изуча́ть меню́   *to study the menu*
по́лный обе́д   *full, complete dinner*
выхо́дит доро́же, деше́вле   *comes out more expensive, cheaper*
с чего́ начнём?   *with what shall we start?*
у них осо́бенно хороша́   *their specialty*

пя́тый уро́к

бро́сьте ду́мать о дие́те *stop thinking about the diet*
после́дую ва́шему сове́ту, приме́ру *I shall follow your advice,
    example*
под бе́лым со́усом *with white sauce*
тушёная капу́ста *stewed cabbage*
как насчёт *how about*
кру́жка пи́ва *jug of beer, a beer*
ничего́ спиртно́го *nothing alcoholic*
я за моро́женое *I am for ice cream*
клубни́чное моро́женое *strawberry ice cream*
рю́мочку коньяку́ к ко́фе *a small glass of cognac with a cup of
    coffee*

ОТВЕ́ТЬТЕ НА Э́ТИ ВОПРО́СЫ

1. Что выхо́дит деше́вле: зака́зывать отде́льные блю́да и́ли по́лный обе́д?
2. Каки́е заку́ски они́ заказа́ли?
3. Что они́ взя́ли на пе́рвое?
4. Что они́ заказа́ли на второ́е?
5. Каки́е о́вощи они́ заказа́ли к мя́су?
6. Заказа́ли ли они́ вино́ к обе́ду?
7. Заказа́ли ли они́ минера́льную во́ду?
8. Что они́ заказа́ли на сла́дкое?
9. Они́ заказа́ли чай и́ли ко́фе?
10. Что он реши́л заказа́ть к ко́фе?

В «Гастроно́ме»

В Москве́ есть мно́го продово́льственных магази́нов — гастроно́мов. В них продаю́т ра́зные проду́кты: мя́со, ры́бу, сыр, соль, са́хар, дичь, о́вощи, фру́кты, консе́рвы, конди́терские изде́лия, бакале́йные това́ры, моло́чные проду́кты . . .

5   Са́мый большо́й моско́вский гастроно́м нахо́дится на у́лице Го́рького. Сего́дня у́тром жена́ отве́тственного рабо́тника това́рища Крючко́ва спеши́т в э́тот магази́н за поку́пками. Ве́чером у них к у́жину го́сти, муж приказа́л, что́бы на обе́д была́ заку́ска и вы́пивка, жарко́е, пироги́, торт, фру́кты, конфе́ты . . .

10 Го́сти, очеви́дно, ну́жные му́жу лю́ди . . .

— У вас есть сего́дня в прода́же копчёная колбаса́? — спроси́ла она́ продавца́ в бе́лом хала́те за прила́вком.

— Копчёная колбаса́ вчера́ ко́нчилась. Обеща́ли привезти́ сего́дня по́сле обе́да ...

— Ну, а до́кторская колбаса́?

— Как же, э́тот това́р у нас не перево́дится ... Что ещё прика́жете?

— Да́йте две ба́нки ры́бных консе́рвов: шпро́ты, ки́льки. Копчёной селёдки нельзя́ у вас купи́ть?

— Сейча́с посмо́трим. Нет, вся вы́шла ... Что ещё вам уго́дно?

— Да́йте мне полкило́ сли́вочного ма́сла, пе́рвого со́рта то́лько, пожа́луйста; кило́ солёных огурцо́в, буты́лку подсо́лнечного ма́сла ... Ветчина́ све́жая? А сыр голла́ндский у вас есть? Есть швейца́рский сыр?

— Ассортиме́нт пищевы́х проду́ктов в на́шем магази́не, уважа́емая гра́жданка, значи́тельно расши́рился, а в недалёком бу́дущем ...

— Мне не́когда ре́чи слу́шать, — отве́тила Крючко́ва. — Подсчита́йте, ско́лько с меня́? Где у вас тут ка́сса? Спаси́бо.

Крючко́ва подошла́ к ка́ссе. Касси́рша вы́била чек, дала́ ей сда́чу, и Крючко́ва верну́лась к прила́вку получи́ть вы́бранные проду́кты. Она́ дала́ продавцу́ че́ки, и, когда́ он взве́сил и заверну́л её проду́кты, она́ сложи́ла их в продово́льственную су́мку — «аво́ську» и отпра́вилась в овощно́е отделе́ние посмотре́ть, что там сего́дня мо́жно доста́ть.

Госуда́рственные сезо́нные це́ны, как изве́стно, устано́влены на все о́вощи и фру́кты. Зимо́й ре́дко кто из москвиче́й мо́жет позво́лить себе́ таку́ю ро́скошь, как све́жие фру́кты, но у Крючко́вой вы́бора нет: муж приказа́л, чтобы бы́ли све́жие фру́кты — зна́чит, на́до купи́ть килогра́мм виногра́да, не́сколько я́блок, груш, апельси́нов ...

— Где тут конди́терское отделе́ние? — спроси́ла Крючко́ва.

— Отделе́ние конди́терских изде́лий? Иди́те пря́мо, пото́м нале́во, а пото́м напра́во ...

— Ско́лько сто́ит э́тот торт? — спроси́ла она́ у продавщи́цы.

— Це́ны на проду́кты обозна́чены, ра́зве вы не ви́дите? Вы хоти́те э́тот шокола́дный и́ли тот торт, «сюрпри́з»? Где ва́ши че́ки?

— Вот, пожа́луйста, я возьму́ торт «сюрпри́з», полкило́ пече́нья и два килогра́мма шокола́дных конфе́т, и ба́нку клубни́чного варе́нья. Чёрного хле́ба, пожа́луйста, и э́ти два батона бе́лого хле́ба ...

5 В магази́не «Мя́со-ры́ба» она́ до́лго стоя́ла пе́ред витри́ной, не зна́я, что купи́ть, пото́м ста́ла в дли́нную о́чередь к ка́ссе.

— Говя́дина, говоря́т, уже́ ко́нчилась у них, — сказа́ла одна́ из покупа́тельниц, — мо́жет быть мя́со для су́па по10 лу́чим ...

— Говоря́т, у ча́стников отли́чное, све́жее мя́со купи́ть мо́жно, выбира́й како́е хо́чешь! — отве́тила друга́я покупа́тельница.

— Да, а це́ны-то у ча́стников каки́е? Кто мо́жет себе́ 15 позво́лить таку́ю ро́скошь! — заме́тила тре́тья покупа́тельница.

— Чего́ расшуме́лись, гра́жданки, соблюда́йте поря́док! — закрича́ла на них же́нщина в бе́лом хала́те, проходя́ ми́мо.

— Куплю́ ку́рицу, — реши́ла Крючко́ва. — Снача́ла прова́рю её в су́пе, а пото́м пода́м, как второ́е блю́до, жа́реную с 20 карто́фелем ...

ЗАПО́МНИТЕ Э́ТИ ВЫРАЖЕ́НИЯ

продово́льственный магази́н *grocery*
конди́терские изде́лия *bakery goods, pastry, confectionery*
бакале́йные това́ры *groceries*
есть в прода́же? *do you have in stock?*
копчёная колбаса́ *smoked sausage*
па́юсная икра́ *caviar*
э́тот това́р у нас не перево́дится *these goods are always in stock*
что ещё прика́жете, что ещё вам уго́дно? *what else would you like?*
копчёная селёдка *smoked herring*
вся вы́шла, бо́льше нет *all out, no more left*
пе́рвого со́рта *grade A*
солёные огурцы́ *pickles*
подсо́лнечное ма́сло *sunflower seed oil*
ассортиме́нт пищевы́х проду́ктов *the choice of products*
значи́тельно расши́рился *has become considerably larger*

уважа́емая гра́жданка   *my dear citizeness*
мне не́когда   *I have no time*
подсчита́йте, ско́лько с меня́?   *count, how much do I owe?*
вы́бить чек   *to give a check*
дать сда́чу   *to give change*
овощно́й отде́л   *produce department*
что там сего́дня мо́жно доста́ть?   *what can one get there today?*
це́ны устано́влены   *the prices are fixed*
госуда́рственные сезо́нные це́ны   *state seasonal prices*
позво́лить себе́ таку́ю ро́скошь   *to allow oneself such luxury*
ба́нка клубни́чного варе́нья   *a jar of strawberry jam*
купи́ть у ча́стников   *to get on an open market*
выбира́й что хо́чешь   *choose whatever you want*
соблюда́йте поря́док!   *keep order!*
чего́ расшуме́лись?   *what's all the noise about?*
проходя́ ми́мо   *passing by*
пода́м как второ́е блю́до   *shall serve as a main course*

ОТВЕ́ТЬТЕ НА Э́ТИ ВОПРО́СЫ

1. Каки́е отде́лы есть в гастроно́ме?
2. На како́й у́лице нахо́дится са́мый большо́й гастроно́м?
3. Почему́ жена́ това́рища Крючко́ва спеши́т сего́дня в « га- строно́м »?
4. Есть ли в прода́же сего́дня копчёная колбаса́?
5. Что она́ купи́ла в гастрономи́ческом отде́ле?
6. Како́й сыр она́ купи́ла?
7. По́сле того́, как она́ вы́брала това́ры, куда́ она́ пошла́?
8. Мо́гут ли себе́ позво́лить москвичи́ есть све́жие фру́кты зимо́й?
9. Что купи́ла Крючко́ва в отде́ле конди́терских изде́лий?
10. Что она́ реши́ла купи́ть в мясно́м отде́ле? Почему́?

ДЛЯ СПРА́ВОК

Продово́льственные това́ры

Мясны́е проду́кты и́ли мя́со   Meat products, meat
говя́дина,   теля́тина,   бара́нина,   свини́на
beef,   *veal,*   *lamb,*   *pork*

continued

continued on next page

ДЛЯ СПРА́ВОК

Продово́льственные това́ры *(проду́кты)*:

Ры́бные проду́кты и́ли ры́ба Fish products, fish

белу́га,	сёмга,	карп,	форе́ль,	щу́ка
beluga,	*salmon,*	*carp,*	*trout,*	*pike*

ома́р,	рак,	краб,	креве́тки,	у́стрицы
lobster,	*crayfish,*	*crab,*	*shrimps,*	*oysters*

Дома́шняя пти́ца и дичь Fowl and game

ку́рица,	цыплёнок,	гусь,	у́тка,	инде́йка
chicken,	*fryer,*	*goose,*	*duck,*	*turkey*

ди́кая у́тка,	ди́кий гусь,	фаза́н,	куропа́тка,	ря́бчик
wild duck,	*wild goose,*	*pheasant,*	*partridge,*	*quail*

Моло́чные проду́кты Milk products

молоко́,	ма́сло,	сли́вки,	смета́на,	простокваша
milk,	*butter,*	*sweet cream,*	*sour cream,*	*curdled milk* (*yogurt*)

творо́г,	сыр
farmer cheese,	*cheese*

О́вощи Vegetables

карто́фель,	горо́х,	бобы́,	фасо́ль,	шпина́т,	спа́ржа
potatoes,	*peas,*	*beans,*	*green beans,*	*spinach,*	*asparagus*

сельдере́й,	капу́ста,	цветна́я капу́ста,	лук,	сала́т
celery,	*cabbage,*	*cauliflower,*	*onion,*	*lettuce*

помидо́ры,	огуре́ц,	реди́ска,	морко́вь,	ре́па
tomatoes	*cucumber,*	*radish,*	*carrot,*	*turnip*

Фру́кты Fruits

я́блоко,	гру́ша,	пе́рсик,	абрико́с,	сли́ва,	ви́шня
apple,	*pear,*	*peach,*	*apricot,*	*plum,*	*cherry*

виногра́д,	бана́н,	апельси́н,	лимо́н,	мандари́н
grapes,	*banana,*	*orange,*	*lemon,*	*tangerine*

арбу́з,	ды́ня,	оре́хи
watermelon,	*melon,*	*nuts*

Я́годы Berries

мали́на,	клубни́ка,	сморо́дина,	ежеви́ка
raspberry,	*strawberry,*	*currant,*	*blackberry*

Конди́терские изде́лия Pastry or confectioner goods

пиро́г,	пирожки́,	пиро́жное,	пече́нье,	пря́ник,	торт
pie,	*patty,*	*pastry,*	*cookies,*	*gingerbread,*	*cake*

Спиртны́е напи́тки Alcoholic beverages
во́дка, пи́во, вино́ (кра́сное, бе́лое, сла́дкое, сухо́е)
vodka, beer, wine (red, white, sweet, dry)
ликёр, конья́к, ви́ски с со́дой (с водо́й, со льдом)
liqueur, cognac, whiskey and soda (with water, ice)
кокте́йль ром, джин
cocktail, rum, gin

РУ́ССКИЙ ОБЕ́Д

Заку́ска Appetizers
икра́ caviar
ры́ба (копчёная, марино́ванная, фарширо́ванная) fish (smoked, marinated, stuffed)
консе́рвы (шпро́ты, сарди́ны) canned goods (sprats, sardines)
колбаса́ (варёная, копчёная) sausage (boiled, smoked)
ветчина́ ham
паште́т pâté

Горя́чая заку́ска Hot appetizers
грибы́ в смета́не mushrooms in sour cream
кроке́ты из кра́ба crab croquettes

Супы́ Soups
бульо́н (мясно́й, кури́ный, ры́бный) bouillon (meat, chicken, fish)
борщ borshch уха́ fish soup
щи cabbage soup

Жарко́е Main dish
мя́со (жа́реное, тушёное) meat (roasted, stewed)
котле́ты hamburger steak шашлы́к shishkebab
печёнка liver
язы́к tongue
пельме́ни Siberian ravioli with meat

Сла́дкое Dessert

компо́т	compote	печёные я́блоки	baked apples
желе́	jello	сла́дкий пиро́г	sweet pie
моро́женое	ice cream	пиро́жное	pastry
кисе́ль	fruit pudding	пече́нье	cookies
пуди́нг	pudding	торт	cake

Напи́тки Beverages

чай	tea	кака́о	cocoa
ко́фе	coffee	лимона́д	lemonade
молоко́	milk	крюшо́н	wine punch
	пунш фрукто́вый	fruit punch	

СДЕЛАЙТЕ Э́ТИ УПРАЖНЕ́НИЯ

I. *Впиши́те ну́жные слова́:*

1. На обе́д сего́дня у нас —— ку́рица с ——. 2. Мы не мо́жем позво́лить себе́ ——. 3. Це́ны на о́вощи —— госуда́рством. 4. Продаве́ц —— проду́кты, она́ —— их в су́мку. 5. Вы бо́льше лю́бите копчёную —— и́ли па́юсную ——? 6. «Что ещё вам ——», спроси́ла же́нщина за прила́вком. 7. Э́тот това́р у нас не ——. 8. Да́йте мне пять ба́нок —— консе́рвов. 9. Что сего́дня есть в ——? 10. Взве́сьте полкило́ —— ма́сла.

II. *Закажи́те ру́сский обе́д для себя́ и́ли для ва́ших друзе́й:*

1. Заку́ска
2. Суп
3. Жарко́е
4. О́вощи
5. Напи́тки
6. Сла́дкое

III. *Расскажи́те*

1. Что вы еди́те на за́втрак? 2. Что вы еди́те на обе́д? 3. Что вы еди́те на у́жин? 4. Каки́е о́вощи вы лю́бите? Каки́е фру́кты? 5. Что вы еди́те обыкнове́нно на сла́дкое? 6. Вы пьёте ко́фе с молоко́м? Вы пьёте чай с лимо́ном? 7. Вы лю́бите гото́вить? Вы хорошо́ гото́вите? 8. Лю́бите ли вы ры́бу? Како́е ва́ше люби́мое блю́до? 9. Ча́сто ли вы покупа́ете мясны́е консе́рвы? 10. Чего́ не до́лжен есть челове́к, кото́рый соблюда́ет дие́ту? 11. Каки́е проду́кты мо́жно получи́ть в продукто́вом магази́не? 12. Каки́е напи́тки вы предпочита́ете? 13. Како́е мя́со вы предпочита́ете? 14. Всегда́ ли есть в прода́же све́жие фру́кты? 15. Како́й был вы́бор блюд в рестора́не, где вы у́жинали в после́дний раз?

IV. *Вы в рестора́не. Соста́вьте диало́г ме́жду ва́ми и официа́нтом.*

V. *Соста́вьте диало́г ме́жду това́рищами, кото́рые пришли́ в рестора́н у́жинать, а сейча́с чита́ют меню́ и не зна́ют, что заказа́ть на у́жин.*

ШЕСТÓЙ урóк
Покýпки

СЛОВÁРЬ

е́здить, ходи́ть за покýпками to go shopping
покупáть; дéлать покýпки to buy; to make purchases
покупáть за полцены́, за бесцéнок to buy at half price, at bargain price
покупáть по дешёвке to buy cheaply
плати́ть, заплати́ть за покýпку to pay for the purchase
скóлько стóит, почём? how much does it cost, how much?
скóлько с меня́? how much do I owe you?
где продаю́т, продаётся? where do they sell?
где я могý найти́, получи́ть? where can I find; get?
бýдьте добры́ (любéзны) покажи́те мне would you please show me?
выбирáть вéщи to select things
забирáть (получáть) покýпку to get one's purchase
магази́н, универмáг store; department store
витри́ны магази́на display windows

В универмáге

Пéред витри́нами универмáга Вýдсфильд толпá: в магази́не
сегóдня большáя распродáжа. Джóйс и Бéтси спешáт в отде-
лéние дáмского плáтья.

— Джóйс, посмотри́, где вися́т плáтья моегó размéра.

— Какóй размéр ты нóсишь?   5

— 12-ый. А вот я самá ви́жу, они́ вися́т там в углý.

— Бéтси, покá ты бýдешь выбирáть плáтье, я пойдý посмотрéть
пальтó. Этот отдéл совсéм ря́дом.

— Да, но я никогдá не могý самá реши́ть: хорошó ли сиди́т на
мне плáтье, идёт ли мне фасóн, идёт ли мне цвет . . .   10

— Конéчно, я рáда бýду тебé помóчь.

— Посмотри́: как тебé нрáвится э́то си́нее плáтье?

— Да, ничегó. Фасóн интерéсный. Нáдо примéрить. Примéрь

ещё то кра́сное с кружева́ми и то пла́тье из цветно́го шёлка. Мо́жет быть, ещё то чёрное с бе́лой отде́лкой.
— Ну дово́льно. Пойдём, я приме́рю э́ти пла́тья. Найди́, пожа́-луйста, продавщи́цу.

5 — Нет, Бе́тси, кра́сный цвет тебе́ не идёт.
— Ты ду́маешь? Мне ка́жется, что . . .
— Нет, нет, э́то не твой цвет! Наде́нь си́нее пла́тье. Нет, мне оно́ на тебе́ не нра́вится. Оно́ тебя́ полни́т.
— Да, ты права́. Дай мне чёрное пла́тье с бе́лой отде́лкой.
10 — Нет, то́же нехорошо́. О́чень пло́хо сиди́т. Мо́жет быть, я его́ приме́рю.
— Коне́чно, приме́рь. (*Джо́йс примеря́ет пла́тье*)
— Ты не нахо́дишь, что мне э́то пла́тье о́чень идёт?
— Джо́йс, заче́м тебе́ чёрное пла́тье? Ты неда́вно купи́ла себе́ 15 пла́тье чёрного цве́та.
— Да, но э́то совсе́м друго́й фасо́н! Я куплю́ его́, тем бо́лее, что сего́дня оно́ продаётся за полцены́.
— Ну, вот, а я оста́лась без пла́тья! А мне про́сто не́чего наде́ть на ве́чер в на́шем клу́бе!
20 — Е́сли хо́чешь, Бе́тси, мы мо́жем пойти́ в друго́й магази́н.
— Хорошо́, но не сего́дня. Дава́й посмо́трим, что есть на рас-прода́же в други́х отде́лах.
— Отли́чно. Пойдём.

ЗАПО́МНИТЕ Э́ТИ ВЫРАЖЕ́НИЯ

отделе́ние да́мского пла́тья   *department of ladies dresses, clothing*
пла́тья моего́ разме́ра   *dresses of my size*
выбира́ть себе́, для себя́   *to look for oneself*
не могу́ сама́ реши́ть   *I cannot decide by myself*
хорошо́ сиди́т   *it fits well*
мне идёт фасо́н, цвет   *the style, color are becoming to me*
как тебе́ нра́вится?   *how do you like?*
на́до приме́рить   *one must try it on*
пла́тье из цветно́го шёлка   *a silk print dress*
с бе́лой отде́лкой   *with white trim*
ну дово́льно   *it's enough; well, that's enough*
найди́, пожа́луйста   *please find*
оно́ тебя́ полни́т   *it makes you look fat*

74   шесто́й уро́к

ты не нахо́дишь? *don't you find?*
тем бо́лее *all the more*
оно́ продаётся за полцены́ *it is being sold at half price*
я оста́лась без пла́тья *I am left without a dress*
не́чего наде́ть *nothing to wear*
дава́й посмо́трим *let's look*

ОТВЕ́ТЬТЕ НА Э́ТИ ВОПРО́СЫ

1. Почему́ сего́дня толпа́ пе́ред магази́ном Ву́дсфильд?
2. Куда́ спеша́т Бе́тси и Джо́йс?
3. Како́й разме́р но́сит Бе́тси?
4. Что хо́чет посмотре́ть для себя́ Джо́йс?
5. Мо́жет ли Бе́тси сама́ реши́ть, како́е пла́тье ей идёт?
6. Каки́е пла́тья примеря́ет Бе́тси?
7. Како́й цвет не идёт Бе́тси?
8. Како́е пла́тье полни́т Бе́тси?
9. Хорошо́ ли сиди́т чёрное пла́тье на Джо́йс?
10. Кто купи́л себе́ пла́тье?

Ива́н и Бори́с в отделе́нии гото́вого пла́тья

Ива́н: — Смотри́, Бори́с, кака́я тут вы́ставка га́лстуков. Никако́го вы́бора!

Бори́с: — Да, вы́бор небольшо́й. Мне, сла́ва Бо́гу, га́лстуки не нужны́, тёща подари́ла на день рожде́ния два га́лстука. Вот я и бу́ду их носи́ть, пока́ не изно́сятся.   5

Ива́н: — Тебе́ повезло́. А мне на́до купи́ть себе́ костю́м. Мой, сам ви́дишь, как износи́лся.

Бори́с: — Да, вид у костю́ма нева́жный.

Ива́н: — А ты, ка́жется, хоте́л поиска́ть спецо́вку и спорти́вную ку́ртку для себя́?   10

Бори́с: — Да, хоте́л. Так вот что: я пойду́ приме́рю ку́ртку, а ты пока́ костю́м покупа́й? Встре́тимся вот тут у прила́вка. Тебя́ э́то устра́ивает?

Ива́н: — Ла́дно, договори́лись.

Продаве́ц: — Что вам уго́дно?   15

Ива́н: — Мне ну́жен однобо́ртный костю́м из про́чного материа́ла, в поло́ску и́ли кле́тку.

шесто́й уро́к   **75**

Продавец: — Сейча́с посмо́трим … В да́нный моме́нт костю́мы ва́шего разме́ра все из гла́дкого материа́ла, а вот прекра́сный костю́м из тако́й мате́рии, каку́ю вы хоти́те, но то́лько разме́ром бо́льше. Хоти́те приме́рить?

5 *Ива́н:* — Дава́йте. На разме́р бо́льше? Э́то ничего́. Гла́вное, что́бы материа́л был про́чный.

Продавец: — Пиджа́к, коне́чно, сиди́т нева́жно. Широко́ в плеча́х, а брю́ки …

Ива́н: — Ничего́, ничего́, обойдётся … Жена́ переде́лает. Ско́ль-

10 ко с меня́? Бу́дьте любе́зны вы́писать чек. Спаси́бо.

ЗАПО́МНИТЕ Э́ТИ ВЫРАЖЕ́НИЯ

вы́ставка га́лстуков *display of neckties*
никако́го вы́бора *no selection*
пока́ не изно́сятся *until they will wear out*
тем лу́чше для тебя́ *so much the better for you*
вид у костю́ма нева́жный *the suit has seen better days*
спецо́вка *work clothes*
спорти́вная ку́ртка *sport jacket*
тебя́ э́то устра́ивает? *does it suit you?*
ла́дно, договори́лись *okay, agreed*
однобо́ртный костю́м *single-breasted suit*
из гла́дкого материа́ла *made out of solid material*
в поло́ску и́ли в кле́тку *striped or checked*
разме́ром бо́льше, на разме́р бо́льше *a size larger*
широко́ в плеча́х *broad in the shoulders*
обойдётся *it will be all right*
жена́ переде́лает *(my) wife will alter it*

ОТВЕ́ТЬТЕ НА Э́ТИ ВОПРО́СЫ

1. Хоро́шая ли была́ вы́ставка га́лстуков в отделе́нии гото́вого пла́тья?
2. Нужны́ ли Бори́су га́лстуки?
3. Что на́до купи́ть Ива́ну?
4. Что хоте́л найти́ Бори́с?
5. Где они́ пото́м встре́тятся?
6. Како́й костю́м ну́жен Ива́ну?
7. Есть ли тако́й костю́м сейча́с в магази́не?

шесто́й уро́к

8. Есть ли нужный Ивану размер?
9. Как сидит пиджак?
10. Кто переделает Ивану костюм?

В ГУМе

Самый большой универмаг в Москве это ГУМ. Буквы Г.У.М. — это начальные буквы трёх русских слов: Государственный Универсальный Магазин. ГУМ находится в центре города, на Красной площади. Это большое здание было построено в 1893-ем году, и с тех пор считается лучшим магазином Москвы. 5

Перед входом в ГУМ стоит группа молодёжи. Это студенты Московского университета.

Виктор: — Вот мы и пришли.

Нина: — Пошли, ребята!

Семён: — С чего начнём? 10

Николай: — Мне нужен халат для лаборатории.

Виктор: — А мне нужно купить спортивную майку, футболку.

Семён: — Эти вещи вы найдёте в галантерейном отделении.

Виктор: — На каком этаже галантерейное отделение?

Семён: — Не имею представления! 15

Нина: — Вон надпись « Галантерея ». Пошли туда.

Пётр: — Постойте! Боюсь, что вы не туда идёте, куда вам нужно. Спортивные майки продают в отделе « Трикотаж », а халат надо покупать в отделении готового платья.

Николай: — Ничего подобного! Майки продают в отделе « спор- 20 тивные товары »!

Вера: — Товарищи! Не стоит спорить! Как насчёт того, чтобы начать с отдела « канцелярские принадлежности »?

Хор голосов: — Отлично. Меня это вполне устраивает. Пошли!

Нина: — Мне нужна новая авторучка. 25

Вера: — А я хотела бы посмотреть открытки с видами Москвы.

Николай: — Вот ты мне напомнила кстати, — мне нужно купить почтовую бумагу и конверты.

Семён: — Мне нужна новая записная книжка.

Виктор: — А я хотел бы узнать: есть ли у них автоматические 30 карандаши?

Пётр: — А где продают фотоаппараты и плёнки?

шестой урок   77

Виктор: — Кто его знает! Должно быть, тут есть специальный отдел для продажи фотоаппаратов и плёнок.

На прилавке под стеклом лежат авторучки, набор цветных карандашей, на полках лежат различные сорта бумаги,
5 тетради разных размеров, блокноты.

Нина: — Будьте добры, покажите мне авторучку последней модели.

Продавщица: — Последнюю модель? Какого цвета?

Нина: — Мой любимый цвет — синий. Есть у вас авторучка
10 синего цвета?

Продавщица: — Сейчас посмотрю. Вам не повезло: есть авторучки чёрного и красного цвета.

Нина: — Выбор небольшой. Ну что делать, дайте мне красную авторучку. Вы уверены, что это последняя модель?

15 *Продавщица:* — Мы продаём эту модель уже пять лет. Других нет.

Пётр: — Стыдно Нина, что за буржуазные предрассудки! Это только в разлагающемся капиталистическом обществе требуют новых моделей каждый год. Отличная авторучка. Вот смотри, у
20 меня такая же.

Нина: — Да я ничего, я не спорю, просто для информации. Дайте мне, пожалуйста, набор цветных карандашей.

Продавщица выписывает чек. Нина идёт в кассу заплатить за свои покупки, а потом становится в очередь перед отделом
25 « Контроль и выдача покупок » получить свои покупки.

ЗАПОМНИТЕ ЭТИ ВЫРАЖЕНИЯ

начальные буквы *initials*
с тех пор считается *since that time it is considered*
вот мы и пришли *we have arrived*
пошли, ребята *let's go, kids*
спортивная майка, футболка *sport shirt*
галантерейное отделение *haberdashery*
не имею представления *I have no idea*
постойте *wait*
трикотаж *knitted wear*
ничего подобного! *nothing of the sort, nonsense!*
не стоит спорить *it doesn't pay to argue, not worth an argument*
как насчёт того, чтобы *how about (doing something)*

78   шестой урок

канцеля́рские принадле́жности *stationery*
откры́тки с ви́дами *picture postcards*
записна́я кни́жка *notebook*
автомати́ческие карандаши́ *automatic pencils*
кто его́ зна́ет! *who knows!*
набо́р цветны́х карандаше́й *an assortment of colored pencils*
вам не повезло́ *you are unlucky, out of luck*
други́х нет *there are no others*
что за буржуа́зные предрассу́дки *what kind of bourgeois prejudices*
разлага́ющееся капиталисти́ческое о́бщество *decaying capitalistic society*

ОТВЕ́ТЬТЕ НА Э́ТИ ВОПРО́СЫ

1. Что означа́ют нача́льные бу́квы Г.У.М.?
2. Где нахо́дится ГУМ и когда́ был постро́ен э́тот магази́н?
3. Кто пришёл за поку́пками в ГУМ?
4. Что ну́жно купи́ть Никола́ю?
5. Что ну́жно купи́ть Ви́ктору?
6. О чём поспо́рили това́рищи?
7. Что ну́жно купи́ть Ни́не?
8. Что хо́чет купи́ть Ве́ра в отделе́нии « канцеля́рские принадле́жности »?
9. Большо́й ли вы́бор авторучек в э́том отде́ле?
10. Что ещё купи́ла Ни́на?

Михаи́л Петро́вич покупа́ет пода́рок жене́

Продавщи́ца: — Могу́ ли я вам че́м-нибудь помо́чь?

Михаи́л Петро́вич: — Бою́сь, что э́то ле́гче сказа́ть, чем сде́лать! Я хоте́л купи́ть пода́рок жене́, но . . .

Продавщи́ца: — В чём же де́ло? Вы бы́ли в отде́ле « Сувени́ров и пода́рков? » Вы там, коне́чно, легко́ смо́жете найти́ подходя́щий пода́рок для ва́шей жены́. 5

Михаи́л Петро́вич: — Благодарю́ вас, но де́ло в том, что я в э́том отде́ле уже́ был.

Продавщи́ца: — И вы не нашли́ ничего́ подходя́щего для ва́шей жены́? В тако́м слу́чае, почему́ бы вам не пройти́ в ювели́рный 10 отде́л?

шесто́й уро́к   81

Михаил Петро́вич: — Благодарю́ вас, но в ювели́рный отде́л мне идти́ не́ за чем. Ювели́рные изде́лия мне не по карма́ну.

Продавщи́ца: — Ах та́к! Ну, в тако́м слу́чае пройди́те в отде́л парфюме́рии. Почему́ бы вам не купи́ть ва́шей жене́ духи́ и́ли
5 губну́ю пома́ду мо́дного отте́нка?

Михаил Петро́вич: — Ни в ко́ем слу́чае! Чтобы моя́ жена́, жена́ отве́тственного рабо́тника Коле́сникова, ходи́ла по у́лицам, как како́й-нибудь представи́тель разлага́ющегося буржуа́з-ного ми́ра!...

10 *Продавщи́ца:* — Что вы, това́рищ! Да вы отста́ли! Посмотри́те как одева́ются жёны моско́вских отве́тственных рабо́тников, каки́е на них ту́фли на высо́ких каблука́х, каки́е причёски, маникю́р...

Михаил Петро́вич: — То-то и де́ло, что то, что в Москве́ себе́
15 позволя́ют, мы в Новосиби́рске себе́ позво́лить не мо́жем!

Продавщи́ца: — Ну, подари́те ва́шей жене́ носово́й плато́к! Э́то и в Москве́, и в Новосиби́рске одина́ково хорошо́!

Михаил Петро́вич: — Отли́чно, э́то конструкти́вная иде́я, това́-рищ продавщи́ца. Где то́лько мне их найти́? В како́м отделе́-
20 нии?

Продавщи́ца: — В отделе́нии « Галантере́я». Э́то на тре́тьем этаже́. Туда́ мо́жете подня́ться на ли́фте.

Михаил Петро́вич: — Спаси́бо.

ЗАПО́МНИТЕ Э́ТИ ВЫРАЖЕ́НИЯ

э́то ле́гче сказа́ть, чем сде́лать   *it's easier said than done*
подходя́щий пода́рок   *a suitable present*
ювели́рный отде́л   *jewelry department*
мне идти́ не́ за чем   *I have no reason for going*
мне не по карма́ну   *I can't afford it*
отде́л парфюме́рии   *cosmetics department*
губна́я пома́да мо́дного отте́нка   *a fashionable shade of lipstick*
ни в ко́ем слу́чае   *under no circumstances*
буржуа́зный мир   *bourgeois world*
да вы отста́ли!   *are you behind the times!*
то-то и де́ло   *this is just the point*
позволя́ть себе́   *to allow oneself*
носово́й плато́к   *handkerchief*
конструкти́вная иде́я   *constructive idea*
подня́ться на ли́фте   *to go up in the elevator*

шесто́й уро́к

ОТВЕТЬТЕ НА ЭТИ ВОПРОСЫ

1. Что хотел купить Михаил Петрович?
2. Нашёл ли он подходящий подарок в отделе « Сувениры и подарки »?
3. Почему он не хотел купить подарок жене в ювелирном отделе?
4. Что посоветовала ему продавщица купить в отделе парфюмерии?
5. Почему он не хотел купить жене губную помаду?
6. Почему продавщица сказала Михаилу Петровичу, что он « отстал »?
7. Может ли он себе позволить делать то, что позволяют себе в Москве?
8. Что, наконец, посоветовала ему купить продавщица?
9. Где он может найти носовой платок?
10. Где находится отдел « Галантерея »?

ДЛЯ СПРАВОК

Мужская одёжда Men's clothing

костюм (однобортный, двубортный), брюки, пиджак
a suit (single-breasted, double-breasted), pants, jacket

рубашка, майка, футболка, галстук, ботинки,
shirt, sleeveless sports shirt, sports shirt, tie, shoes

сапоги, носки
boots, socks

Жёнская одёжда Women's clothing

платье, костюм, юбка, кофта (кофточка или блузка),
a dress, suit, skirt, blouse

жакет, чулки, туфли, перчатки, головной платок,
jacket, stockings, shoes, gloves, head scarf,

шляпа, шаль, сумка
hat, shawl, bag

Вещи, которые носят и мужчины и женщины Things worn by both men and women

пальто, шуба, дождевик, плащ, меховое пальто,
a coat, winter coat, raincoat, cloak, fur coat,

пальто на меховой подкладке, шляпа, берет,
coat with a fur lining, hat, beret,

перчатки, шарф, кашне
gloves, scarf, warm scarf

шестой урок

СЛОВООБРАЗОВА́НИЕ

покупа́ть—купи́ть; поку́пка, покупа́тель, покупа́тельница
продава́ть — прода́ть; прода́жа, распрода́жа, продаве́ц, продавщи́ца
примеря́ть — приме́рить; разме́р
открыва́ть — откры́ть; откры́тка, откры́тый
ви́деть — уви́деть; вид
брать — выбира́ть — забира́ть; вы́бор
отде́л – отделе́ние, отде́лка

СДЕ́ЛАЙТЕ Э́ТИ УПРАЖНЕ́НИЯ

I. *Впиши́те ну́жные слова́:*

1. Ско́лько вы —— за поку́пку? 2. На распрода́же мо́жно всё купи́ть за ——. 3. Вам о́чень —— си́ний цвет. 4. Э́тот костю́м из —— материа́ла. 5. Како́го цве́та ваш носово́й ——? 6. В магази́не большо́й —— га́лстуков. 7. Како́го —— э́то пла́тье? 8. Моё пальто́ на —— бо́льше, чем ва́ше. 9. Где я могу́ купи́ть —— для ма́тери. 10. Он хо́чет купи́ть авторучку —— цве́та.

II. *Расскажи́те, что вы мо́жете купи́ть:*

1. в отделе́нии гото́вого пла́тья, в отделе́нии да́мского и мужско́го пла́тья 2. в отде́ле « Сувени́ров и пода́рков » 3. в ювели́рном отде́ле 4. в отде́ле « Канцеля́рские принадле́жности » 5. в отде́ле « Спорти́вные това́ры ».

III. *Расскажи́те, что спра́шивает продавщи́ца у:*

1. покупа́тельницы, кото́рая хо́чет купи́ть пла́тье 2. покупа́теля, кото́рый хо́чет купи́ть но́вый костю́м 3. студе́нта, кото́рый хо́чет купи́ть но́вую авторучку 4. му́жа, кото́рый хо́чет купи́ть пода́рок свое́й жене́ 5. покупа́теля, кото́рый пришёл в ГУМ в пе́рвый раз.

IV. *Расскажи́те, как вы де́лали поку́пки в са́мом большо́м универма́ге ва́шего го́рода. Соста́вьте диало́г ме́жду продавцо́м и ва́ми.*

V. *Купи́те подходя́щий пода́рок для:*

1. ва́шей ма́тери и остальны́х чле́нов ва́шей семьи́ 2. ва́шего лу́чшего дру́га и́ли подру́ги 3. себя́.

шесто́й уро́к

СЕДЬМО́Й уро́к
Нару́жность
и́ли
вне́шность
челове́ка

ЧА́СТИ ЧЕЛОВЕ́ЧЕСКОГО ТЕ́ЛА

Когда́ мы говори́м о нару́жности и́ли вне́шности челове́ка, мы опи́сываем её снача́ла в о́бщих черта́х: она́ — краса́вица (beauty), он уро́д (an ugly person), у неё привлека́тельная вне́шность (attractive), у неё отта́лкивающая вне́шность (repulsive), он вы́глядит моло́же, ста́рше свои́х лет, он похо́ж на отца́, на мать (he looks like his father, mother), у него́ большо́е схо́дство с бра́том (he looks very much like his brother). Зате́м, когда́ мы перехо́дим к бо́лее подро́бному описа́нию нару́жности и́ли вне́шности челове́ка, то

Мы спра́шиваем:
Како́го вы ро́ста?
   How tall are you?

На э́то отвеча́ют:
Я высо́кого (невысо́кого,
   I am tall (not too tall).
сре́днего, ма́ленького) ро́ста.
   I am of average height, short.

Каки́е у вас черты́ лица́?
   What kind of features do you have?

У меня́ пра́вильные (класси́ческие,
   I have regular (classical,
непра́вильные) черты́ лица́.
   irregular) features.

Како́й у вас цвет лица́?
   What kind of complexion do you have?

У меня́ прекра́сный (хоро́ший,
   I have an excellent (good,
здоро́вый, плохо́й) цвет лица́.
   healthy, bad) complexion.

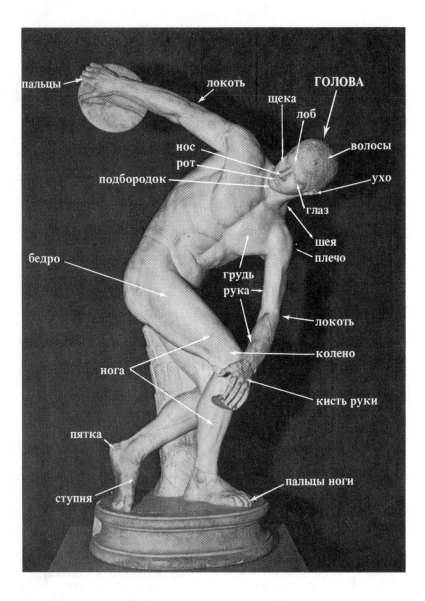

пальцы

локоть

ГОЛОВА

щека

лоб

нос

рот

волосы

подбородок

ухо

глаз

шея

плечо

бедро

грудь

рука

локоть

колено

нога

кисть руки

пятка

ступня

пальцы ноги

86   седьмо́й уро́к

Какого цвета ваши глаза?
What color are your eyes?

Мои глаза тёмные (чёрные или карие); светлые (синие или голубые).
I have dark (black or light brown); light (blue or light blue) eyes.

Какой у вас нос?
What kind of nose do you have?

У меня прямой (маленький, большой, длинный, курносый) нос.
I have straight (small, big, long, snub) nose.

Какого цвета ваши волосы?
What color hair do you have?

У меня тёмные (светлые, седые, рыжие) волосы. Я блондин. Я блондинка.
I have dark (light, grey, red) hair. I have fair hair (*male*). I am a blonde (*female*).
Я брюнет. Я брюнетка.
I have dark hair (*male*). I am a brunette.
Я шатен. Я шатенка.
I have brown hair (*male & female*).

Какие у вас волосы?
What kind of hair do you have?

У меня длинные (короткие, прямые, вьющиеся) волосы.
I have long (short, straight, curly) hair.

Какого вы сложения?
Какое у вас сложение?
What kind of build do you have?

Я крепкого (сильного, слабого) сложения.
I have a sturdy (strong, weak) build.
Я худой (полный, толстый).
I am thin (plump, fat).
Я прекрасно (хорошо, плохо) сложён, сложена.
I am beautifully (well, poorly) built.

Какая у вас фигура?
What kind of figure do you have?

У меня прекрасная (хорошая, плохая) фигура.
I have an excellent (good, poor) figure.

седьмой урок

У меня́ широ́кая (у́зкая, муску-
ли́стая) грудь.
I have a broad (narrow, muscular)
chest.

Семе́йный альбо́м

У меня́ в рука́х наш семе́йный фо́то-альбо́м. Вот фотогра́фия
ба́бушки и де́душки. Ба́бушка, говоря́т, в мо́лодости была́
краса́вицей. На фотогра́фии её больши́е ка́рие глаза́ гру́стны. О
чём она́ грусти́ла? Люби́ла ли она́ де́душку? Она́ вы́шла за́муж
5 о́чень ра́но, а у де́душки хара́ктер был нелёгкий!

В де́тстве, я по́мню, мы о́чень боя́лись его́ гро́мкого и
стро́гого го́лоса. А ба́бушка да́же в ста́рости люби́ла посмея́ть-
ся и повесели́ться . . .

А вот портре́т тёти Ка́ти. Тётя Ка́тя — сестра́ мое́й ма́тери.
10 Она́ далеко́ не краса́вица! Черты́ лица́ непра́вильные: нос кур-
но́сый, рот большо́й, прямы́е, коро́ткие во́лосы. Она́ была́
ма́ленького ро́ста, по́лная, сли́шком по́лная для своего́ ро́ста . . .
Да, краса́вицей её ника́к нельзя́ бы́ло назва́ть, но зато́ все зна́ют,
како́е у неё бы́ло до́брое се́рдце!

15 Муж тёти Ка́ти, дя́дя Ва́ня, служи́л во фло́те. На фото-
гра́фии он снят в морско́й фо́рме. Здоро́вый, кре́пкого сложе́ния,
он всегда́ вы́глядел моло́же свои́х лет. Све́тлые, вью́щиеся
во́лосы, пра́вильные черты́ лица́, больши́е голубы́е глаза́, пря-
мо́й нос, энерги́чный подборо́док . . . Бе́дная тётя Ка́тя! Я ду́-
20 маю, что он име́л большо́й успе́х у же́нщин . . .

Не зна́ю, чей э́то портре́т. На фотогра́фии пожила́я да́ма
сиди́т в кре́сле у окна́. На коле́нях у неё лежи́т откры́тая кни́га,
но она́ не чита́ет, а смо́трит в окно́ и о чём-то глубоко́ заду́ма-
лась . . . Седы́е во́лосы гла́дко причёсаны. Како́е у неё интере́с-
25 ное, ми́лое лицо́! . . .

А вот фотогра́фия мое́й двою́родной сестры́ Ве́ры. Кака́я
она́ краса́вица! Класси́ческие черты́ лица́, огро́мные чёрные
глаза́, дли́нные во́лосы па́дают на пле́чи . . . На фотогра́фии она́
стои́т в бе́лом ба́льном пла́тье и де́ржит кра́сную ро́зу на груди́.
30 Мне бы́ло 17 лет, когда́ я познако́мился с Ве́рой. Это была́
любо́вь с пе́рвого взгля́да! Я по́мню, как я страда́л, когда́ она́
вы́шла за́муж за инжене́ра Петро́ва . . .

ЗАПО́МНИТЕ Э́ТИ СЛОВА́

в де́тстве   *in childhood*
в мо́лодости   *in youth*
в ста́рости   *in old age*
нелёгкий хара́ктер   *not an easy character, hard to get along with*
она́ далеко́ не краса́вица! ⎫ *she is far from being a*
краса́вицей её ника́к нельзя́ назва́ть ⎬   *beauty*
для своего́ ро́ста   *for her (his) height*
он снят   *he is photographed*
вы́глядеть моло́же, ста́рше свои́х лет   *to look younger, older than one's years*
име́ть успе́х у же́нщин   *to have success with women*
пожила́я да́ма   *an elderly lady*
на коле́нях   *on one's lap*
глубоко́ заду́малась   *was lost in thoughts*
гла́дко причёсаны   *hair smoothly combed*
любо́вь с пе́рвого взгля́да   *love at first sight*
как я страда́л   *how I suffered*

СЛОВООБРАЗОВА́НИЕ

краси́вый — краса́вица	си́льный — си́ла
уро́дливый — уро́д	сла́бый — сла́бость
молодо́й — мо́лодость, молоде́ть	энерги́чный — эне́ргия
ста́рый — ста́рость, старе́ть	мускули́стый — му́скул
де́тский — де́тство, де́ти	све́тлый — свет
семе́йный — семья́	тёмный — темнота́
по́лный — полнота́ — полне́ть	худо́й — худе́ть
весёлый — весе́лье — весели́ться	гру́стный — грусть — грусти́ть

ОТВЕ́ТЬТЕ НА Э́ТИ ВОПРО́СЫ

1. Как вы́глядела ба́бушка в мо́лодости?
2. Како́й хара́ктер был у де́душки?
3. Опиши́те нару́жность тёти Ка́ти.
4. Почему́ дя́дя Ва́ня име́л большо́й успе́х у же́нщин?
5. Како́е бы́ло лицо́ у пожило́й да́мы на фотогра́фии?
6. Опиши́те нару́жность Ве́ры.
7. Как была́ оде́та Ве́ра на фотогра́фии?

седьмо́й уро́к

8. Ско́лько бы́ло лет а́втору расска́за, когда́ он познако́мился с Ве́рой?
9. Кака́я э́то была́ любо́вь?
10. За кого́ Ве́ра вы́шла за́муж?

Разгово́р пе́рвый

Ива́н: — Скажи́те, вы знако́мы с той высо́кой блонди́нкой?

Пётр: — Нет, я знако́м с её подру́гой, ви́дите там стои́т де́вушка ма́ленького ро́ста с коро́ткими прямы́ми волоса́ми и курно́сым но́сом.

5 *Ива́н:* — Да, ви́жу, но я хоте́л бы познако́миться с её подру́гой. Кака́я у неё фигу́ра! Вы не зна́ете её фами́лии?

Пётр: — Нет, не зна́ю, но в чём де́ло? Подойдём к ним, я поздоро́ваюсь, познако́млю вас с мое́й знако́мой и она́ познако́мит нас со свое́й подру́гой. Согла́сны?

10 *Ива́н:* — Отли́чно. Пошли́.

ЗАПО́МНИТЕ Э́ТИ ВЫРАЖЕ́НИЯ

но в чём де́ло? *but what does it matter?*
подойдём к ним *let's get over to where they are*
согла́сны? *do you agree?*

ОТВЕ́ТЬТЕ НА Э́ТИ ВОПРО́СЫ

1. Знако́м ли Пётр с высо́кой блонди́нкой?
2. С кем знако́м Пётр?
3. С кем хо́чет познако́миться Ива́н?
4. Как вы́глядит де́вушка, с кото́рой знако́м Пётр?
5. Как мо́жет Ива́н познако́миться с де́вушкой, кото́рая ему́ понра́вилась?

Разгово́р второ́й

Ни́на: — Ма́ша, кто э́тот молодо́й челове́к с тёмными волоса́ми и голубы́ми глаза́ми?

Ма́ша: — Где? Кото́рый? Он стои́т ря́дом с блонди́ном ма́ленького ро́ста? Высо́кий худо́й брюне́т?

Нина: — Да, посмотри́, како́е у него́ интере́сное лицо́: высо́кий лоб, пра́вильные черты́ лица́, энерги́чный подборо́док.

Ма́ша: — Не зна́ю, что ты в нём нашла́? Худо́й, дли́нные но́ги, дли́нные ру́ки, сла́бое сложе́ние, бле́дный. Мне он совсе́м не нра́вится! Вот идёт Пётр Байка́лов. Ты посмотри́ на его́ сло- 5 же́ние! Краса́вец!

Нина: — Твой Петр Байка́лов — это одни́ то́лько му́скулы, а на лице́ ни выраже́ния, ни мы́сли, ни чу́вства . . .

Ма́ша: — О вку́сах не спо́рят! Я предпочита́ю молоды́х люде́й, с кото́рыми мо́жно посмея́ться и повесели́ться, а не сиде́ть и. 10 вздыха́ть при луне́!

ЗАПО́МНИТЕ Э́ТИ ВЫРАЖЕ́НИЯ

что ты в нём нашла́? *what did you find in him?*

одни́ то́лько му́скулы *only muscles and flesh*

ни выраже́ния, ни мы́сли, ни чу́вства *no expression, no thought, no feeling*

о вку́сах не спо́рят *one should not argue about one's tastes*

вздыха́ть при луне́ *to sigh in the moonlight*

ОТВЕ́ТЬТЕ НА Э́ТИ ВОПРО́СЫ

1. Как вы́глядит молодо́й челове́к, о кото́ром спра́шивает Ни́на?
2. Нра́вится ли он Ма́ше?
3. Почему́ ей нра́вится Пётр Байка́лов?
4. Почему́ он не нра́вится Ни́не?
5. Каки́х молоды́х люде́й предпочита́ет Ма́ша?

СДЕ́ЛАЙТЕ Э́ТИ УПРАЖНЕ́НИЯ

I. *Опиши́те свою́ вне́шность:*

1. Како́го вы ро́ста? 2. Како́го вы сложе́ния? 3. Каки́е у вас во́лосы: тёмные и́ли све́тлые, прямы́е и́ли вью́щиеся? 4. У вас пра́вильные черты́ лица́? 5. У вас хоро́ший цвет лица́? 6. Како́го цве́та ва́ши глаза́? 7. У вас дли́нные ру́ки и но́ги? 8. На кого́ вы похо́жи? У ва́шей ма́тери то́же тёмные глаза́? 9. Вы тако́го же ро́ста, как ваш оте́ц? 10. У ва́шей ма́тери то́же све́тлые во́лосы?

седьмо́й уро́к

II. *Впиши́те ну́жные слова́:*

1. Он был о́чень краси́в: у него́ бы́ли —— черты́ лица́, —— во́лосы, —— нос. 2. Я никогда́ не встреча́л тако́го уро́да: у него́ —— нос, он —— ро́ста, —— сложе́ния. 3. Она́ так —— на свою́ мать: у неё —— глаза́, тако́й же —— цвет лица́, и она́ так же —— сложена́. 4. У вас но́ги таки́е ——, вам тут бу́дет неудо́бно. 5. Почему́ вы ду́маете, что она́ —— моло́же свои́х лет? 6. Он —— ро́ста, у него́ —— ру́ки и но́ги. 7. Мать расчёсывала —— во́лосы до́чери. 8. Она́ смотре́ла на меня́ свои́ми —— глаза́ми. 9. Почему́ вы бойтесь полне́ть? У вас —— фигу́ра. 10. Посмотри́те на её ма́ленький —— нос.

III. *Впиши́те слова́ противополо́жного значе́ния в э́ти фра́зы:*

1. У него́ (дли́нный) нос. 2. Ваш брат (ма́ленького) ро́ста. 3. У неё (прямы́е), (тёмные) во́лосы. 4. У певи́цы (класси́ческие) черты́ лица́. 5. У мсего́ дру́га (широ́кие) пле́чи. 6. Цвет лица́ у неё был всегда́ (прекра́сный). 7. Э́то был челове́к (сла́бого) сложе́ния. 8. Вы заме́тили, каки́е (то́лстые) у неё но́ги? 9. Како́й он (то́лстый)! 10. Он (пло́хо) сложён: грудь (у́зкая), но́ги (дли́нные).

IV. *Соста́вьте диало́г ме́жду подру́гами, кото́рые смо́трят на цветны́е фотогра́фии в семе́йном фо́то-альбо́ме.*

ВОСЬМО́Й уро́к
У до́ктора
—у врача́

СЛОВА́РЬ

больни́ца (лече́бница, го́спиталь)   hospital
кли́ника, кабине́т врача́   clinic, doctor's office
о́бщая, отде́льная пала́та   ward, private room (*in a hospital*)
медсестра́, пацие́нт (больно́й)   nurse, patient
врач специали́ст по . . . боле́зням   physician specializing in . . .
лечи́ться у врача́   to be a patient

записа́ться на прие́м к врачу́   to make an appointment with the doctor
вы́звать, пригласи́ть врача́ на́ дом   to call the doctor
лечи́ть, вы́лечить пацие́нта   to treat, cure the patient
заболе́ть   to get sick
лечь в го́спиталь   to go to a hospital
пройти́ курс лече́ния   to undergo a treatment
осмотре́ть пацие́нта   to examine the patient, to diagnose
поста́вить диа́гноз   to diagnose
прописа́ть лека́рство   to prescribe medicine
заказа́ть лека́рство   to order medicine
принима́ть лека́рство   to take medicine
получи́ть лека́рство по реце́пту врача́ в апте́ке   to get from the drugstore medicine prescribed by the doctor
попра́виться, вы́здороветь   to get well, recover
изба́виться от боле́зни   to get rid of illness

До́ктор спра́шивает пацие́нта:	Пацие́нт отвеча́ет: (жа́луется) (*complains*)
На что вы жа́луетесь? What seems to be the trouble?	Я себя́ нева́жно (пло́хо, скве́рно) чу́вствую. I am not very well, (I feel badly).
Как вы себя́ чу́вствуете? How do you feel?	Мне не по себе́. I feel out of sorts.
Как о́бщее самочу́вствие? How do you feel in general?	Не могу́ изба́виться от просту́ды. I can't get rid of a cold.

Что у вас болит?
What hurts you?

Как вы сегодня? Как вам?
How are you today?

У меня сильные боли в спине
I have a lot of pain in my back,

(сильная простуда, болит горло, насморк, кашель,
(a bad cold, sore throat, cold, cough,
частые головные боли, плохой аппетит).
frequent headaches, poor appetite).

Я, должно быть, простудился (заразился).
I must have caught a cold (an infection).

Я простужен, у меня повышенная
I have a cold, I have a fever
температура.
(temperature).

Вам лучше сегодня?
Are you better today?

Да, немного лучше, чувствую себя лучше.
Yes, a bit better, I feel better.

Вам лучше, хуже сегодня?
Are you better, worse today?

Нет, всё так же, без перемен.
No, it's the same, no change.
Боюсь, что мне стало хуже.
I'm afraid I got worse.

Доктор советует пациенту:

Doctor advises a patient:

Вам нужна полная медицинская проверка.

You need a complete medical check-up.

Надо сделать необходимые снимки, анализы.

One must have the necessary X ray, analysis done.

Вам следует (следовало бы):
    быть более осторожным,
    больше следить за собой,
    изменить образ жизни,
    переменить климат,

    не переутомляться,
    не пить ничего спиртного,
    иметь полный отдых,

    быть на строгой диете,
    принимать витамины,
    принимать лекарство,
    лечь в госпиталь,
    пройти курс лечения.

You should:
    be more careful,
    take better care of yourself,
    change your way of life,
    change climate,

    not overwork,
    drink no alcoholic beverages,
    have a complete rest,

    be on a strict diet,
    take vitamins,
    take medicine,
    get to the hospital,
    undergo treatments.

восьмой урок

Дóктор обoдряет пациéнта:	*Doctor encourages a patient:*

Вы скóро бýдете здорóвы. ⎫
Вы скóро попрáвитесь. ⎭ You shall soon be well.

Не волнýйтесь. ⎫
Не беспокóйтесь. ⎭ Don't worry.

Не пáдайте дýхом.   Don't lose heart.
Не бóйтесь.   Don't be afraid.
У вас нет ничегó серьёзного.   It is nothing serious.
Э́то тóлько óбщее переутом-   You are just "run-down".
лéние.

На приёме у дóктора

I

9:30 утрá. В приёмной дóктора Гýдхарта сидя́т пациéнты и ждут, когдá секретáрша вы́зовет их к дóктору.

— Господи́н Фрост, пожáлуйста, дóктор вас ждёт . . .

Господи́н Фрост встаёт; у двéри в кабинéт дóктора егó встречáет медсестрá и провóдит егó в другóй кабинéт, где он 5 раздевáется и надевáет бéлый больни́чный халáт.

— Здрáвствуйте, здрáвствуйте! Как себя́ чýвствуете?

— Ничегó, спаси́бо, но чýвствую большýю устáлость . . .

— Ну так посмóтрим . . . Дыши́те . . . ещё раз . . . глýбже, ещё раз . . . так, отли́чно! Прекрáсно! Я дýмаю, что нáдо бýдет 10 сдéлать кардиогрáмму, анáлиз крóви . . . Вам нýжен пóлный óтдых и стрóгая диéта. Вы переработáли, дорогóй друг! В вáшем вóзрасте нáдо бóльше следи́ть за собóй, дýмать об óтдыхе . . .

— Что дéлать, дóктор! Я всю жизнь мнóго рабóтал, не 15 умéю жить без рабóты, не умéю развлекáться . . . Скажи́те, наскóлько серьёзно . . .

— Ну, ну, ничегó серьёзного я покá ещё не ви́жу, нáдо прó- сто замéдлить тéмпы, перемени́ть óбраз жи́зни . . . Медсестрá! Пожáлуйста, запиши́те господи́на Фрóста на приём чéрез 20 недéлю. Я пропишý вам э́ти пилю́ли, господи́н Фрост, они́ вам помóгут, а пóсле тогó, как мы сдéлаем сни́мки и анáлизы, мы опя́ть поговори́м. До свидáния! . . .

восьмóй урóк

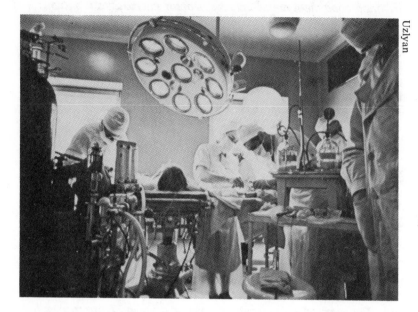

II

В приёмной медсестра́ разгова́ривает с секрета́ршей:

— Ты посмотри́, А́ни, как я ужа́сно вы́гляжу!

— Да ты просту́жена . . . Где ты так простуди́лась?

— Ах, не зна́ю! Но что мне де́лать? У меня́ сего́дня о́чень
5 ва́жное свида́ние, меня́ пригласи́л на обе́д Ма́йкл Смит . . .

— А, опя́ть Ма́йкл Смит! Что э́то — серьёзно?

— Нет, ты то́лько посмотри́ на мой нос: кра́сный, распу́х-
ший . . . Посмотри́ на мои́ глаза́: кра́сные, воспалённые . . .
Посмотри́ на мой цвет лица́: бле́дная, румя́нца совсе́м нет . . .
10 Бо́же мой! Что бу́дет!

— О чём ты беспоко́ишься? Вот моя́ коро́бочка с косме́ти-
кой. Че́рез не́сколько мину́т у тебя́ бу́дет « неузнава́емо очарова́-
тельное лицо́ », как говори́т рекла́ма Елизаве́ты А́рден . . .

восьмо́й уро́к

Из кабинета выходит доктор.

— Мери, в чём дело? Где следующий пациент? Что с вами?

— Я, должно быть, простудилась, доктор Гудхарт...

— Опять простуда? Да, вижу... глаза воспалённые, нос красный, очевидно, повышенная температура. Сколько раз я 5 вам говорил не приходить на работу, когда вы простужены!

— Я думала мне будет лучше сегодня... Апчхи! Апчхи!...

— Будьте здоровы! Идите сейчас же домой, ложитесь в постель, принимайте анасин или буферин, пейте побольше 10 апельсинового сока. Идите, идите, а то вы только разносите заразу!

— Спасибо, доктор. Надеюсь, что завтра мне будет лучше...

— Нет, нет, пожалуйста сидите дома до тех пор, пока вы не 15 поправитесь. Ани и я как-нибудь без вас справимся.

— Спасибо, доктор. Следующий пациент ждёт в приёмной. Ани вызовет его.

III

Следующий пациент доктора — молодой человек, студент университета « Джордж Вашингтон ». У него забинтована го- 20 лова, правая нога и левая рука в гипсе.

— Ну, молодой человек, — говорит доктор, — доигрались? Футбол прекрасная игра, но надо знать меру... Сколько раз я вам говорил, что вы должны быть более осторожны...

— Теперь поздно об этом думать, доктор. 25

— Как общее самочувствие сегодня?

— Боюсь, что мне стало хуже: сильные боли в спине...

— Ну, это пройдёт. Однако, может быть вам лучше лечь в больницу?

— Разве это необходимо, доктор? 30

— Вам необходим полный покой, а я вижу, что в студенческом общежитии ваши товарищи мешают вам следить за собой. Если боли в спине будут продолжаться, то вам надо будет пройти специальный курс лечения...

— Как скажете, доктор. Я готов следовать вашему совету. 35

— Отлично. Я узнаю, есть ли место для вас в общей палате, и дам вам знать завтра утром. А пока я пропишу вам лекарство

восьмой урок

от бо́ли. Закажи́те его́ сейча́с же в апте́ке и принима́йте три ра́за в день и́ли ка́ждые четы́ре часа́. Наде́юсь, что оно́ помо́жет вам изба́виться от бо́ли в спине́.

— Спаси́бо. До свида́ния, до́ктор, до за́втра.

5 — Всего́ хоро́шего! Не па́дайте ду́хом! Ско́ро опя́ть бу́дете игра́ть в футбо́л!

IV

В приёмной секрета́рша вызыва́ет но́вую пацие́нтку.

— Ва́ша фами́лия, и́мя, а́дрес и телефо́н? — спра́шивает секрета́рша у но́вой пацие́нтки. — Ско́лько вам лет? Вы за́му-
10 жем? Есть де́ти? Ме́сто слу́жбы, а́дрес, служе́бный телефо́н? Кто вам рекомендова́л до́ктора Гу́дхарта? До́ктор вас при́мет че́рез не́сколько мину́т.

— Госпожа́ Ча́йльдс? О́чень прия́тно познако́миться. Пожа́луйста сади́тесь. На что вы жа́луетесь? — спра́шивает до́ктор
15 но́вую пацие́нтку.

— Ах, до́ктор, у меня́ всё боли́т! Всё те́ло: то боль в спине́, то боль в нога́х, то в плече́, то головны́е бо́ли . . .

— Гм, гм . . . Вы прекра́сно вы́глядите, ника́к не похо́же, что вы больны́! . . . Я ду́маю, что э́то гла́вным о́бразом не́рвы . . .
20 Вы принима́ете лека́рства, витами́ны?

— Да, коне́чно, до́ктор, я принима́ю ка́ждый день четы́ре пилю́ли у́тром, две по́сле обе́да, одну́ на́ ночь . . .

— У вас о́чень здоро́вый органи́зм! . . . Я не бу́ду пока́ пропи́сывать вам но́вых лека́рств. Мы сде́лаем снача́ла все не-
25 обходи́мые ана́лизы. Медсестра́ запи́шет вас на приём на бу́дущей неде́ле. До свида́ния, госпожа́ Чайльдс.

— До свида́ния, до́ктор. Всего́ хоро́шего!

ЗАПО́МНИТЕ Э́ТИ ВЫРАЖЕ́НИЯ

на приёме у до́ктора *at the doctor's office*
вызыва́ть к до́ктору *to be called to the doctor*
больни́чный хала́т *hospital gown*
чу́вствую большу́ю уста́лость *I feel very tired*
сде́лать кардиогра́мму *to have a cardiogram made*
ана́лиз кро́ви *blood analysis*
вы перерабо́тали *you have overworked*

в ва́шем во́зрасте *at your age*
наско́лько э́то серьёзно *how serious is it*
заме́длить те́мпы *to slow down*
прописа́ть пилю́ли *to prescribe pills*
нет румя́нца *no color*
бу́дьте здоро́вы! *God bless you!*
разно́сите зара́зу *you spread the infection*
ка́к-нибудь без вас спра́вимся *we shall manage without you somehow*
забинто́вана голова́ *the head is bandaged*
в ги́псе *in a cast*
доигра́лись! *your playing led you up to no good!*
на́до знать ме́ру *one must know when to stop*
как ска́жете, гото́в сле́довать сове́ту *as you say, ready to follow advice*
служе́бный телефо́н *office phone*
у меня́ всё боли́т *everything hurts*
вы прекра́сно вы́глядите *you look just fine*
ника́к не похо́же *it does not look at all like*

ОТВЕ́ТЬТЕ НА Э́ТИ ВОПРО́СЫ

1. В кото́ром часу́ до́ктор Гу́дхарт начина́ет приём?
2. Кто его́ пе́рвый пацие́нт?
3. На что он жа́луется?
4. Како́й диа́гноз ста́вит до́ктор? Что он пропи́сывает?
5. Как себя́ сего́дня чу́вствует медсестра́?
6. Како́й сове́т даёт до́ктор медсестре́?
7. Кто сле́дующий пацие́нт до́ктора? Что с ним?
8. Кого́ вызыва́ет в приёмной секрета́рша? О чём она́ спра́шивает?
9. На что жа́луется госпожа́ Ча́йльдс?
10. Что ей сове́тует до́ктор?

СДЕ́ЛАЙТЕ Э́ТИ УПРАЖНЕ́НИЯ

I. *Да́йте отве́ты на э́ти вопро́сы до́ктора:*

1. На что вы жа́луетесь? 2. Как ва́ше о́бщее самочу́вствие? 3. Как вам сего́дня? 4. Вам сего́дня лу́чше и́ли ху́же? 5. Вы пьёте мно́го спиртно́го? Еди́те мно́го сла́дкого? 6. Вы сде́лали все необходи́мые ана́лизы? 7. Вы следи́те за собо́й? 8. Вы измени́ли свой о́браз жи́зни? 9. Вы не сли́шком переутомля́етесь на рабо́те? 10. Почему́ вы так не́рвничаете?

II. *Дáйте отвéты на э́ти вопрóсы пациéнта:*

1. Наскóлько серьёзна моя́ болéзнь, дóктор? 2. Какие лекáрства вы мне пропи́шете? 3. Какáя диéта мне нужнá? 4. Ну́жно ли мне перемени́ть кли́мат? 5. Ну́жно ли мне сдéлать анáлиз крóви и кардиогрáмму? 6. Почему́ у меня́ таки́е воспалённые глазá? 7. Дóлжен ли я быть бóлее осторóжным? 8. Какóе лекáрство мне принимáть от бóли? 9. Когдá я наконéц бу́ду опя́ть здорóв? 10. Мóжно ли мне не волновáться о моём óбщем самочу́вствии?

III. *Впиши́те ну́жные словá:*

1. У вас нет —— серьёзного. 2. Необходи́мо перемени́ть —— жи́зни. 3. Нáдо быть бóлее ——. 4. Вам нужнá стрóгая ——. 5. У неё плохóй —— лицá. 6. Дóктор —— э́ти пилю́ли. 7. Он произвёл хорóшее —— на нас. 8. Во всём нáдо —— мéру. 9. Вы сегóдня лу́чше себя́ ——? 10. Вы прекрáсно ——.

IV. *Вы пациéнт в кабинéте у врачá; состáвьте диалóг мéжду дóктором и вáми.*

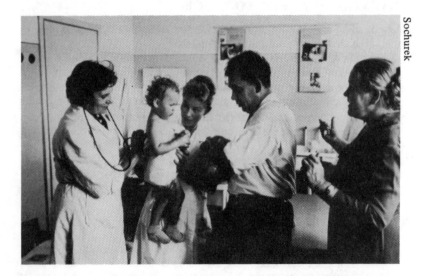

Sochurek

ДЕВЯ́ТЫЙ уро́к
Спорт

СЛОВА́РЬ

занима́ться спо́ртом to engage in some sports

спортсме́н, спортсме́нка, физкульту́рник, физкульту́рница sportsman, sportswoman

спорти́вная кома́нда a team

член кома́нды, игро́к a member of a team, a player

спорти́вное состяза́ние sports, a game, games

состяза́ние в игре́, по спо́рту contest, competition in a game, in sports

состяза́ние ме́жду кома́ндами, матч competition between teams, match

ма́ссовые и́гры: футбо́л, баскетбо́л, бейсбо́л, волейбо́л mass games: football, basketball, baseball, volleyball

игра́ть в те́ннис, в гольф to play tennis, golf

спорти́вное по́ле, стадио́н (sports) field, stadium

спорти́вная площа́дка, корт (sports) court

судья́, рефери́ referee

боле́льщик fan (*sports*)

результа́т состяза́ний the result of the game

игра́ со счётом the game's count, score

счёт 3:1 (три-оди́н) в по́льзу the score is three to one in favor of

игра́ вничью́ a draw

победи́ть, вы́играть, разби́ть кома́нду to win, to scuttle the team

получи́ть (заня́ть, завоева́ть) пе́рвое ме́сто по спо́рту to receive (to take, to gain) a first place in a sport

устана́вливать реко́рд to set a record

поби́ть реко́рд to break a record

получи́ть значо́к, приз, меда́ль за успе́хи to receive a badge, a prize, a medal for achievements

чемпио́н по спо́рту (sports) champion

междунаро́дные Олимпиа́ды international Olympics

проигра́ть, понести́ пораже́ние to lose, to be defeated

девя́тый уро́к   101

О спорте

Занятие спортом укрепляет и закаляет организм. Доктора часто говорят, что для здорового человека « безделье — это не отдых », и поэтому рекомендуют постоянно, и особенно во время отпуска или каникул, заниматься каким-нибудь спортом.

5   В США популярны многие виды спорта: в последнее время очень популярен стал гольф. Молодёжь предпочитает более активные массовые игры, такие как бейсбол, футбол или баскетбол. Игра в теннис не так популярна в США, как в Англии, однако, теннисные площадки можно увидеть почти во всех
10   городских парках.

Зимой, на севере, в тех штатах, где горы покрыты глубоким снегом, очень популярен лыжный спорт. Многие проводят свои зимние каникулы в горах, где лыжники могут бегать на лыжах по специально устроенным для них дорожкам. К зим-
15   нему спорту также относится катанье на коньках и игра в хоккей, очень популярный вид спорта среди школьников.

Лучшее время для занятий спортом это, конечно, лето. Летом устраиваются общие состязания по водному спорту на многих больших реках и озёрах, а спортсмены состязаются в
20   плавании, гребле, гонках на парусных лодках . . . Многие занимаются горным спортом и проводят свой летний отпуск в горах. Горный спорт требует большой силы и ловкости, и для того, чтобы заниматься альпинизмом, нужна специальная тренировка.

25   Осенью начинается футбольный сезон. В США особенно популярны состязания между футбольными командами больших университетов и ежегодный матч между футбольными командами армии и флота.

Спортом, как известно, увлекаются не только сами спорт-
30   смены, но и зрители. Когда различные спортивные общества устраивают состязания по бейсболу, футболу и другим видам спорта, то на стадионах и спортивных полях собираются огромные толпы людей. Многие из зрителей принимают самое живое участие в игре: они ссорятся и спорят с соседями, которые не
35   поддерживают их команду, кричат, что рефери неправ . . . Это « болельщики », они « болеют душой » за успехи или неуспехи своих любимых игроков и команд.

девятый урок

Uzlyan

Когда́ в США происхо́дят состяза́ния по бейсбо́лу ме́жду гла́вными бейсбо́льными кома́ндами, вся страна́ с напряже́нием ждёт результа́тов состяза́ний: из о́кон всех кварти́р мо́жно услы́шать, как по ра́дио и по телеви́зору передаю́тся ход и результа́ты ма́тча. Любо́й прохо́жий мо́жет вас останови́ть и спроси́ть: 5 « како́й счёт? »

ЗАПО́МНИТЕ Э́ТИ ВЫРАЖЕ́НИЯ

укрепля́ть и закаля́ть органи́зм   *to fortify and improve your body*
те́ннисные площа́дки, ко́рты   *tennis courts*
состяза́ться в . . .   *to compete in*
го́нки на па́русных ло́дках   *sailboat races*

гóнки на мотóрных лóдках *motorboat races*
верховáя ездá *horseback riding*
считáется спóртом *is considered a sport*
состоя́лся матч *a game or a match took place*
живóй интерéс *lively interest*
увлекáться спóртом *to be a sports enthusiast*
принимáть живóе учáстие *lively participation*
поддéрживать комáнду *to support a team*
болéть душóй за *to suffer for*
ждать с напряжéнием *to await tensely*
ход и результáты мáтча *the progress and the result of a game or a match*
любóй прохóжий *any passerby*
ежегóдный матч *yearly, annual game*

ОТВÉТЬТЕ НА Э́ТИ ВОПРÓСЫ

1. Полéзно ли занимáться спóртом?
2. Какóй вид спóрта осóбенно популя́рен в США?
3. Какие игры предпочитáет молодёжь?
4. Какие виды спóрта популя́рны зимóй?
5. Какие виды вóдного спóрта вы знáете?
6. Нужнá ли специáльная тренирóвка для тогó, чтóбы занимáться гóрным спóртом?
7. Когдá начинáется футбóльный сезóн?
8. Увлекáются ли спóртом зрители?
9. Как мы называ́ем людéй, котóрые принимáют живóе учáстие в состязáниях мéжду разли́чными комáндами?
10. Как они себя́ ведýт на состязáниях?
11. Кто интересýется результáтами игры́ в бейсбóл в США?
12. Как мóжно узнáть ход и результáты игры́ во врéмя состязáний мéжду глáвными бейсбóльными комáндами?

Спорт в СССР

К заня́тию спóртом в СССР отнóсятся óчень серьёзно. На предприя́тиях, в учреждéниях и в учéбных заведéниях сóзданы спорти́вные клýбы или спорти́вные кружки́, в котóрых мóжно занимáться разли́чными ви́дами спóрта, тренировáться, стать
5 члéном какóй-нибудь спорти́вной комáнды и принимáть учáстие

девя́тый урóк

в спорти́вных состяза́ниях. Всем сове́тским гра́жданам рекомен-
ду́ют де́лать ка́ждый день хотя́ бы пятимину́тную «заря́дку
здоро́вья», то есть гимнасти́ческие упражне́ния, кото́рые ук-
репля́ют и развива́ют му́скулы, си́лу и ло́вкость.

С 1937-го го́да в СССР пра́зднуется «Всесою́зный день   5
физкульту́рника». Чле́ны разли́чных спорти́вных клу́бов мар-
широ́ют по Кра́сной пло́щади и пою́т ра́зные спорти́вные
ма́рши, как наприме́р:

>   Мы вы́йдем в дни весе́нние
>   На трек, на ринг, на корт,   10
>   Чтоб мно́жил достиже́ния
>   Сове́тский спорт . . .

За свои́ успе́хи сове́тские спортсме́ны получа́ют разли́чные
значки́, а выдаю́щиеся спортсме́ны и чемпио́ны по разли́чным
ви́дам спо́рта получа́ют зва́ние «ма́стера спо́рта» и́ли «заслу́- 15
женного ма́стера спо́рта».

Тако́е отноше́ние к спо́рту да́ло блестя́щие результа́ты: на
междунаро́дных Олимпиа́дах сове́тские спортсме́ны ча́сто
устана́вливают но́вые мировы́е реко́рды и завоёвывают золо-
ты́е, сере́бряные и бро́нзовые меда́ли по разли́чным ви́дам 20
спо́рта.

Кро́ме обы́чных ви́дов спо́рта в СССР име́ются та́кже и
национа́льные ви́ды спо́рта, как наприме́р: ру́сские ребя́та о́чень
лю́бят игра́ть в «лапту́», игру́ похо́жую на америка́нский бейс-
бо́л. На Кавка́зе о́чень популя́рна «джигито́вка» — верхова́я 25
езда́ с трю́ками; на се́вере устра́ивают состяза́ния в езде́ на
саня́х на соба́ках и́ли оле́нях, а в Яку́тии мо́жно получи́ть зва́ние
«ма́стера спо́рта» по «куоба́ху». Куоба́х — э́то за́ячьи прыжки́,
и физкульту́рник, разбежа́вшись, до́лжен сде́лать 11 прыжко́в
подря́д, отта́лкиваясь одновре́менно обе́ими нога́ми.   30

ЗАПО́МНИТЕ Э́ТИ ВЫРАЖЕ́НИЯ

стать чле́ном спорти́вной кома́нды   *to become a member of a
team*
принима́ть уча́стие в состяза́ниях   *to participate in games (meets)*
заря́дка здоро́вья   *health exercises*
выдаю́щиеся спортсме́ны   *outstanding sportsmen*
получа́ть зва́ние   *to receive a rank of*

девя́тый уро́к   **107**

мáстер спóрта *Master of Sports*
заслýженный мáстер спóрта *Distinguished Master of Sports*
всесоюзный день физкультýрника *the All-Union Sportsman Day*
мнóжить достижéния *to increase achievements*
даёт блестя́щие результáты *gives brilliant results*
ездá на саня́х *sleigh riding*
оттáлкиваясь одноврéменно *pushing off simultaneously*

ОТВÉТЬТЕ НА ЭТИ ВОПРÓСЫ

1. Как отнóсятся к заня́тию спóртом в СССР?
2. Где сóзданы спортúвные клýбы и кружкú?
3. Чем занимáются члéны этих клýбов и кружкóв?
4. Почемý всем совéтским грáжданам рекомендýют дéлать ежеднéвно « заря́дку здорóвья »?
5. Что получáют за свой успéхи совéтские спортсмéны?
6. Что дéлают члéны разлúчных спортúвных клýбов в « день физкультýрника »?
7. О чём онú поют в спортúвном мáрше?
8. Чáсто ли завоёвывают совéтские спортсмéны золоты́е, серéбряные и брóнзовые медáли на Олимпиáдах?
9. Какúе вúды национáльного спóрта имéются в СССР?
10. Какáя рýсская игрá похóжа на американский бейсбóл?

На спортúвном состязáнии

Матвéй: — Товáрищи, у когó есть спортúвная прогрáмма?

Фомá: — Вот. Хóчешь посмотрéть, что идёт слéдующим нóмером?

Матвéй: — Спасúбо. А, я вúжу, что пóсле спрúнтерского бéга
5 намечáется волейбóльное состязáние. Это меня́ бóльше всегó интересýет.

Мáша: — Почемý?

Матвéй: — Да я ведь сам волейболúст. Когдá был в нáшем колхóзном кружкé, чуть бы́ло мáстера спóрта по волейбóлу не
10 получúл!

Мáша: — Да что вы говорúте! Неужéли! А вы знáете чтó-нибудь об этих комáндах?

Матвéй: — Как же! Я сам вúдел, как тренировáлась комáнда « Крáсное Звенó ». В нáшем спорткружкé это лýчшая комáнда.
15 Онá обязáтельно разобьёт комáнду колхóза « Пéрвое Мáя ».

108   девя́тый урóк

Máша: — Вы так увéрены, что вáша комáнда вы́играет? Мóжет быть игрá бýдет вничью́?

Матвéй: — Да, я за них ручáюсь. Держý пари́, что займýт пéрвое мéсто.

Фомá: — Вот интерéсно. А мне говори́ли, что послéднее врéмя 5 э́та комáнда чтó-то не в фóрме.

Матвéй: — Да откýда у вас такáя непрáвильная информáция!? Все ребя́та в прекрáсной фóрме. Вот подожди́те, они́ вам покáжут!

Máша: — Да, я ви́жу, что вы сáмый настоя́щий болéльщик! 10

Фомá: — А всё-таки мне говори́ли, что комáнда « Крáсное Звенó » уступáет значи́тельно в тéхнике игры́ . . .

Матвéй: — Нáша комáнда никогдá никомý ни в чём не уступáет! Ви́дите, там стои́т высóкий пáрень? Э́то Ивáнов. Он заслýженный мáстер по волейбóлу. Он оди́н мóжет обеспéчить побéду 15 своéй комáнде . . .

Фомá: — Ну, нет, товáрищ . . . А коллекти́в? Коллекти́в — э́то всё! А оди́н харóший игрóк в комáнде ничегó не знáчит. Э́то, брат, культ ли́чности какóй-то получáется у вас . . .

Матвéй: — Ну, э́то вы брóсьте . . . Э́тот Ивáнов, товáрищи, 20 гениáльный волейболи́ст!

Máша: — Почемý гениáльный?

Матвéй: — У негó высóкая тéхника игры́, осóбенно в нападéнии. Он игрáет с обéих рук, понимáете?

Фомá: — А подáча? Вот у Петрóва, члéна комáнды проти́вника 25 вáшей комáнды, вот у Петрóва подáча . . . пря́мо дух захвáтывает!

Матвéй: — Вот подожди́те, Ивáнов отличи́тся своéй подáчей. Подáча у негó пýшечная.

Máша: — Ну, довóльно спóрить. Поживём-уви́дим, кто окáжет- 30 ся победи́телем!

ЗАПÓМНИТЕ Э́ТИ ВЫРАЖÉНИЯ

что идёт слéдующим нóмером? *what's next on the program?*
я за них ручáюсь *I vouch for them*
держý пари́ *I bet*
комáнда не в фóрме *the team is not in good shape*
в прекрáсной фóрме *in excellent shape*
они́ вам покáжут *they will show you*

девя́тый урóк 109

уступа́ет в те́хнике игры́   *is inferior in game strategy*
никогда́ никому́ ни в чём не уступа́ет   *never gives in to anyone*
обеспе́чить побе́ду   *to assure victory*
коллекти́в — э́то всё   *the team is everything*
ничего́ не зна́чит   *does not mean anything*
культ ли́чности   *the personality cult*
ну, э́то вы бро́сьте   *oh, come on!*
высо́кая те́хника игры́   *fine game strategy*
игра́ет с обе́их рук   *serves with both hands*
дух захва́тывает!   *breathtaking, takes your breath away!*
отлича́ется свое́й пода́чей   *is known for the way he serves*
пода́ча у него́ пу́шечная   *cannon-like service, he serves the way cannons fire*
поживём — уви́дим   *we shall see the results later*

ОТВЕ́ТЬТЕ НА Э́ТИ ВОПРО́СЫ

1. Како́е спорти́вное состяза́ние бо́льше всего́ интересу́ет Матве́я?
2. Каки́м спо́ртом занима́лся Матве́й, когда́ он был чле́ном колхо́зного кружка́?
3. Каки́е волейбо́льные кома́нды состяза́ются сего́дня?
4. Кака́я кома́нда, по мне́нию Матве́я, должна́ заня́ть пе́рвое ме́сто?
5. Почему́ Фома́ не согла́сен с Матве́ем?
6. Кто лу́чший игро́к кома́нды « Кра́сное Звено́ »?
7. Мо́жет ли оди́н хоро́ший игро́к обеспе́чить побе́ду свое́й кома́нде?
8. Кака́я те́хника игры́ у Ивано́ва?
9. У како́го игрока́ в кома́нде « Пе́рвое Ма́я » хоро́шая пода́ча?
10. Кака́я пода́ча у Ивано́ва?

В спорти́вном за́ле

Председа́тель спорткружка́: — Вы хоти́те записа́ться в спорткружо́к?

Ива́н: — Да, е́сли мо́жно, я хоте́л бы стать чле́ном ва́шего спорткружка́.

5 *Председа́тель:* — Отли́чно. В каку́ю се́кцию вы хоти́те записа́ться?

Иван: — А какие секции есть у вас?

Председатель: — У нас есть много разных секций, и все активно работают. Вот, например, секция тяжёлой атлетики: бокс, вольная борьба. Есть также секция спортивной гимнастики, конечно, секция спортивных игр ... 5

Иван: — Меня интересует секция лёгкой атлетики: спринтерский бег, прыжки в длину и в высоту, прыжки с шестом.

Председатель: — Когда начнётся летний спортивный сезон, то секция лёгкой атлетики будет работать более активно, а сейчас, во время зимнего сезона эта секция мало работает. 10

Иван: — Ах, так. А кто у вас инструктор?

Председатель: — Товарищ Чекалин. Он получил мастера спорта в прошлом году.

Иван: — Как же! Фамилия Чекалин мне известна. Он получил мастера спорта по боксу, не так ли? 15

Председатель: — Нет, вы ошибаетесь. Он получил мастера спорта по спортивной гимнастике.

Иван: — Вот как! Как же это я перепутал!

Председатель: — Вы, конечно, знаете, что в какую бы секцию вы ни записались, какой бы спорт ни избрали, — первый шаг к 20 спорту — общая физическая подготовка.

Иван: — Да, конечно, я слежу за режимом дня, регулярно делаю гимнастику, закаляюсь.

Председатель: — Да, это долг каждого сознательного советского гражданина: « В здоровом теле здоровый дух ». Однако, 25 вам будет полезно тренироваться под наблюдением такого опытного тренера, как товарищ Чекалин. Конечно, перед тем как мы вас запишем в какую-нибудь секцию, я запишу вас на приём к нашему врачу для общего медицинского осмотра.

Иван: — Прекрасно. Однако, помогите мне решить, в какую 30 секцию записаться.

Председатель: — Я бы вам посоветовал записаться в секцию тяжёлой атлетики. При вашем сложении из вас выйдет прекрасный боксёр.

Иван: — Ну что ж, можно и боксом заняться. Запишите! 35

Председатель: — А вы не хотите также записаться в футбольную секцию?

Иван: — Да, пожалуй, это неплохая идея. У вас хорошая команда?

девятый урок 111

Председа́тель: — На́ша кома́нда вы́играла всуху́ю после́дний матч с футбо́льной кома́ндой сосе́днего университе́та.

Ива́н: — Вот как! Э́то здо́рово! Ну, тогда́ запиши́те меня́. Ну, пока́ до свида́ния. Спаси́бо за по́мощь.

5 *Председа́тель:* — Не́ за что. Уви́димся за́втра ве́чером в спорти́вном за́ле. Всего́ хоро́шего.

ЗАПО́МНИТЕ Э́ТИ ВЫРАЖЕ́НИЯ

се́кция тяжёлой атле́тики *section of heavy athletics*
спорти́вная гимна́стика *apparatus*
лёгкая атле́тика *light athletics*
спри́нтерский бег *sprint*
прыжки́ в высоту́ *high jumps*
прыжки́ в длину́ *broad jumps*
прыжки́ с шесто́м *pole vaulting*
парте́рная гимна́стика *gymnastics*
как же э́то я перепу́тал! *how did I get it mixed up!*
о́бщая физи́ческая подгото́вка *general physical preparedness*
следи́ть за режи́мом дня *to watch over diet, hours of work, sleep*
в здоро́вом те́ле здоро́вый дух *a sound mind in a sound body*
под наблюде́нием *under supervision*
при ва́шем сложе́нии *with your build*
вы́играла в суху́ю *to win a game hands down* (the opponent does not make a single point)
э́то здо́рово! *that's great!*

ОТВЕ́ТЬТЕ НА Э́ТИ ВОПРО́СЫ

1. Кто хоте́л стать чле́ном спорткружка́?
2. Каки́е се́кции есть в э́том спорткружке́?
3. Кака́я се́кция интересу́ет Ива́на?
4. Во вре́мя како́го спорти́вного сезо́на акти́вно рабо́тает се́кция лёгкой атле́тики?
5. По како́му ви́ду спо́рта получи́л това́рищ Чека́лин ма́стера спо́рта?
6. Како́й пе́рвый шаг к спо́рту?
7. Что явля́ется до́лгом ка́ждого созна́тельного сове́тского граждани́на?

девя́тый уро́к

8. Что надо сделать Ивану, прежде чем его запишут в какую-нибудь секцию?
9. Почему председатель думает, что из Ивана выйдет прекрасный боксёр?
10. Почему Иван решил записаться также в футбольную секцию?

СЛОВООБРАЗОВАНИЕ

играть — сыграть, выиграть, проиграть; игра, игрок
побеждать — победить; победа, победитель
бегать, бежать; бег, разбег, разбежавшись
отличаться — отличиться; отличный, отлично, личность
участвовать, участие, участник, часть

СДЕЛАЙТЕ ЭТИ УПРАЖНЕНИЯ

I. *Расскажите:*
1. Интересуетесь ли вы спортом? 2. Каким спортом вы интересуетесь больше всего? 3. Занимаетесь ли вы спортом? 4. Каким спортом вы занимаетесь? 5. Какими видами спорта можно заниматься во время зимнего, летнего сезона? 6. Вы член какого-нибудь спорткружка? 7. Какие виды спорта входят в программу спортивного состязания? 8. Как относятся к спорту в СССР? 9. Какие виды национального спорта имеются в СССР и США? 10. Когда вы смотрите на игру вашей любимой команды, вы принимаете живое участие в игре? Вы « болельщик »? 11. Занимаетесь ли вы водным спортом? 12. Любите ли вы кататься на коньках? 13. Умеете ли вы бегать на лыжах? 14. Умеете ли вы играть в теннис? 15. Любите ли вы ездить верхом?

II. *Впишите нужные слова:*
1. Говорят, что он получил —— место по боксу. 2. Наша команда —— в ничью. 3. С какой командой мы —— сегодня? 4. Я люблю бегать на —— зимой. 5. Кто завоевал золотую ——? 6. Зарядка —— мускулы. 7. Он получил —— мастера спорта. 8. Мы победили со —— 8:2. 9. Болельщик принимает живое —— в игре. 10. Из вас —— прекрасный футболист.

девятый урок

III. *Впишите нужные предлоги:*

1. Мы часто играем —— теннис. 2. Будут состязания —— лёгкой атлетике. 3. Ваша команда получила второе место —— состязании. 4. Она хочет записаться —— спорткружок. 5. У него звание мастера спорта —— аппаратной гимнастике. 6. Кто установил мировой рекорд —— Олимпиаде? 7. Они «болеют» —— неуспехи своей команды. 8. Игра закончилась —— счётом 12:6. 9. Вы знаете результаты состязания —— футбольной командой армии и командой морского флота? 10. В горах мы сможем бегать —— лыжах.

IV. *Составьте диалог между председателем спорткружка и его новым членом.*

V. *Вы «болельщик» на состязании между футбольной командой вашего университета и командой соседнего университета; составьте диалог между вами и вашим соседом, студентом соседнего университета.*

ДЕСЯ́ТЫЙ уро́к
Кли́мат
и
времена́ го́да

СЛОВА́РЬ

климати́ческие пояса́: поля́рный, уме́ренный, тропи́ческий climatic belts: polar, temperate, tropical
климати́ческие усло́вия climatic conditions
разли́чные кли́маты: се́верный, ю́жный суро́вый, мя́гкий different climates: northern, southern, severe, mild
колеба́ния температу́ры temperature fluctuations
сре́дняя температу́ра average temperature
приро́да, расти́тельный мир nature, flora
живо́тный мир fauna
сме́на времён го́да: зима́, весна́, ле́то, о́сень seasonal changes: winter, spring, summer, fall

Кли́мат

Земно́й шар де́лится на климати́ческие пояса́: поля́рный, уме́ренный и тропи́ческий.

Климати́ческие усло́вия поля́рного по́яса и кра́йнего се́вера, где и́ли ве́чная зима́ и́ли о́чень коро́ткое холо́дное ле́то, неблагоприя́тны, и расти́тельный и живо́тный мир о́чень бе́ден. ₅ Та́кже бедна́ приро́да безво́дных пусты́нь с их сухи́м и жа́рким кли́матом. С друго́й стороны́, в тропи́ческом по́ясе, по́ясе ве́чного ле́та, где кли́мат вла́жный и жа́ркий, расти́тельный и живо́тный мир бога́т и разнообра́зен. На берега́х Чёрного Мо́ря, где сре́дняя температу́ра в са́мые холо́дные ме́сяцы всегда́ вы́ше ₁₀ нуля́, растёт шесть ты́сяч ви́дов разли́чных расте́ний!

ЗАПО́МНИТЕ Э́ТИ ВЫРАЖЕ́НИЯ

земно́й шар   *globe*
де́лится на   *divided into*
ве́чная зима́   *eternal winter*
кра́йний се́вер   *extreme north*
усло́вия неблагоприя́тны   *conditions are unfavorable*
безво́дные пусты́ни   *waterless deserts*
с друго́й стороны́   *on the other (side) hand*

ОТВЕ́ТЬТЕ НА Э́ТИ ВОПРО́СЫ

1. На каки́е климати́ческие пояса́ де́лится земно́й шар?
2. Благоприя́тны ли усло́вия поля́рного по́яса?
3. Почему́ бедна́ приро́да безво́дных пусты́нь?
4. Како́й кли́мат в тропи́ческом по́ясе?
5. Како́й кли́мат благоприя́тен для расти́тельного и живо́тного ми́ра?

Зима́

На Се́верном по́люсе ве́чная зима́, в тропи́ческом по́ясе ве́чное ле́то, и то́лько в уме́ренном по́ясе наблюда́ется пра́вильная сме́на времён го́да.

Дека́брь, янва́рь и февра́ль — зи́мние ме́сяцы, но се́верная
5 зима́ начина́ется ра́ньше. Снег на се́вере выпада́ет иногда́ уже́ в нача́ле ноября́, а в декабре́ всё покры́то глубо́ким сне́гом, на река́х лёд, и начина́ются моро́зы. Моро́зы на се́вере суро́вые; ча́стые сне́жные бу́ри и́ли, как их ещё иногда́ называ́ют, « мете́ли », « вью́ги » и́ли « пурга́ » намета́ют таки́е огро́мные сугро́бы
10 сне́га, что в деревня́х иногда́ неде́лями нельзя́ вы́йти и́з дому.

Зимо́й на се́вере на́до одева́ться о́чень тепло́. Зимо́й но́сят: мехо́вы́е шу́бы, тёплые пальто́ на ва́тной подкла́дке, на нога́х — ва́ленки и́ли тёплые кало́ши, на рука́х — тёплые перча́тки и́ли рукави́цы, а лицо́ заку́тывают шерстяны́ми платка́ми и ша́р-
15 фами, чтобы не отморо́зить но́са и уше́й!

ЗАПО́МНИТЕ Э́ТИ ВЫРАЖЕ́НИЯ

снег выпада́ет   *the snow is falling*
всё покры́то сне́гом   *everything is covered with snow*

сурóвый морóз *severe frost*
наметáют сугрóбы снéга *pile up snow*
нельзя́ вы́йти и́з дому *it is impossible to get out of the house*
меховáя шýба *fur coat*
пальтó на вáтной подклáдке *coat with a quilt lining*
закýтывают лицó *one covers up the face*
отморóзить нос и ýши *to have nose and ears frostbitten*

ОТВÉТЬТЕ НА Э́ТИ ВОПРÓСЫ

1. В какóм пóясе наблюдáется прáвильная смéна времён гóда?
2. Когдá начинáется сéверная зимá?
3. Как называ́ют снéжные бýри?
4. Как нáдо одевáться зимóй на сéвере?
5. Почемý нáдо закýтывать лицó зимóй?

Веснá

Весéнние мéсяцы э́то март, апрéль и май. Двáдцать пéрвое мáрта — пéрвый день весны́, но на сéвере веснá прихóдит пóзже; тóлько в апрéле начинáет тáять снег и схóдит лёд с рек. Дни станóвятся длиннéе, тёплый вéтер с ю́га разгоня́ет дождевы́е тýчи, зеленéют поля́ и лесá, прирóда оживáет . . . 5

Вот как опи́сывает прихóд весны́ рýсский писáтель Лев Толстóй: . . . «Послéдние недéли стоя́ла я́сная морóзная погóда. Днём тáяло на сóлнце, а нóчью доходи́ло до семи́ грáдусов. Потóм вдруг понеслó тёплым вéтром, надви́нулись тýчи, и три дня и три нóчи лил бýрный и тёплый дождь. Потóм вéтер 10 зати́х, и надви́нулся густóй сéрый тумáн. В тумáне полили́сь вóды, затрещáли льди́ны, дви́нулись мýтные потóки . . .»

ЗАПÓМНИТЕ Э́ТИ ВЫРАЖÉНИЯ

лёд схóдит с рек *ice melts on the rivers*
вéтер разгоня́ет тýчи *the wind chases the clouds away*
зеленéют поля́ и лесá *the fields and forests are getting green*
прихóд весны́ *the arrival of spring*
стоя́ла я́сная погóда *the weather was clear*
нóчью доходи́ло до 7-ми грáдусов *during the night the temperature reached 7 degrees*
понеслó тёплым вéтром *one felt a warm wind*

деся́тый урóк

надви́нулись ту́чи   *the clouds covered up the sky*
лил дождь   *the rain poured*
ве́тер зати́х   *the wind died down*
полили́сь во́ды   *waters started to flow*
затреща́ли льди́ны   *the ice began to crack*
дви́нулись му́тные пото́ки   *the muddy streams started moving*

ОТВЕ́ТЬТЕ НА Э́ТИ ВОПРО́СЫ

1. Каки́е ме́сяцы весе́нние?
2. В како́м ме́сяце на се́вере начина́ет та́ять снег?
3. Когда́ начина́ет та́ять лёд и дни стано́вятся длинне́е?
4. Что де́лает весе́нний ве́тер?
5. Как опи́сывает Лев Толсто́й прихо́д весны́?

Ле́то

Ию́нь, ию́ль и а́вгуст — ле́тние ме́сяцы. В э́то вре́мя го́да приро́да как бы запаса́ется си́лами и гото́вится к дли́нной холо́дной зиме́: всё растёт, всё зе́лено, луга́ в цвету́, на поля́х спе́ют посе́вы, во фрукто́вых сада́х и огоро́дах зре́ют плоды́ и о́вощи, 5 деревенские жи́тели гото́вятся к сбо́ру урожа́я.

Городски́е жи́тели стара́ются уе́хать из ду́шного го́рода и провести́ хотя́ бы не́сколько дней на ло́не приро́ды: в гора́х, на берегу́ мо́ря, о́зера и́ли океа́на и́ли на да́че в дере́вне.

В США, в шта́тах, где кли́мат ле́том о́чень жа́ркий, мно́гие 10 жилы́е дома́ и учрежде́ния име́ют иску́сственное охлажде́ние. Оно́ даёт возмо́жность городски́м жи́телям спасти́сь от жары́ и забы́ть о всех неудо́бствах жа́ркого кли́мата.

ЗАПО́МНИТЕ Э́ТИ ВЫРАЖЕ́НИЯ

как бы запаса́ется си́лами   *as if storing up strength*
луга́ в цвету́   *the meadows are in bloom*
спе́ют посе́вы, плоды́   *the grain and the fruit are getting ripe*
сбор урожа́я   *harvesting*
деревенские, городски́е жи́тели   *country, city inhabitants, dwellers*
провести́ хотя́ бы не́сколько дней на ло́не приро́ды   *to spend at least several days with nature in the countryside*
на да́че   *in the country house*
жилы́е дома́   *apartment houses*

спасти́сь от жары́ *to find shelter from heat*
неудо́бства жа́ркого кли́мата *inconveniences of the hot climate*

ОТВЕ́ТЬТЕ НА Э́ТИ ВОПРО́СЫ

1. В како́м ме́сяце наступа́ет ле́то?
2. Что де́лает приро́да?
3. Что спе́ет на поля́х, во фрукто́вых сада́х и на огоро́дах?
4. К чему́ гото́вятся дереве́нские жи́тели?
5. Что стара́ются сде́лать городски́е жи́тели?
6. Как мо́жно забы́ть о неудо́бствах жа́ркого кли́мата в США?

О́сень

« За весно́й, красо́й приро́ды,
Ле́то зно́йное пройдёт,
И тума́н, и непого́ды
О́сень по́здняя несёт . . .»

писа́л ру́сский поэ́т Алекса́ндр Пу́шкин. Се́верная о́сень иногда́ 5
начина́ется уже́ в конце́ а́вгуста, в сентябре́ быва́ют по утра́м

за́морозки, а в ноябре́ дере́вья и кры́ши домо́в покры́ты сне́-
гом . . .

В сентябре́ и октябре́ не́бо ча́сто покры́то тяжёлыми
осе́нними ту́чами, и ме́лкий осе́нний дождь прино́сит с собо́й
5 сы́рость и тума́ны. Пу́сты поля́ и с ка́ждым днём всё ме́ньше и
ме́ньше остаётся на дере́вьях кра́сных и жёлтых ли́стьев: холо́д-
ный осе́нний ве́тер срыва́ет их с ве́ток и покрыва́ет ли́стьями
сыру́ю зе́млю . . . Дни стано́вятся коро́че, холодне́е . . . Пора́
достава́ть тёплую оде́жду и гото́виться к дли́нной зиме́, снеж-
10 ным бу́рям, вью́гам и метелям . . .

ЗАПО́МНИТЕ Э́ТИ ВЫРАЖЕ́НИЯ

краса́ приро́ды   *the beauty of nature*
о́сень несёт непого́ды   *fall brings bad weather*
быва́ют по утра́м за́морозки   *there is frost in the morning*
дождь прино́сит с собо́й сы́рость и тума́ны   *rain brings dampness
and fog*
ве́тер срыва́ет ли́стья с ве́ток   *the wind blows the leaves from the
trees*
покрыва́ет ли́стьями зе́млю   *covers the earth with leaves*
пора́ достава́ть   *it is time to get*

ОТВЕ́ТЬТЕ НА Э́ТИ ВОПРО́СЫ

1. Что несёт с собо́й по́здняя о́сень?
2. Когда́ начина́ется се́верная о́сень?
3. Что быва́ет по утра́м в сентябре́?
4. В како́м ме́сяце покры́ты сне́гом дере́вья и кры́ши домо́в?
5. Како́е не́бо о́сенью?
6. Что прино́сит с собо́й дождь?
7. Каки́е ли́стья на дере́вьях?
8. Что де́лает ве́тер с ли́стьями?
9. Чем покрыва́ется сыра́я земля́?
10. Как на́до гото́виться к дли́нной холо́дной зиме́?

СЛОВООБРАЗОВА́НИЕ

тёплый — тепле́ет	чёрный — черне́ет
холо́дный — холоде́ет	кра́сный — красне́ет
све́тлый — светле́ет	си́ний — сине́ет

тёмный — темнеет   мороз — отморозить — замо-
жёлтый — желтеет   розки
зелёный — зеленеет   дождь — дождевой — дождлИвый
белый — белеет

ДЛЯ СПРА́ВОК

Цвета́:

чёрный,	се́рый,	бе́лый,	си́ний,	голубо́й,	жёлтый,
black,	*grey,*	*white,*	*blue,*	*powder blue,*	*yellow,*

ора́нжевый,	кори́чневый,	кра́сный,	ро́зовый,	фиоле́товый;
orange,	*brown,*	*red,*	*pink,*	*violet;*

све́тлый,	тёмный,	све́тло-се́рый,	тёмно-се́рый
light,	*dark,*	*light grey,*	*dark grey*

Како́е вре́мя го́да вы бо́льше всего́ лю́бите?

Профе́ссор: Како́е вре́мя го́да вы бо́льше всего́ лю́бите?

Студе́нт Бра́ун: Я бо́льше всего́ люблю́ о́сень.

Профе́ссор: Неуже́ли? Молоды́е лю́ди обыкнове́нно предпо-
чита́ют весну́. А како́е ва́ше люби́мое вре́мя го́да, госпожа́
Брайт?   5

Студе́нтка Брайт: Мне ка́жется, что са́мое хоро́шее вре́мя го́да
э́то ле́то.

Профе́ссор: Почему́ вам нра́вится ле́то бо́льше всего́?

Студе́нтка Брайт: Ле́том я всегда́ уезжа́ю из го́рода и провожу́
три ме́сяца в гора́х.   10

Профе́ссор: Вы лю́бите приро́ду?

Студе́нтка Брайт: Да, я о́чень люблю́ приро́ду. В гора́х всегда́
тако́й све́жий во́здух, таки́е прекра́сные ви́ды.

Профе́ссор: А како́е вре́мя го́да вы лю́бите бо́льше всего́, гос-
поди́н Ха́рвей.   15

Студе́нт Ха́рвей: Что мо́жет быть лу́чше весны́?

Профе́ссор: Почему́ вы так ду́маете, господи́н Ха́рвей?

Студе́нт Ха́рвей: Зимо́й сиди́шь це́лые дни в ко́мнате, ду́маешь
то́лько о заня́тиях, а весно́й . . .

Профе́ссор: А весно́й, господи́н Ха́рвей, студе́нтам на́до ду́мать 20
об экза́менах!

десятый уро́к   **121**

ЗАПÓМНИТЕ Э́ТИ ВЫРАЖЕ́НИЯ

бо́льше всего́ лю́бите *you like best of all*
что мо́жет быть лу́чше? *what can be better?*

ОТВЕ́ТЬТЕ НА Э́ТИ ВОПРÓСЫ

1. Како́е вре́мя го́да бо́льше всего́ лю́бит студе́нт Бра́ун?
2. Како́е вре́мя го́да обыкнове́нно предпочита́ют студе́нты?
3. Како́е вре́мя го́да нра́вится бо́льше всего́ студе́нтке Брайт?
4. Как прово́дит свои́ кани́кулы студе́нтка Брайт?
5. Како́е вре́мя го́да бо́льше всего́ нра́вится студе́нту Ха́рвей?
6. О чём должны́ ду́мать студе́нты весно́й?

Где прия́тнее жить: на ю́ге и́ли на се́вере?

— Мари́я, я хочу́ познако́мить вас с мои́м това́рищем из Флори́ды.

— О́чень прия́тно познако́миться. Я всегда́ зави́дую жи́телям Флори́ды. У вас тако́й прекра́сный кли́мат!

5 — Вот как! А я всегда́ зави́дую жи́телям се́верных шта́тов. Так прия́тно име́ть разнообра́зие времён го́да. Ве́чное ле́то надоеда́ет.

— Я уве́рена, что вы перемени́ли бы своё мне́ние, е́сли бы вы провели́ зи́му на се́вере.

10 — Почему́ вам не нра́вится се́верная зима́?

— Я ви́жу, что вы никогда́ не жи́ли зимо́й на се́вере! Кому́ мо́жет нра́виться э́тот ве́чный снег, хо́лод и мете́ли? Иногда́ в на́шем го́роде намета́ет таки́е огро́мные сугро́бы сне́га, что тру́дно из дому вы́йти.

15 — Но как прия́тен све́жий моро́зный во́здух!

— Да, но от э́того « прия́тного » моро́зного во́здуха на́до спаса́ть нос и у́ши и заку́тывать лицо́ ша́рфом!

— Ну, хорошо́, мо́жет быть вы и пра́вы. Но как должна́ быть прекра́сна ва́ша се́верная весна́!

20 — Да, весну́ мы все лю́бим, гла́вным о́бразом, потому́, что она́ прихо́дит по́сле дли́нной холо́дной зимы́, а по́сле неё ско́ро наступит ле́то . . .

— Мо́жет быть вы предпочита́ете се́верную о́сень? Како́е э́то прекра́сное вре́мя го́да! Я́ркие ли́стья на дере́вьях . . .

— Господи́н Мо́рисон, о́сенью у нас льёт дождь, сы́рость, тума́ны, непого́ды . . . Нельзя́ вы́йти на у́лицу без зонта́ и кало́ш . . .   5

— По́сле разгово́ра с ва́ми, Мари́я, мне ка́жется, что я рад бу́ду верну́ться домо́й во Флори́ду и не бу́ду бо́льше зави́довать жи́телям се́верных шта́тов!

— Вот и́менно, « от добра́ добра́ — не и́щут »!

ЗАПО́МНИТЕ Э́ТИ ВЫРАЖЕ́НИЯ

я всегда́ зави́дую жи́телям   *I always envy the inhabitants*
ве́чное ле́то надоеда́ет   *the eternal summer is boring*
перемени́ли бы своё мне́ние   *you would change your opinion*
кому́ мо́жет нра́виться   *who can like*
на́до спаса́ть   *one must save (protect)*
по́сле неё ско́ро наступи́т   *after it will soon come*
я́ркие ли́стья   *bright leaves*
льёт дождь   *the rain is coming down in torrents*
вы́йти без зонта́ и кало́ш   *to go out without an umbrella and galoshes*
не бу́ду бо́льше зави́довать   *I shall no longer envy*

ОТВЕ́ТЬТЕ НА Э́ТИ ВОПРО́СЫ

1. С кем познако́милась Мари́я?
2. Почему́ Мари́я зави́дует жи́телям шта́та Флори́да?
3. Почему́ господи́н Мо́рисон зави́дует жи́телям се́верных шта́тов?
4. Почему́ Мари́и не нра́вится се́верная зима́?
5. Почему́ Мари́и не нра́вится све́жий моро́зный во́здух?
6. Лю́бит ли Мари́я весну́?
7. Что ду́мает господи́н Мо́рисон о се́верной о́сени?
8. Нра́вится ли Мари́и се́верная о́сень?
9. Почему́ господи́н Мо́рисон бу́дет рад верну́ться во Флори́ду по́сле разгово́ра с Мари́ей?
10. Бу́дет ли он тепе́рь зави́довать жи́телям се́верных шта́тов?

деся́тый уро́к

Разгово́р о пого́де

— Ве́ра, тебе́ не ка́жется, что сего́дня на дворе́ совсе́м весна́?

— Нет, не заме́тила. По-мо́ему сего́дня бу́дет снег: на дворе́ сы́ро, хо́лодно . . .

— В газе́те нет тако́го прогно́за пого́ды. Вот послу́шай, что
5 пи́шут: «по све́дениям Центра́льного институ́та прогно́зов, ожида́ется переме́нная о́блачность, ве́тер се́верный, сла́бый до уме́ренного. Температу́ра но́чью 2 гра́дуса, днём 5 гра́дусов тепла́. Ожида́ется небольшо́е повыше́ние температу́ры . . .»

— Прогно́зы на́шего Центра́льного институ́та ча́сто неверны́;
10 по́мнишь, Ната́ша, как на про́шлой неде́ле мы попа́ли под дождь, потому́-что послу́шались газе́ты. Я уве́рена, что бу́дет снег к ве́черу.

— Как мне надое́ла э́та зима́! Ка́жется, что снег никогда́ не сой-
дёт с земли́, лёд никогда́ не раста́ет на река́х, дере́вья никогда́ не
15 зазелене́ют . . . Ужа́сный кли́мат!

— А ты хоте́ла бы жить в тропи́ческом кли́мате?

— Нет, я пло́хо переношу́ жару́, а кро́ме того́ вла́жный кли́мат вре́ден для здоро́вья. Но заче́м брать таки́е контра́сты? Я не хочу́ жить ни в тро́пиках, ни в пусты́не, я про́сто хочу́, что́бы у
20 нас была́ ра́нняя весна́!

— Ну, отли́чно, тепе́рь у нас нача́ло ма́рта, к концу́ апре́ля мо́жешь ждать весны́. А сейча́с дава́й послу́шаем по ра́дио прог-
но́з пого́ды на за́втра.

ЗАПО́МНИТЕ Э́ТИ ВЫРАЖЕ́НИЯ

на дворе́ совсе́м весна́   *it's just like spring out-of-doors*

не заме́тила   *I didn't notice*

по-мо́ему   *in my opinion*

прогно́з пого́ды   *weather forecast*

по све́дениям Центра́льного институ́та прогно́зов   *in accordance with the information of the Central Institute of Forecasting*

переме́нная о́блачность   *variable clouds*

ве́тер сла́бый до уме́ренного   *winds mild up to moderate*

попа́ли под дождь   *were caught in the rain*

послу́шались газе́ты   *followed the newspapers' advice*

ужа́сный кли́мат   *terrible climate*

пло́хо переношу́ жару́   *I can't take the hot weather*

деся́тый уро́к

ОТВЕ́ТЬТЕ НА Э́ТИ ВОПРО́СЫ

1. Кто ду́мает, что сего́дня на дворе́ совсе́м весна́?
2. Каку́ю пого́ду обеща́ет Центра́льный институ́т прогно́зов?
3. Всегда́ ли верны́ прогно́зы пого́ды в газе́те?
4. Надое́ла ли Ната́ше зима́?
5. Почему́ пло́хо жить в тропи́ческом кли́мате?
6. Хо́чет ли Ната́ша жить в тро́пиках и́ли в пусты́не?
7. В како́м кли́мате она́ предпочита́ет жить?
8. Когда́ мо́жно ждать прихо́да весны́?
9. Что хо́чет слу́шать Ве́ра?
10. Как мо́жно узна́ть прогно́з пого́ды на за́втра?

СДЕ́ЛАЙТЕ Э́ТИ УПРАЖНЕ́НИЯ

I. *Впиши́те ну́жные слова́:*

1. Зимо́й на се́вере земля́ покры́та ——, а ре́ки покры́ты ——.
2. Моро́зы на се́вере ——, на́до заку́тывать лицо́ ша́рфом, что́бы не —— но́са. 3. Зимо́й я надева́ю на ру́ки ——, а на но́ги ——.
4. Мете́ль —— больши́е сугро́бы сне́га. 5. Осе́нний ве́тер —— ли́стья с ве́ток. 6. О́сенью дни стано́вятся —— и ——. 7. Не́бо покры́то тяжёлыми —— ту́чами. 8. О́сень прино́сит ——. 9. Ле́том приро́да запаса́ется ——: луга́ ——, на поля́х —— посе́вы, на огоро́дах спе́ют ——. 10. Гото́вятся к —— урожа́я. 11. В жа́рком кли́мате хорошо́ име́ть в до́ме ——. 12. Март, апре́ль, май э́то —— ме́сяцы. 13. Леса́ и поля́ —— весно́й, тёплый ве́тер —— ту́чи. 14. Она́ пло́хо —— жару́ и предпочита́ет жить в —— кли́мате. 15. Како́й —— пого́ды на за́втра? 16. Вчера́ мы —— под дождь, а у нас не́ было ни ——, ни ——. 17. В тропи́ческом по́ясе бога́тый —— мир.

II. *Назови́те:*

1. зи́мние, весе́нние, ле́тние и осе́нние ме́сяцы. 2. климати́-ческие пояса́. 3. времена́ го́да.

III. *Расскажи́те:*

1. От чего́ зави́сит кли́мат? 2. Како́е влия́ние име́ет кли́мат на расти́тельный и живо́тный мир? 3. В како́м кли́мате вы хоте́ли бы жить и почему́? 4. Кака́я зима́ в на́шем кли́мате: быва́ют ли у нас моро́зы, мете́ли, покры́ты ли ре́ки льдом? 5. Как начина́ет-ся се́верная весна́? 6. Како́е вре́мя го́да вы предпочита́ете и почему́?

IV. *Соста́вьте диало́г ме́жду челове́ком, кото́рый хоте́л бы жить в тропи́ческом кли́мате и челове́ком, кото́рый предпочита́ет жить в уме́ренном кли́мате. Они́ спо́рят о том где лу́чше жить.*

V. *Да́йте прогно́з пого́ды на за́втра.*

Tulchinsky

ОДИ́ННАДЦАТЫЙ уро́к
Пра́здники
Кани́кулы
О́тпуск

СЛОВА́РЬ

пра́здник, пра́зднество, торжество́ holiday (feast), festival, celebration
пра́здновать, отмеча́ть пра́здник to celebrate a holiday
пра́здники: национа́льные, госуда́рственные, традицио́нные, религио́зные, ли́чные holidays: national, state, traditional, religious, private, personal
христиа́нские пра́здники: Рождество́, Па́сха Christian holidays: Christmas, Easter
ли́чные: день рожде́ния, имени́ны, годовщи́на, юбиле́й personal: birthday, name day, anniversary, jubilee
поздравля́ть с пра́здником to wish a happy holiday
посыла́ть к пра́зднику: поздравле́ния, поздрави́тельные откры́тки, пода́рки to send for holidays: greetings, greeting cards, presents
жела́ть к пра́зднику: мно́гих лет сча́стья, здоро́вья, благополу́чия holiday wishes: many years of happiness, health, prosperity
успе́ха, успе́ха в дела́х, в карье́ре, дальне́йших успе́хов success, success in business, in career, further successes
успе́ха во всех начина́ниях success in every undertaking
исполне́ния жела́ний fullfilment of wishes
встреча́ть Но́вый Год to celebrate the New Year
кану́н Но́вого Го́да New Year's Eve
рожде́ственская, нового́дняя ёлка Christmas, New Year's tree
украша́ть ёлку to decorate a Christmas tree
устра́ивать ёлку to arrange a Christmas party
Дед Моро́з Father Frost (*Russian Santa Claus*)
выходны́е дни, кани́кулы, о́тпуск days off, vacations, leave
уезжа́ть в о́тпуск, на кани́кулы to go on leave, on vacation
о́тпуск на ме́сяц, ме́сячный о́тпуск month's leave
брать, проводи́ть о́тпуск to take, to spend one's leave
ле́тний о́тпуск, ле́тние кани́кулы summer leave, vacation

Пра́здники

Ка́ждый наро́д и ка́ждая страна́ име́ют свои́ национа́льные пра́здники. Э́ти пра́здники обы́чно и́ли госуда́рственные, отмеча́ющие да́ты, свя́занные с исто́рией страны́, как наприме́р, 4-ое ию́ля, « День Незави́симости » в США и́ли 7-ое ноября́, 5 годовщи́на Октя́брьской револю́ции в СССР, — и́ли религио́зные, как наприме́р, Рождество́ и Па́сха.

Кро́ме госуда́рственных и религио́зных пра́здников есть пра́здники чи́сто традицио́нные, свя́занные с осо́быми обы́чаями страны́, как наприме́р, « День Благодаре́ния » в США и́ли 10 « Ма́сленица » в ста́рой Росси́и.

Есть та́кже и ли́чные пра́здники, как день рожде́ния, день А́нгела и́ли имени́ны, т.е. день того́ Свято́го, в честь кото́рого дано́ ребёнку и́мя, годовщи́на сва́дьбы, юбиле́й по слу́жбе.

Ка́ждый пра́здник свя́зан с осо́быми тради́циями, кото́рые 15 передаю́тся из поколе́ния в поколе́ние. Так « День Незави́симости » пра́зднуется в США шу́мно и ве́село: по гла́вной у́лице го́рода прохо́дит пара́д, мэр го́рода и́ли како́й-нибудь друго́й ви́дный обще́ственный де́ятель произно́сят ре́чи, устра́иваются за́городные пикники́, а ве́чером — фе́йерверки, треск хлопу́шек, 20 та́нцы и весе́лье до утра́!

Совсе́м ина́че отмеча́ется годовщи́на Октя́брьской револю́ции в СССР: с утра́ начина́ется пара́д на Кра́сной пло́щади, кото́рый продолжа́ется не́сколько часо́в, и во вре́мя кото́рого демонстри́руется вое́нная мощь СССР.

25 Пра́зднование Рождества́ в христиа́нских стра́нах сле́дует ста́рым тради́циям: ко дню Рождества́ родны́м, знако́мым и друзья́м посыла́ются поздрави́тельные откры́тки с пожела́ниями сча́стья, здоро́вья, успе́ха и благополу́чия, а та́кже и пода́рки. Рождество́ — э́то пра́здник ра́достной дома́шней суеты́: укра-

30 ша́ют ёлку, скла́дывают под ёлку пода́рки, ждут госте́й и гото́вятся к традицио́нному рожде́ственскому обе́ду. Э́то день « ми́ра во всём ми́ре », день встреч с друзья́ми, день до́брых пожела́ний и наде́жд на бу́дущее.

Правосла́вная Па́сха та́кже свя́зана с осо́быми тради́циями. 35 Э́тот пра́здник начина́ется торже́ственной вече́рней слу́жбой в це́ркви, во вре́мя кото́рой ро́вно в 12 часо́в свяще́нник приве́тствует моля́щихся слова́ми: — Христо́с Воскре́се! На э́то

оди́ннадцатый уро́к

ему́ отвеча́ют: — Во́истину Воскре́се! — и э́тими же слова́ми приве́тствуют свои́х родны́х и знако́мых. По́сле оконча́ния слу́жбы е́дут домо́й «разговля́ться». На пасха́льном столе́, кро́ме ра́зных обы́чных блюд, стоя́т кра́шенные я́ица, куличи́ и творо́жная па́сха.   5

Национа́льный америка́нский пра́здник «День Благода-ре́ния» свя́зан с тради́цией пе́рвых америка́нских переселе́нцев в се́верные шта́ты благодари́ть Бо́га за всё, что они́ получи́ли в но́вой стране́. В э́тот день устра́ивается пра́здничный обе́д, глава́ семьи́ обраща́ется к Бо́гу с моли́твой благода́рности, по-   10
даётся к столу́ традицио́нная жа́реная индю́шка с начи́нкой и овоща́ми, а на сла́дкое — ты́квенный пиро́г.

Ли́чные пра́здники, как день рожде́ния и́ли день А́нгела, пра́зднуются ка́ждым по своему́. Одна́ко, по о́бщему пра́вилу, к э́тому дню родны́е и знако́мые посыла́ют поздравле́ния и по-   15
да́рки, приглаша́ют госте́й на у́жин и́ли на вечери́нку.

В СССР не пра́зднуют религио́зных пра́здников, но при-глаша́ют госте́й и устра́ивают ёлку на Но́вый Год, и пра́зднуют э́тот день так, как ра́ньше пра́здновали Рождество́, т.е. посыла́ют поздравле́ния, де́лают пода́рки и устра́ивают де́тские   20
ёлки с Де́дом Моро́зом.

Давно́ уже́ ста́ло тради́цией в США ро́вно в 12 часо́в но́чи передава́ть по телеви́дению из Нью-Ио́рка пло́щадь Таймс Сквер, где в кану́н Но́вого Го́да собира́ется огро́мная толпа́ и дру́жным пе́нием встреча́ет Но́вый Год. Соверше́нно незна-   25
ко́мые лю́ди обнима́ются, целу́ются и жела́ют друг дру́гу сча́стья, успе́ха и благополу́чия в Но́вом Году́.

ЗАПО́МНИТЕ Э́ТИ ВЫРАЖЕ́НИЯ

да́ты, свя́занные с исто́рией страны́ *dates connected with the country's history*
«День Незави́симости» *Independence Day*
«День Благодаре́ния» *Thanksgiving*
«Ма́сленица» *Shrovetide* (carnival time before Lent)
годовщи́на сва́дьбы *wedding anniversary*
юбиле́й по слу́жбе *anniversary date since the start of work*
вы́ход на пе́нсию *retirement*
ви́дный обще́ственный де́ятель *prominent public figure*

оди́ннадцатый уро́к   **129**

произно́сят ре́чи *they make speeches*
за́городные пикники́ *country picnics*
вое́нная мощь *military might*
до́брые пожела́ния *good wishes*
наде́жды на бу́дущее *hopes for the future*
правосла́вная Па́сха *Eastern Orthodox Easter*
приве́тствует моля́щихся *greets the congregation*
Христо́с Воскре́се! *Christ has risen*
Войстину Воскре́се! *truly He has risen!*
разговля́ться *to break one's fast*
кра́шеные я́йца *painted Easter eggs*
обраща́ется к Бо́гу с моли́твой благода́рности *to offer a prayer of gratitude*
ты́квенный пиро́г *pumpkin pie*
по о́бщему пра́вилу *as a general rule*
передава́ть по телеви́дению *to televise*
дру́жное пе́ние *enthusiastic singing*

ОТВЕ́ТЬТЕ НА Э́ТИ ВОПРО́СЫ

1. Каки́е пра́здники отмеча́ются в ка́ждой стране́?
2. Каки́е ли́чные пра́здники мы пра́зднуем?
3. Как пра́зднуется « День Незави́симости » в США?
4. Как отмеча́ется годовщи́на Октя́брьской револю́ции в СССР?
5. С каки́ми тради́циями свя́зано пра́зднование Рождества́ в христиа́нских стра́нах?
6. Как пра́зднуют правосла́вную Па́сху?
7. Как отмеча́ется « День Благодаре́ния » в США?
8. Како́й день пра́зднуется в СССР вме́сто Рождества́?
9. Что передаю́т по телеви́дению в США в кану́н Но́вого Го́да?
10. Как приве́тствуют друг дру́га лю́ди в кану́н Но́вого Го́да?

На встре́че Но́вого Го́да

— Нового́дний у́жин превзошёл все на́ши ожида́ния. Предлага́ю тост за дорогу́ю хозя́йку. Ва́ше здоро́вье, Мари́я Никола́евна!
— Дороги́е друзья́, напо́лните ва́ши бока́лы! Часова́я стре́лка приближа́ется к 12-ти.

— Зачéм шампáнское? Я предпочитáю встрéтить Нóвый Год рюмкой вóдки.

— Нет, Нóвый Год нáдо по традиции встречáть бокáлом шампáнского.

— Ну, éсли э́того трéбует традиция, я соглáсен. Наливáйте мне 5 шампáнского . . .

— А где же му́зыка? Нóвый Год нáдо встречáть шу́мно и вéсело . . .

— Включите рáдио. По рáдио должны́ передавáть специáльную прогрáмму. 10

— Слу́шайте! Бьёт 12. Друзья́, поднимем нáши бокáлы! С Нóвым Гóдом!

— С Нóвым Гóдом! С Нóвым Счáстьем! Мария Николáевна, желáю вам в Нóвом Году́ исполнéния всех вáших желáний.

— Спасибо, и вам желáю тогó же. Желáю вам дальнéйших 15 успéхов в вáшей рабóте.

— Друзья́, разрешите привéтствовать наступáющий Нóвый Год небольшóй рéчью: разрешите мне в пéрвую óчередь поздрáвить всех вас с Нóвым Гóдом и пожелáть вам в Нóвом Году́ счáстья, здорóвья, семéйного благополу́чия, успéха во всех вáших начи- 20 нáниях, а затéм . . .

— Довóльно, Василий Ивáнович, довóльно речéй! С Нóвым Гóдом! Вы́пьем за мир во всём мире!

— Урá! Урá! За мир во всём мире! За счáстье! За любóвь! Клáва, разрешите мне вас поцеловáть по слу́чаю Нóвого Гóда? 25

— С Нóвым Гóдом, Клáва, разрешите мне пригласить вас на вальс?

— С Нóвым Гóдом, Михаил, с Нóвым Счáстьем!

— Спасибо. Хотя́ я и стáрым счáстьем довóлен, но éсли мне желáете егó вы, Клáва, то я от нóвого счáстья не откáзываюсь! 30

> «. . . Когдá речéй придёт порá,
> Мы скáжем в прáздник новогóдний:
> Сегóдня лу́чше, чем вчерá,
> А зáвтра лу́чше, чем сегóдня . . .»

ЗАПÓМНИТЕ Э́ТИ ВЫРАЖÉНИЯ

превзошёл все нáши ожидáния *surpassed all our expectations*
предлагáю тост за *I propose a toast for*

одиннадцатый урóк

наполните бокалы   *fill the glasses*
встретить Новый Год рюмкой водки, бокалом шампанского   *to celebrate the New Year with a shot of vodka, glass of champagne*
включите радио   *turn on the radio*
поднимем наши бокалы   *let's raise our glasses*
и вам желаю того же   *wish you the same*
в первую очередь   *first of all*
семейное благополучие   *family prosperity*
выпьем за   *let's drink for*
по случаю Нового Года   *in celebration of the New Year*
разрешите пригласить вас на вальс   *permit me to invite you for a waltz*
придёт пора речей   *the time for speeches will come*

ОТВЕТЬТЕ НА ЭТИ ВОПРОСЫ

1. Какой был новогодний ужин?
2. Что надо сделать, когда часовая стрелка приближается к 12-ти?
3. Как надо по традиции встречать Новый Год?
4. Что говорят гости, когда бьёт 12 часов?
5. Чего они желают друг другу?
6. Хотели ли гости слушать приветственную речь Василия Ивановича?
7. За что предложили тост?
8. Кого пригласили на вальс?
9. Что сказал один из гостей, когда Клава пожелала ему Нового Счастья?
10. Что мы скажем в новогодний праздник, когда « придёт речей пора »?

День рождения в семье Дэвис

— Доброе утро. Поздравляю с днём рождения! Желаю многих лет счастья, здоровья и успеха в делах.

— Спасибо, большое спасибо за ваши добрые пожелания. А что это за пакет?

5   — Открой и посмотри. Адресован тебе. Очевидно, кто-то ещё вспомнил о твоём дне рождения.

— Не может быть! Подарок ко дню рождения от тёти Марты. Как я мог забыть, что она никогда ничего не забывает!

одиннадцатый урок

— Это о́чень ми́ло с её стороны́. Посмотри́, Дик, како́й краси́-
вый сви́тер. И твой люби́мый цвет све́тло-голубо́й.

— О́чень, о́чень ми́ло. Но я ви́жу, что тут лежи́т ещё оди́н па-
ке́т . . .

— До́брое у́тро, па́па, поздравля́ю с днём рожде́нья.   5

— Спаси́бо, Би́лли, спаси́бо, Ба́рбара. Это от вас пода́рки?
Спаси́бо, я о́чень тро́нут. Помоги́те мне откры́ть э́тот паке́т. Ну!
Но́вая у́дочка! Большо́е спаси́бо, Би́лли, э́то прекра́сный пода́-
рок. Я собира́лся купи́ть себе́ но́вую у́дочку весно́й. А в э́том
паке́те что? А, носовы́е платки́! Прекра́сная иде́я! Спаси́бо, Ба́р-   10
бара. Что э́то? Ещё паке́т!? Вы меня́ сли́шком ба́луете! Спаси́бо,
До́роти, ты идеа́льная жена́! Спорти́вная ку́ртка и спорти́вная
руба́шка, — тепе́рь я гото́в к на́шему ле́тнему о́тпуску. Я бу́ду
са́мым элега́нтным рыболо́вом!

— Дик, что ты сего́дня хо́чешь на у́жин? Так как э́то твой день   15
рожде́ния . . .

— Нет, в день моего́ рожде́ния, я хочу́ что́бы у всех был пра́зд-
ник: приглаша́ю всех на у́жин в клуб.

— Отли́чно, спаси́бо. Встре́тим тебя́ в клу́бе о́коло шести́.

ЗАПО́МНИТЕ Э́ТИ ВЫРАЖЕ́НИЯ

поздравля́ю с днём рожде́ния *I wish (you) a happy birthday*
спаси́бо за до́брые пожела́ния *thanks for your good wishes*
адресо́ван тебе́ *addressed to you*
не мо́жет быть! *I cannot believe it!*
о́чень ми́ло с её стороны́ *it is so nice of her*
счастли́вого дня рожде́ния *Happy Birthday*
я о́чень тро́нут *I am very touched*
вы меня́ сли́шком ба́луете *you spoil me too much*

ОТВЕ́ТЬТЕ НА Э́ТИ ВОПРО́СЫ

1. Чей сего́дня день рожде́ния?
2. Чего́ жела́ет До́роти му́жу?
3. От кого́ получи́л Дик Дэ́вис пода́рок?
4. Како́й пода́рок ко дню рожде́ния присла́ла Ди́ку тётя
   Ма́рта?
5. Кто пожела́л Ди́ку счастли́вого дня рожде́ния?
6. Что подари́л отцу́ Би́лли?
7. Что подари́ла отцу́ Ба́рбара?

8. Какóй подáрок получи́л Дик от жены́?
9. Что спроси́ла Дóроти у мýжа?
10. Кудá пригласи́л всех Дик?

Разговóр студéнтов с профéссором о кани́кулах

Проф. Браун: — Дóлжен сказáть, что лéто э́то врéмя гóда, котóрое мне мáло нрáвится. Óсенью, зимóй и веснóй я живý по расписáнию, всегдá знáю когдá и где мне нáдо быть, а лéтом в нáшем коллéдже нет заня́тий, студéнты уезжáют, в гóроде жáрко
5 и дýшно, не знáешь, что с собóй дéлать . . .
Студéнтка Брайт: — А почемý вы не уезжáете из гóрода лéтом? У вас нет кани́кул?
Проф. Браун: — Да, конéчно, есть, цéлых три мéсяца, но я никогдá не могý реши́ть, как мне провести́ свой óтпуск, кудá по-
10 éхать.
Студéнтка Брайт: — Поезжáйте к мóрю, господи́н профéссор. Бýдете лежáть на сóлнце, загорáть, купáться . . . Морскóй вóздух даёт стóлько бóдрости!
Студéнт Хáрвей: — Нет, нет лéто нáдо проводи́ть в горáх. Что
15 мóжет быть лýчше гóрного вóздуха! Бýдете занимáться альпини́змом, э́то прибáвит вам стóлько сил и здорóвья . . .
Студéнтка Смит: — Что тут дýмать! Лéтом нáдо éхать путешéствовать. Поезжáйте заграни́цу, — настоя́щий óтдых э́то ви́деть нóвые местá, встречáть нóвых людéй . . .
20 *Студéнт Джонс:* — О чём вы говори́те? Настоя́щий óтдых — э́то лежáть в гамакé под дéревом и читáть детекти́вные ромáны.
Проф. Браун: — Вот ви́дите, вы все даёте мне рáзные совéты: оди́н говори́т, что лýчший óтдых — э́то поéздка заграни́цу; другóй — что настоя́щий óтдых я найдý тóлько у мóря, трéтий
25 совéтует éхать в гóры, четвёртый — лежáть в гамакé и читáть детекти́вные ромáны . . . Нет, я дýмаю, что прóще всегó мне бýдет остáться в гóроде и подождáть покá кóнчится лéто и начнётся опя́ть нормáльная жизнь . . .

ЗАПÓМНИТЕ Э́ТИ ВЫРАЖÉНИЯ

дóлжен сказáть *I must say*
мне мáло нрáвится *I don't like it very much*

не зна́ешь, что с собо́й де́лать   *one doesn't know what to do with oneself*
в колле́дже нет заня́тий   *no classes in college*
что мо́жет быть лу́чше   *what can be better*
лежа́ть в гамаке́   *to lie in the hammock*
детекти́вные рома́ны   *detective novels*
про́ще всего́ мне бу́дет   *it will be simpler for me*

ОТВЕ́ТЬТЕ НА Э́ТИ ВОПРО́СЫ

1. Как живёт профе́ссор Бра́ун о́сенью, зимо́й и весно́й?
2. Како́е вре́мя го́да не нра́вится профе́ссору? Почему́?
3. Почему́ профе́ссор Бра́ун не уезжа́ет ле́том из го́рода?
4. Что сове́товали студе́нты профе́ссору Бра́уну?
5. Послу́шался ли он их сове́тов?

Как Мэ́ри Джонс провела́ свой о́тпуск

Сего́дня у́тром о́коло стола́ секрета́рши Мэ́ри Джонс собрали́сь все её подру́ги.

— Ну, Мэ́ри, расскажи́ нам, как ты провела́ свой о́тпуск?

— Мэ́ри, ты прекра́сно вы́глядишь, загоре́ла, попра́вилась . . .   5

— А, Мэ́ри, сра́зу ви́дно, что ты была́ в отпуску́, расскажи́ где ты была́, у мо́ря?

— Подожди́те, не говори́те все сра́зу, да́йте Мэ́ри рассказа́ть, как она́ провела́ свой о́тпуск.

— Я провела́ свой о́тпуск в э́том году́ не у мо́ря, а в гора́х,   10 в гости́нице на берегу́ о́зера « Э́хо ». Э́то огро́мная гости́ница, дово́льно дорога́я, но зато́ там есть всё: два бассе́йна для пла́вания, па́русные ло́дки, спорти́вные площа́дки, гольф. В рестора́не за обе́дом всегда́ игра́л орке́стр, а по́сле у́жина на тера́ссе ка́ждый ве́чер устра́ивали та́нцы . . .   15

— Ах, как интере́сно!

— Да, на́до учи́ться у Мэ́ри, как отдыха́ть и развлека́ться!

Все подру́ги зави́дуют Мэ́ри, то́лько Джейн споко́йно сиди́т за свое́й пи́шущей маши́нкой и ду́мает: — Да, всё э́то о́чень хорошо́ . . . Мэ́ри ка́ждое ле́то уезжа́ет в о́тпуск на две неде́ли в   20 како́е-нибудь о́чень дорого́е ме́сто, тра́тит на э́ту пое́здку все

одиннадцатый уро́к

свои де́ньги, а пото́м кто до́лжен плати́ть за её за́втрак, обе́д и у́жин це́лый ме́сяц? . . .

— Джейн, ми́лая, мы сего́дня бу́дем за́втракать вме́сте, хорошо́? — услы́шала она́ го́лос Мэ́ри, — мо́жешь мне одол-
5 жи́ть? . . .

— Да, коне́чно . . . Встре́тимся в заку́сочной « Франк и Джек »,— отве́тила Джейн, — Я,как ты зна́ешь,провела́ свой о́тпуск у свое́й родни́ в Миннеа́полисе, а не в дорого́й гости́нице в гора́х.

ЗАПО́МНИТЕ Э́ТИ ВЫРАЖЕ́НИЯ

прекра́сно вы́глядеть   *to look fine*
загоре́ть и попра́виться   *to get a suntan, to improve one's health*
не говори́те все сра́зу   *don't talk all at once*
пи́шущая маши́нка   *typewriter*
тра́тить все свои́ де́ньги на   *to spend all your money on . . .*
ты мо́жешь мне одолжи́ть?   *can you lend me?*

РАССКАЖИ́ТЕ:

1. Где провела́ свой о́тпуск Мэ́ри Джонс?
2. Кака́я э́то была́ гости́ница?
3. Ско́лько де́нег потра́тила Мэ́ри на свой о́тпуск?
4. Где провела́ свой о́тпуск Джейн?
5. Зави́дует ли Джейн Мэ́ри?

В туристи́ческом похо́де на Кавка́зе

Бы́ло ра́ннее у́тро, когда́ гру́ппа молодёжи из до́ма о́тдыха « Кавка́з » отпра́вилась в туристи́ческий похо́д. Уже́ час как они́ в доро́ге.

Пётр: — Алексе́й, ты не забы́л взять с собо́й ко́мпас?
5 *Алексе́й:* — Нет, не забы́л. Пе́ред ухо́дом я прове́рил всё своё ли́чное снаряже́ние.
Пётр: — А я забы́л положи́ть в рюкза́к свой непромока́емый плащ!
Алексе́й: — Нашёл о чём волнова́ться! На не́бе ни о́блака, а ты
10 дождя́ ждёшь.

Маша: — Ты напра́сно смеёшься, Алексе́й. Говоря́т, что в гора́х ча́сто быва́ют гро́зы, но ведь у нас с собо́й есть пала́тка. Мы поста́вим её и укро́емся в ней от дождя́.

Алексе́й: — Ну и альпини́сты! Дождя́ боя́тся!

Ве́ра: — А я забы́ла положи́ть в рюкза́к сви́тер. Чем вы́ше под- 5 нима́ешься в го́ры, тем холодне́е, а е́сли ещё под дождь попадём, то я простужу́сь . . .

Маша: — Хорошо́, что я взяла́ с собо́й ва́тник и шерстяны́е носки́ . . .

Никола́й: — О чём вы разгова́риваете? О носка́х, о ва́тниках! 10 Посмотри́те лу́чше, кака́я красота́ вокру́г!

Ве́ра: — Жаль, что я наде́ла санда́лии, в та́почках бы́ло бы удо́бнее . . .

Никола́й: — Да бро́сьте вы говори́ть о таки́х прозаи́ческих ве- ща́х! Посмотри́те, кака́я бога́тая расти́тельность, како́й вид! 15 Как краси́во цвету́т фрукто́вые дере́вья в доли́не . . .

Пётр: — А когда́ я « на приро́де », то я всегда́ го́лоден. Когда́ бу́дет прива́л?

Алексе́й: — Не зна́ю. Че́рез час и́ли два, не ра́ньше.

Руководи́тель похо́да: — Ребя́та, бро́сьте разгова́ривать! Эко- 20 но́мьте эне́ргию, — иди́те ро́вным ша́гом.

Пётр: — Ива́н Ива́нович, в кото́ром часу́ бу́дет прива́л?

Руководи́тель: — Ра́но начина́ешь ду́мать о прива́ле. Ви́дишь ту го́ру вдали́? Вот когда́ мы её обойдём и вы́йдем на го́рный луг, то тогда́ и о прива́ле мо́жно бу́дет поду́мать. 25

Пётр: — А костёр зажжём?

Никола́й: — Заче́м тебе́ днём костёр? Костёр зажжём на вече́рнем прива́ле.

Пётр: — А я ду́мал, мы шашлы́к жа́рить бу́дем. О́чень есть хо́- чется, Ива́н Ива́нович. 30

Руководи́тель: — Ты ду́маешь, что мы за шашлыко́м в туристи́- ческий похо́д пошли́? Шашлыки́ бу́дешь есть до́ма! В похо́де нельзя́ мно́го есть.

ЗАПО́МНИТЕ Э́ТИ ВЫРАЖЕ́НИЯ

отправля́ться в туристи́ческий похо́д   *to set off on a hike*
дом о́тдыха   *rest home*
в доро́ге   *on the road*

оди́ннадцатый уро́к

взять с собо́й *to take along*
ли́чное снаряже́ние *personal equipment*
непромока́емый плащ *raincoat*
нашёл о чём волнова́ться *found a thing to worry about*
напра́сно смеёшься *you shouldn't laugh*
укро́емся от дождя́ *we shall find shelter from the rain*
ва́тник *quilted jacket*
шерстяны́е носки́ *woolen socks*
кака́я красота́ вокру́г *such beauty around*
в та́почках бы́ло бы удо́бнее *it would have been more comfortable in sneakers*
когда́ бу́дет прива́л? *when shall we have bivouac (rest)?*
бро́сьте разгова́ривать! *stop talking!*
эконо́мьте эне́ргию *save your energy*
иди́те ро́вным ша́гом *walk in a measured step*
заже́чь костёр *to light a campfire*
жа́рить шашлы́к *to cook shashlik*

ОТВЕ́ТЬТЕ НА Э́ТИ ВОПРО́СЫ

1. Кто отпра́вился в туристи́ческий похо́д?
2. Как до́лго они́ уже́ в доро́ге?
3. Что забы́л взять с собо́й Пётр?
4. Где они́ смо́гут укры́ться от дождя́?
5. Что забы́ла положи́ть в свой рюкза́к Ве́ра?
6. Что взяла́ с собо́й Ма́ша?
7. Что ви́дит в доли́не Никола́й?
8. Кто всегда́ го́лоден « на приро́де »?
9. Когда́ бу́дет прива́л?
10. Когда́ зажгу́т костёр?

На да́че

Михаи́л Ива́нович и его́ жена́ реши́ли провести́ свой двухнеде́льный о́тпуск на да́че в дере́вне. Ле́то бы́ло в по́лном разга́ре. С утра́ на балко́не начина́лись разгово́ры:

— Пётр Ива́нович, опя́ть идёте ры́бу уди́ть сего́дня?

5 — Да, я уже́ у́дочки пригото́вил. Сего́дня са́мая хоро́шая пого́да для ры́бной ло́вли: ве́тра нет, у́тро ти́хое и па́смурное.

— Да, в таку́ю пого́ду ры́ба осо́бенно хорошо́ клюёт. Я сейча́с то́же пригото́влю свои́ у́дочки.

— А что вы собира́етесь де́лать сего́дня, Мари́я Петро́вна?

— Я собира́юсь в лес за гриба́ми.

— Да, сейча́с грибно́й сезо́н в по́лном разга́ре. Мо́жно ожида́ть к обе́ду грибо́в в смета́не?

— Да, и на уху́ то́же мо́жете рассчи́тывать. Обеща́ю, что верну́сь 5 с хоро́шим уло́вом.

— Пётр Ива́нович, возьми́те с собо́й ведро́ побо́льше, а вы, Мари́я Петро́вна, возьми́те са́мую большу́ю корзи́нку для гри- бо́в. У нас у всех тут на да́че аппети́ты отли́чные.

— Кла́ва, а ты куда́ собира́ешься? 10

— Я иду́ за я́годами.

— Где вы нашли́ я́годы, Кла́ва? Я ско́лько лет тут живу́ и не слы́- шал о я́годах в на́ших места́х.

— Э́то ча́сто случа́ется со старожи́лами! Огро́мные за́росли мали́ны, да ещё како́й! Вот уви́дите, како́е у нас сего́дня на у́жин 15 сла́дкое бу́дет!

— Да что вы говори́те! Мо́жно мне с ва́ми пойти́? Я хоте́ла бы свари́ть варе́нье из мали́ны.

— Коне́чно, пожа́луйста. Мо́жет быть и ва́ша жена́, Михаи́л Ива́нович, захо́чет пойти́ с на́ми? 20

— Спаси́бо за приглаше́ние, Кла́ва. Она́ собира́лась пойти́ ку- па́ться и загора́ть сего́дня у́тром, но, мо́жет быть, из-за пого́ды она́ переме́нит свои́ пла́ны. Я сейча́с спрошу́ её.

— А я собира́юсь пое́хать на сосе́днее о́зеро поката́ться на мо- то́рной ло́дке. 25

— Не люблю́ я мото́рных ло́док! Всю ры́бу в о́зере распуга́ли.

— Вы не люби́тель во́дного спо́рта, Пётр Ива́нович?

— Нет, я люблю́ пла́вать, люблю́ грести́, а ва́ши мо́дные ку- ро́рты с мото́рными ло́дками, бассе́йнами для пла́вания, напо- мина́ют мне го́род свои́м шу́мом и суето́й. Во вре́мя о́тпуска 30 хо́чется тишины́ и споко́йствия.

— Ну что ж, ка́ждый прово́дит о́тпуск по-сво́ему! Жела́ю вам хоро́шего уло́ва!

— Спаси́бо, жела́ю вам хорошо́ провести́ вре́мя.

ЗАПО́МНИТЕ Э́ТИ ВЫРАЖЕ́НИЯ

двухнеде́льный о́тпуск *two weeks' vacation*
в по́лном разга́ре *in full swing*

одиннадцатый уро́к **139**

удить рыбу *to fish*
рыбная ловля *fishing*
в лес за грибами *to go mushroom hunting in the woods*
грибной сезон *mushroom season*
можете расчитывать на уху́ *you can count on fish soup*
хороший уло́в *a good catch*
за я́годами *to go berry picking*
в на́ших места́х *in this vicinity*
э́то ча́сто случа́ется со старожи́лами *it often happens to old timers*
за́росли мали́ны *a thicket of raspberry bushes*
свари́ть варе́нье из мали́ны *to make raspberry jam*
всю ры́бу распуга́ли *frightened all the fish away*
вы не люби́тель *you do not fancy*
мо́дный куро́рт *fashionable resort*
жела́ю хоро́шего уло́ва *wish you good fishing (catch)*

ОТВЕ́ТЬТЕ НА Э́ТИ ВОПРО́СЫ

1. Где реши́ли Михаи́л Петро́вич и его́ жена́ провести́ свой о́тпуск?
2. Како́е э́то бы́ло вре́мя го́да?
3. Что бу́дет де́лать сего́дня у́тром Пётр Ива́нович?
4. Кака́я пого́да хороша́ для ры́бной ло́вли?
5. Кто идёт в лес за гриба́ми?
6. На что мо́жно расчи́тывать к обе́ду?
7. Куда́ собира́ется Кла́ва?
8. Что собира́лась де́лать сего́дня у́тром жена́ Михаи́ла Петро́вича?
9. Пётр Ива́нович люби́тель во́дного спо́рта?
10. Как он хо́чет проводи́ть свой о́тпуск?

СДЕ́ЛАЙТЕ Э́ТИ УПРАЖНЕ́НИЯ

I. *Расскажи́те:*

1. Каки́е пра́здники отмеча́ют в США?
2. Как вы пра́зднуете « День Благодаре́ния », Рождество́?
3. Как пра́зднуют правосла́вную Па́сху?
4. Как вы встре́тили Но́вый Год?
5. Каки́е нового́дние поздравле́ния вы зна́ете?
6. Где вы провели́ свои́ кани́кулы, свой о́тпуск?
7. Как вы пра́здновали свой день рожде́ния?

оди́ннадцатый уро́к

одиннадцатый уро́к   141

8. Каки́е развлече́ния есть: на да́че в дере́вне, в гора́х, у мо́ря, на мо́дном куро́рте.
9. Что на́до взять с собо́й: в туристи́ческий похо́д, на ры́бную ло́влю, в путеше́ствие заграни́цу.
10. Как бы вы посове́товали провести́ о́тпуск: челове́ку, у кото́рого о́бщее переутомле́ние; ма́тери с двумя́ ма́ленькими детьми́; ста́рому холостяку́; учи́тельнице сре́дней шко́лы; гру́ппе студе́нтов; молодо́му спортсме́ну; пожило́му худо́жнику; бизнесме́ну с жено́й. Объясни́те почему́ вы да́ли ва́ши сове́ты.

II. *Соста́вьте разгово́р ме́жду това́рищами, кото́рые не мо́гут реши́ть, где им провести́ свой о́тпуск.*

III. *Впиши́те ну́жные слова́, относя́щиеся к расска́зам о пра́здниках:*

1. Традицио́нные пра́здники отмеча́ют да́ты, —— с обы́чаями страны́. 2. Тради́ции —— из поколе́ния в поколе́ние. 3. Я посла́л ему́ откры́тку с —— сча́стья и здоро́вья. 4. На Рождество́ я до́лжен —— пода́рки родны́м. 5. Мы всегда́ —— ёлку в кану́н пра́здника. 6. Где вы —— Но́вый Год? 7. Я хоте́л бы —— вам мно́гих лет семе́йного благополу́чия. 8. Он предложи́л —— за здоро́вье хозя́йки. 9. Жела́ю вам —— всех ва́ших жела́ний. 10. Спаси́бо за —— пожела́ния.

оди́ннадцатый уро́к

ДВЕНА́ДЦАТЫЙ уро́к
Го́род

СЛОВА́РЬ

у́лица, проспе́кт   street, avenue
переу́лок   small side street
пло́щадь   square
перекрёсток   crossing
парк, бульва́р, сквер   park, boulevard, square
гла́вная у́лица   main street
делова́я часть го́рода   business section, downtown
у́личное движе́ние   street traffic
часы́ « пик »   rush hour
регули́ровать у́личное движе́ние   to regulate street traffic
городско́е сообще́ние: авто́бус, тролле́йбус, трамва́й, метро́, такси́   city
   transportation: bus, trolleybus, streetcar, subway, taxi
пешехо́д   pedestrian
высо́тные зда́ния, небоскрёбы   skyscrapers
многоэта́жные жилы́е дома́   many-storied apartment houses
помеще́ния   quarters, buildings

Большо́й америка́нский го́род

Когда́ попада́ешь в большо́й америка́нский го́род, то сра́зу за-
меча́ешь, наско́лько темп жи́зни в го́роде быстре́е и интенси́внее.
По тротуа́рам спеша́т пешехо́ды. На у́лицах непреры́вное дви-
же́ние: оди́н за други́м дви́жутся автомоби́ли, авто́бусы, трол-
ле́йбусы . . .   5
   Мно́гие городски́е жи́тели предпочита́ют не пра́вить авто-
моби́лем: тру́дно найти́ ме́сто для стоя́нки автомоби́ля, а в
« часы́ пик » по городски́м у́лицам едва́ мо́жно прое́хать!
   На перекрёстках гла́вных у́лиц стоя́т полице́йские, кото́рые
регули́руют у́личное движе́ние. Движе́ние та́кже регули́руется 10
светофо́рами: зелёный свет зна́чит — « мо́жно е́хать », кра́сный
— « на́до останови́ться », ора́нжевый — « бу́дьте осторо́жны! »

На гла́вных у́лицах по обе́им сторона́м многоэта́жные дома́. Иногда́ в не́которых больши́х города́х ещё мо́жно уви́деть ря́дом с ни́ми невысо́кие одноэта́жные, двухэта́жные и трех-эта́жные ка́менные и́ли деревя́нные дома́, но их с ка́ждым го́дом
5 стано́вится всё ме́ньше и ме́ньше. На их ме́сте появля́ются но́вые высо́тные зда́ния из желе́зо-бето́на и стекла́. Населе́ние больши́х городо́в растёт с ка́ждым го́дом; с ка́ждым го́дом тре́буется бо́льше жилы́х домо́в, а в делово́й ча́сти го́рода тре́буется бо́льше помеще́ний для конто́р.
10 В делово́й ча́сти го́рода нахо́дятся больши́е универма́ги, где мо́жно купи́ть всё, начина́я от иго́лок и конча́я мото́рной ло́дкой, специа́льные магази́ны мужско́го гото́вого пла́тья, о́буви, дома́шнего убра́нства, «сало́ны» да́мских пла́тьев, где продаю́тся после́дние моде́ли Пари́жа, Ри́ма, Ло́ндона и́ли Нью-
15 Йо́рка ... Тут же нахо́дятся конто́ры кру́пных комме́рческих и торго́во-промы́шленных компа́ний, ба́нки, прави́тельственные учрежде́ния, по́чта, телегра́ф, кино́, теа́тры, рестора́ны ...
Больши́е города́ э́то не то́лько торго́вые и промы́шленные, но и культу́рные це́нтры страны́. В ка́ждом большо́м америка́н-
20 ском го́роде есть университе́ты, библиоте́ки, музе́и, карти́нные галлере́и, конце́ртные за́лы, теа́тры. Мно́гие города́ име́ют свои́ симфони́ческие орке́стры и о́перные и драмати́ческие тру́ппы. Открыва́я у́тром газе́ту, жи́тель большо́го го́рода всегда́ мо́жет вы́брать себе́ развлече́ние по вку́су.
25 Не на́до ду́мать, что больши́е города́ — э́то то́лько со-бра́ние ка́мня и желе́зо-бето́на, — в ка́ждом большо́м амери-ка́нском го́роде име́ются городски́е па́рки, скве́ры и бульва́ры, где мно́го зе́лени, где мо́жно погуля́ть, посиде́ть и подыша́ть све́жим во́здухом. В ка́ждом большо́м го́роде та́кже име́ются
30 спорти́вные площа́дки, спорти́вные за́лы, бассе́йны для пла́ва-ния и огро́мные стадио́ны, где мо́жно занима́ться ра́зными ви́дами спо́рта.

ЗАПО́МНИТЕ Э́ТИ ВЫРАЖЕ́НИЯ

непреры́вное движе́ние   *heavy traffic*
оди́н за други́м   *one after another*
пра́вить автомоби́лем   *to drive a car*
найти́ ме́сто для стоя́нки автомоби́ля   *to park a car*

144   двена́дцатый уро́к

кру́пная торго́во-промы́шленная конто́ра *large commercial and industrial company*

на их ме́сте появля́ются *in their place appear*

из желе́зо-бето́на и стекла́ *made out of reinforced concrete and glass*

помеще́ние для *building, space for*

начина́я от . . . и конча́я . . . *beginning with . . . and ending with . . .*

дома́шнее убра́нство *interior decorating*

прави́тельственные учрежде́ния *government offices*

карти́нная галлере́я *picture gallery*

конце́ртный зал *concert hall*

вы́брать себе́ развлече́ние по вку́су *to choose for oneself a suitable entertainment*

э́то то́лько собра́ние ка́мня и желе́зо-бето́на *it is just a collection of stone and concrete*

ОТВЕ́ТЬТЕ НА Э́ТИ ВОПРО́СЫ

1. Что вы сра́зу замеча́ете, когда́ попада́ете в большо́й го́род?
2. Что дви́жется по у́лице?
3. Что де́лают пешехо́ды?
4. Есть ли ещё в больши́х города́х одноэта́жные и двухэта́жные дома́?
5. Почему́ с ка́ждым го́дом их стано́вится всё ме́ньше и ме́ньше?
6. Из чего́ стро́ятся но́вые высо́тные зда́ния?
7. Что нахо́дится в делово́й ча́сти го́рода?
8. Почему́ больши́е америка́нские города́ явля́ются культу́рными це́нтрами?
9. Где мо́жет жи́тель большо́го го́рода подыша́ть све́жим во́здухом?
10. Где он мо́жет занима́ться спо́ртом?

Граждани́н Бочкарёв в Москве́

Агроно́м Арка́дий Ива́нович Бочкарёв вы́шел из гости́ницы «Украи́на». Он прие́хал в Москву́ по дела́м в командиро́вку не́сколько дней наза́д, но всё вре́мя ушло́ на разгово́ры и свида́ния с ну́жными ему́ людьми́. Че́рез не́сколько часо́в Бочкарёв уезжа́ет обра́тно в Новосиби́рск . . . Что мо́жно успе́ть осмотре́ть за не́сколько часо́в? 5

двена́дцатый уро́к 145

— Скажи́те, далеко́ ли отсю́да до Кра́сной пло́щади? — спроси́л Бочкарёв прохо́жего.

—Пешко́м идти́ бу́дет далеко́, сади́тесь лу́чше на тролле́йбус и́ли поезжа́йте на метро́.

5 — Да нет, мне бы хоте́лось го́род посмотре́ть, погуля́ть по моско́вским у́лицам, подыша́ть моско́вским во́здухом . . .

— А, вы тури́стом хоти́те быть! Ну тогда́ покупа́йте путеводи́тель с ка́ртой го́рода и ходи́те, дыши́те в своё по́лное удово́льствие!

10 Бочкарёв уви́дел большу́ю о́чередь на углу́ у́лицы.

— За че́м стоя́т гра́ждане? В како́й магази́н э́та о́чередь? — спроси́л он у челове́ка, стоя́щего в о́череди.

— Ждём тролле́йбуса. Ты куда́? Не заходи́ вперёд, станови́сь в о́чередь . . .

15 — Да мне не ну́жен тролле́йбус, я пешко́м по Москве́ гуля́ть иду́, подыша́ть моско́вским во́здухом . . .

— Ну, пря́мо тури́ст-иностра́нец! — засмея́лись москвичи́, стоя́вшие в о́череди.

— Есть у вас ка́рта го́рода? — спроси́л Бочкарёв продавца́ 20 в газе́тном кио́ске.

— Вот, пожа́луйста. Путеводи́тель по Москве́ и ка́рта го́рода в кра́сках. Пятьдеся́т копе́ек с вас.

Бочкарёв заплати́л, раскры́л ка́рту и стал реша́ть, куда́ и как ему́ лу́чше всего́ пойти́, как ему́ лу́чше всего́ испо́льзовать те 25 не́сколько часо́в, кото́рые бы́ли в его́ распоряже́нии.

Ну та́к, — говори́л он сам с собо́й, рассма́тривая ка́рту. — Вот на́бережная, перейду́ че́рез Новоарба́тский мост, пройду́ не́сколько кварта́лов, пото́м поверну́ нале́во в э́тот переу́лок, вы́йду на пло́щадь Восста́ния . . . У́лица Ге́рцена приведёт меня́ 30 к Ники́тским Воро́там. Отсю́да начина́ется бульва́р, и в конце́ бульва́ра до́лжен находи́ться па́мятник Пу́шкину . . . Впро́чем, сто́ит ли тра́тить вре́мя на па́мятники? На́до пре́жде всего́ в мавзоле́й Ле́нина зайти́; до́ма в Новосиби́рске пе́рвым де́лом спро́сят: а в мавзоле́е бы́ли? На́до в ГУМ, коне́чно, не забы́ть 35 забежа́ть, пода́рки де́тям купи́ть, мо́жет быть, там мо́жно бу́дет купи́ть но́вые граммофо́нные пласти́нки и́ли электротова́ры . . . Зайти́ бы в « Гастроно́м » то́же, рассказа́ть жене́, что они́ там продаю́т, чего́ у нас в Новосиби́рске нет . . .

Бочкарёв кладёт в карма́н пальто́ ка́рту го́рода, ви́дит над-

146 двена́дцатый уро́к

147

пись « Вход », бы́стро спуска́ется по эскала́тору вниз на ста́нцию метро́, остана́вливает одного́ из прохо́жих и спра́шивает:

— Скажи́те, как мне прое́хать на Кра́сную пло́щадь? По како́й ли́нии?

— Нам с ва́ми по доро́ге. Иди́те за мной. Я сам выхожу́ на ⁵ сле́дующей остано́вке, но я скажу́ вам, когда́ вам на́до бу́дет выходи́ть . . .

— Большо́е спаси́бо.

— Не́ за что. Мы, москвичи́, всегда́ ра́ды помо́чь прие́зжим.

На платфо́рме толпа́ люде́й. Бочкарёв и его́ но́вый зна- ¹⁰ ко́мый с трудо́м пробира́ются че́рез толпу́ . . .

— Как я обра́тно доро́гу найду́? . . — ду́мает Бочкарёв.

— Ну, да свет не без до́брых люде́й, а москвичи́, как сказа́л мой но́вый знако́мый, всегда́ ра́ды помо́чь прие́зжим. Кто́-нибудь мне пока́жет доро́гу . . . ¹⁵

ЗАПО́МНИТЕ Э́ТИ ВЫРАЖЕ́НИЯ

прие́хал по дела́м в командиро́вку   *came on official business*
всё вре́мя ушло́ на   *all the time was spent on*
что мо́жно успе́ть за не́сколько часо́в?   *what can one do in a few hours?*
далеко́ ли отсю́да до . . .   *is it far from . . . to . . .*
в своё по́лное удово́льствие   *to your heart's content*
за чём стоя́т?   *what do they want to get?*
не заходи́ вперёд   *don't get ahead*
газе́тный кио́ск   *newspaper stand*
в кра́сках   *in color*
говори́л сам с собо́й   *talked to himself*
поверну́ть нале́во, напра́во   *to turn left, right*
у́лица приведёт   *the street will lead to*
сто́ит ли тра́тить вре́мя на   *should I spend time on*
пе́рвым де́лом, пре́жде всего́   *first of all*
забежа́ть, зайти́ бы   *to drop in, I should drop in*
граммофо́нные пласти́нки   *phonograph records*
электротова́ры   *electrical appliances*
спуска́ться ⎫ **по эскала́тору**   *to go down,*
поднима́ться ⎭   *up the escalator*
как мне прое́хать? ⎫   *how can I get to?*
как мне пройти́? ⎭

двена́дцатый уро́к

по како́й ли́нии е́хать? *what line should I take?*
нам с ва́ми по доро́ге *we are going the same way*
иди́те за мной *follow me*
я выхожу́ на сле́дующей остано́вке *I get off at the next stop*
не́ за что *you are welcome*
ра́ды помо́чь прие́зжим *we are glad to help new arrivals*
пробира́ться че́рез толпу́ *to make one's way through the crowd*
найти́ доро́гу обра́тно *to find one's way back*
свет не без до́брых люде́й *there are good (kind) people in this world*

ОТВЕ́ТЬТЕ НА Э́ТИ ВОПРО́СЫ

1. Агроно́м Арка́дий Ива́нович Бочкарёв — москви́ч?
2. Бы́ло ли у него́ вре́мя осмотре́ть го́род?
3. Что он хоте́л сде́лать пе́ред отъе́здом в Новосиби́рск?
4. Где стоя́ла о́чередь?
5. Что до́лжен купи́ть тури́ст, когда́ он идёт осма́тривать го́род?
6. Куда́ хоте́л пойти́ Бочкарёв?
7. Куда́ он реши́л пойти́?
8. Как он пое́хал на Кра́сную пло́щадь?
9. Знал ли он, как туда́ е́хать?
10. Кто ему́ показа́л доро́гу?

Разгово́р прие́зжих в Нью Йо́рке

Г-н Смит: — В како́й гости́нице вы останови́лись?

Г-н Браун: — Мы зарезерви́ровали ко́мнаты в гости́нице Асто́рия.

Г-н Смит: — Э́то далеко́ от це́нтра го́рода?

Г-н Браун: — Нет, э́то в са́мом це́нтре го́рода. Сообще́ние са́мое
5 удо́бное. Когда́ приезжа́ешь в незнако́мый го́род, сто́лько вре́-
мени ухо́дит на разъе́зды . . .

Г-н Смит: — Да, иногда́, чтобы найти́ како́й-нибудь а́дрес,
сто́лько вре́мени теря́ешь, пока́ найдёшь ну́жную у́лицу и но́мер
до́ма . . . Прости́те, вы отку́да? Из како́го шта́та? Из како́го
10 го́рода?

Г-н Браун: — Я из Калифо́рнии. Живу́ уже́ мно́го лет в Сан-
Франци́ско. А вы?

двена́дцатый уро́к

Г-н Смит: — Я из штáта Мейн, из мáленького провинциáльного городкá, назвáния котóрого вы, конéчно, не знáете. Населéние нáшей деревýшки – всегó нéсколько семéй.

Г-н Брáун: — Ну, а как вам нрáвится Нью Йóрк? Вы тут в пéрвый раз? 5

Г-н Смит: — В пéрвый и, надéюсь, в послéдний.

Г-н Брáун: — Да что вы говорúте! Я чáсто бывáю в Нью Йóрке и всегдá с сожалéнием уезжáю домóй. Неужéли вас не увлекáет э́то непрерьı́вное движéние, сóтни людéй, проходя́щих мúмо, поэ́зия э́тих высóтных здáний из стеклá и желéзо-бетóна ... 10

Г-н Смит: — Вúдите ли, я не поэ́т и поэ́тому от всегó э́того нью-йóркского шýма и хаóса я прóсто заболевáю, а от высóтных здáний у меня́ головá крýжится!

Г-н Брáун: — Ну, что вы! Нельзя́ быть такúм провинциáлом! Когдá я попадáю в Нью Йóрк, я чýвствую, как я сам начинáю 15 жить интенсúвнее ...

Г-н Смит: — Скажúте, вы бьı́ли в Рáдио-Сúти-Мю́зик-Холл?

Г-н Брáун: — Что вы! В Нью Йóрке мóжно вьı́брать стóлько интерéсных развлечéний! Рáдио-Сúти — э́то такáя провúнция!

Г-н Смит: — Ну, я вúжу, вы прóсто сноб! 20

Г-н Брáун: — Ну, что ж, кáждый живёт по-свóему! До свидáния.

Г-н Смит: — Всегó хорóшего. Желáю вам хорошó развлекáться в Нью-Йóрке, а я рад бýду вернýться домóй!

ЗАПÓМНИТЕ Э́ТИ ВЫРАЖÉНИЯ

зарезервúровать кóмнаты   *to reserve rooms*
в сáмом цéнтре   *right in the center*
стóлько врéмени ухóдит на   *so much time is spent on*
провинциáльный городóк   *provincial little town*
всегó нéсколько семéй   *only a few families*
в пéрвый и послéдний раз   *for the first and last time*
я чáсто бывáю   *I often visit*
неужéли вас не увлекáет?   *don't you get excited?*
я прóсто заболевáю   *I simply get sick*
головá крýжится   *head spins (feel dizzy)*
попадáть в   *get to*
кáждый живёт по-свóему   *everyone lives in his own way*

двенáдцатый урóк

ОТВЕ́ТЬТЕ НА Э́ТИ ВОПРО́СЫ

1. В како́й гости́нице останови́лся г. Бра́ун?
2. Далеко́ ли гости́ница от це́нтра го́рода?
3. Почему́ ва́жно име́ть хоро́шее сообще́ние, когда́ при-
   езжа́ешь в незнако́мый го́род?
4. Из како́го го́рода и шта́та г. Бра́ун?
5. Из како́го го́рода и шта́та г. Смит?
6. Как нра́вится Нью-Йорк г-ну Сми́ту?
7. Что ду́мает о Нью-Йо́рке г. Бра́ун?
8. Как себя́ чу́вствует в Нью-Йо́рке г. Бра́ун?
9. Кто был в Ра́дио-Си́ти-Мю́зик-Холл?
10. Что ду́мает о Ра́дио-Си́ти г. Бра́ун?

Разгово́р о Чика́го

Г-н Ко́линс: — Скажи́те, вы из како́го го́рода?

Г-н Пирс: — Я из Чика́го. А вы?

Г-н Ко́линс: — Я из Филаде́льфии. Я никогда́ не был в Чика́го.
Говоря́т, что э́то о́чень интере́сный го́род.

5 *Г-н Пирс:* — Я старожи́л и, коне́чно, ме́стный патрио́т! Чика́го
кру́пный промы́шленный и комме́рческий центр. За после́дние
го́ды населе́ние го́рода значи́тельно увели́чилось, и бы́ло
постро́ено мно́го но́вых жилы́х домо́в.

Г-н Ко́линс: — Говоря́т, что в делово́й ча́сти го́рода то́же мно́го
10 но́вых постро́ек?

Г-н Пирс: — Да, э́то так. С разви́тием ме́стной промы́шленности
и торго́вли необходи́мо бы́ло постро́ить но́вые высо́тные зда́ния
в делово́й ча́сти го́рода.

Г-н Ко́линс: — Я слы́шал, что Чика́го игра́ет ва́жную роль в
15 культу́рной жи́зни на́шей страны́?

Г-н Пирс: — Да, э́то несомне́нно так. Чика́гская карти́нная га-
лере́я — одна́ из лу́чших в ми́ре. В го́роде есть не́сколько уни-
версите́тов, прекра́сная центра́льная городска́я библиоте́ка,
теа́тры . . .

20 *Г-н Ко́линс:* — Э́то о́чень интере́сно.

Г-н Пирс: — Я уве́рен, что вам Чика́го о́чень понра́вится!

Г-н Ко́линс: — Но, говоря́т, что в Чика́го лу́чше не приезжа́ть
зимо́й. У вас зима́ о́чень суро́вая?

Г-н Пирс: — Да, у нас ча́сто быва́ют моро́зы. Коне́чно, лу́чшее вре́мя для посеще́ния Чика́го э́то весна́ и́ли ле́то.

Г-н Ко́линс: — Ну, спаси́бо вам за интере́сную информа́цию о Чика́го. Я наде́юсь, что мне уда́стся посети́ть Чика́го в са́мом недалёком бу́дущем ... ⁵

Г-н Пирс: — Отли́чно. Бу́ду о́чень рад ви́деть вас в на́шем го́роде.

ЗАПО́МНИТЕ Э́ТИ ВЫРАЖЕ́НИЯ

ме́стный патрио́т *local patriot*

с разви́тием ме́стной промы́шленности и торго́вли *with the development of local industry and commerce*

игра́ть роль *to play a role (a part)*

э́то несомне́нно так *it must be certainly so*

карти́нная галлере́я *picture gallery*

центра́льная городска́я библиоте́ка *central city library*

лу́чшее вре́мя для посеще́ния *best time for a visit*

я наде́юсь, что мне уда́стся *I hope that I shall succeed*

в са́мом недалёком бу́дущем *very soon*

ОТВЕ́ТЬТЕ НА Э́ТИ ВОПРО́СЫ

1. Из како́го го́рода г. Пирс?
2. Из како́го го́рода г. Ко́линс?
3. Давно́ ли живёт г. Пирс в Чика́го?
4. Что расска́зывает г. Пирс о Чика́го?
5. Почему́ в делово́й ча́сти Чика́го необходи́мо бы́ло постро́ить мно́го но́вых высо́тных зда́ний?
6. Почему́ Чика́го игра́ет ва́жную роль в культу́рной жи́зни США?
7. Где мо́гут жи́тели Чика́го занима́ться спо́ртом?
8. Почему́ в Чика́го лу́чше не приезжа́ть зимо́й?
9. Како́е вре́мя го́да лу́чше всего́ для посеще́ния Чика́го?
10. Когда́ г. Ко́линс наде́ется посети́ть Чика́го?

Разгово́р прохо́жих в Москве́

— Скажи́те, как пройти́ на у́лицу Го́рького?

— Прости́те, не зна́ю. Я прие́зжий. Я сам то́лько что прие́хал в Москву́.

двена́дцатый уро́к   **153**

— Ах, так! А скажи́те, пожа́луйста, вы не зна́ете, на како́й мы сейча́с нахо́димся пло́щади?

— Э́то пло́щадь Маяко́вского. У вас есть путеводи́тель?

— Да, коне́чно.

5 — Дава́йте посмо́трим по путеводи́телю, как с Пло́щади Маяко́вского прое́хать на у́лицу Го́рького.

— Отли́чно. Вот мы нахо́димся сейча́с тут. А вот у́лица Го́рького.

— Э́то не так далеко́. Мо́жно туда́ прое́хать и́ли на метро́, и́ли на 10 тролле́йбусе.

— Где ближа́йшая остано́вка тролле́йбуса?

— Ка́жется, там на углу́. Вы прошли́ ми́мо неё, когда́ переходи́ли у́лицу.

— Да, ви́жу. Вы соверше́нно пра́вы. Спаси́бо за по́мощь. До 15 свида́ния!

— Не́ за что. До свида́ния. Бу́дьте осторо́жны, когда́ бу́дете переходи́ть пло́щадь.

— Ещё раз спаси́бо!

Разгово́р прохо́жих в Вашингто́не

— Скажи́те, где нахо́дится Бе́лый Дом?

— Бе́лый Дом нахо́дится в це́нтре го́рода, на у́лице Пенсильва́ния.

— Как мне туда́ пройти́? Э́то далеко́?

5 — Да, расстоя́ние поря́дочное. На́до пройти́ не́сколько кварта́лов пря́мо, пото́м поверну́ть напра́во, перейти́ че́рез у́лицу и поверну́ть нале́во, дойти́ до небольшо́го па́рка, обойти́ его́ и на углу́ сле́дующего кварта́ла . . .

— Нет, прости́те, э́то сли́шком сло́жно и сли́шком далеко́ идти́ 10 пешко́м. Мо́жно прое́хать туда́ трамва́ем?

— В Вашингто́не нет трамва́ев. Поезжа́йте авто́бусом. Ви́дите, там остано́вка, на сле́дующем углу́? Ся́дьте на авто́бус но́мер Д4, доезжа́йте до угла́ двадца́той у́лицы и у́лицы « К », пото́м пройди́те не́сколько кварта́лов пря́мо . . .

15 — Прости́те, я ду́маю, что про́ще всего́ мне взять такси́. В незнако́мом го́роде прие́зжему так легко́ заблуди́ться!

— Вот и́менно! А на такси́ вы не заблу́дитесь! Е́сли бы то́лько все прие́зжие бы́ли так благоразу́мны, как вы, нам, старожи́лам, бы́ло бы ле́гче жить!

ЗАПÓМНИТЕ Э́ТИ ВЫРАЖЕ́НИЯ

ближа́йшая остано́вка   *the nearest stop*
вы соверше́нно пра́вы   *you are absolutely right*
спаси́бо за по́мощь   *thank you for (your) help*
бу́дьте осторо́жны   *be careful*
расстоя́ние поря́дочное   *the distance is considerable*
легко́ заблуди́ться   *it is easy to lose one's way*
нам бы́ло бы ле́гче жить   *our life would be easier*

ОТВЕ́ТЬТЕ НА Э́ТИ ВОПРÓСЫ

1. Знал ли прие́зжий, как пройти́ на у́лицу Гóрького?
2. Где они́ сейча́с нахóдятся?
3. Как мóжно проéхать на у́лицу Гóрького?
4. Где ближа́йшая останóвка троллéйбуса?
5. Что на́до дéлать, когда́ перехóдишь плóщадь?

----

1. Где нахóдится Бéлый Дом?
2. Как туда́ пройти́?
3. Мóжно ли проéхать к Бéлому Дóму на трамва́е?
4. Какóй автóбус идёт к Бéлому Дóму?
5. Почему́ прие́зжему прóще всегó взять такси́?

ДЛЯ СПРА́ВОК

Глагóлы: ходи́ть (идти́), éздить (éхать) осóбенно ча́сто употребля́ются со слéдующими приста́вками:

в-   входи́те в класс; мы въéхали в гóрод.

вы-   он вы́шел из кóмнаты; я выезжа́ю в пять часóв; мы вы́ехали из лéса.

до-   вы бы́стро дошли́ до дóма; доéхали хорошó.

за-   заходи́те к нам ча́ще; заезжа́йте за на́ми; он зашёл за у́гол дóма.

об-   он обошёл всех знакóмых; мы объéхали э́ту дерéвню.

пере-   мы переéхали чéрез мост; он переезжа́ет в Чика́го; он перешёл у́лицу.

под-   не подходи́те к окну́; они́ подъéхали к теа́тру.

при-   вы давнó приéхали сюда́? приходи́те на обéд за́втра.

про-   я всегда́ прохожу́ ми́мо ба́нка; я прошёл па́рком; он проéхал чéрез лес.

у-   она́ ушла́ с лéкции; мы уéхали из СССР; они́ ухóдят от дóктора в час.

СДЕЛАЙТЕ Э́ТИ УПРАЖНЕ́НИЯ

I. *Впиши́те пра́вильную фо́рму глаго́лов ходи́ть(идти́), е́здить(е́хать) с ну́жной приста́вкой:*

1. Кто —— к две́ри. 2. Трамва́й —— до остано́вки. 3. Он —— ми́мо меня́. 4. Бу́дьте осторо́жны, когда́ вы —— у́лицу. 5. Мы ча́сто —— за ни́ми, и идём вме́сте в кино́. 6. Когда́ он —— из СССР? 7. Ве́ра —— весь го́род и не могла́ найти́ кварти́ры. 8. Кто сего́дня —— к вам в го́сти? 9. Он бы́стро —— из ко́мнаты. 10. Как вы —— сюда́?

II. *Впиши́те ну́жные слова́:*

1. Далеко́ ли отсю́да —— остано́вки ——. 2. Мне на́до купи́ть —— с ка́ртой го́рода. 3. Я спроси́л у прохо́жего: —— на у́лицу Го́рького? 4. До отъе́зда на́до —— в ГУМ. 5. Кто выхо́дит на —— остано́вке? 6. Купи́те газе́ту в —— кио́ске. 7. По тротуа́рам спеша́т ——. 8. В —— ча́сти го́рода всегда́ большо́е ——. 9. Стро́ят но́вые —— дома́. 10. Дом постро́ен из ——.

III. *Расскажи́те:*

1. В како́м го́роде вы живёте?
2. Чем отлича́ются больши́е города́ от ма́леньких? (темп жи́зни, зда́ния и т.п.)
3. Каки́е развлече́ния есть в больши́х города́х?
4. Хоте́ли ли бы вы жить в большо́м го́роде и́ли вы предпочита́ете жизнь в ма́леньком го́роде? Почему́?
5. Как пройти́ и́ли прое́хать до продово́льственного магази́на, в кото́ром вы де́лаете свои́ поку́пки? До библиоте́ки? До сосе́днего кино́?
6. Како́е движе́ние в делово́й ча́сти го́рода?
7. Каки́е зда́ния нахо́дятся в делово́й ча́сти го́рода?
8. Нра́вятся ли вам высо́тные зда́ния? Почему́?
9. Где мо́жно занима́ться спо́ртом в больши́х америка́нских города́х?
10. Вы прие́хали в Вашингто́н и хоти́те осмотре́ть Бе́лый Дом, спроси́те у прохо́жего, как вам туда́ пройти́ и́ли прое́хать.

IV. *Прочита́йте и посмотри́те по пла́ну:*

Я хожу́ в библиоте́ку ка́ждый день. Я ухожу́ из общежи́тия в 4 часа́ дня. Я *выхожу́* из общежи́тия, повора́чиваю напра́во и иду́ по у́лице « А ». Я *дохожу́* до перекрёстка у́лиц « А » и « Б » и повора́чиваю нале́во. Иду́ по у́лице « Б » и *дохожу́* до па́рка. *Вхожу́* в парк, *прохожу́* парк и *выхожу́* на у́лицу « В ». Я повора́чиваю напра́во и иду́ по у́лице « В » до университе́тской хими́ческой лаборато́рии. *Обхожу́* зда́ние хими́ческой лаборато́рии и *выхожу́* на у́лицу « Г ».

двена́дцатый уро́к

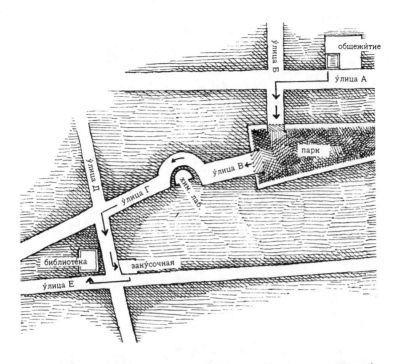

Я поворачиваю направо и иду по улице « Г » до перекрёстка улиц
« Г » и « Д ». Я *перехожу* улицу и иду по улице « Д ». Здание библиотеки на углу улиц « Д » и « Е ». Я *перехожу* улицу и *захожу* сначала
в закусочную выпить чашку кофе. Когда я *выхожу* из закусочной,
я *перехожу* улицу и *вхожу* в здание библиотеки. Я *прихожу* в библиотеку каждый день на три часа. Я *ухожу* из библиотеки в
8 часов вечера.

V. *Измените текст упражнения IV, вставив слово «сегодня»
в каждую фразу: « Сегодня я пошёл в библиотеку. »*

VI. *Составьте диалог между жителем маленького провин-
циального городка и старожилом большого города. Они
спорят о том, где лучше жить.*

VII. *Опишите свой город.*

двенадцатый урок   159

ТРИНА́ДЦАТЫЙ уро́к
Теа́тр
Кинотеа́тр
Конце́рт

СЛОВА́РЬ

ходи́ть в теа́тр to go to the theater
посеща́ть теа́тр, быва́ть в теа́тре to visit the theater
спекта́кль, представле́ние, ве́чер performance, an evening
пье́са (дра́ма, траге́дия, коме́дия, музыка́льная коме́дия) play (drama, tragedy, comedy, musical comedy)
о́пера, опере́тта, бале́т, конце́рт opera, operetta, ballet, concert
ве́чер худо́жественной самоде́ятельности an evening demonstrating artistic achievements
наро́дные пе́сни, та́нцы folk songs, dances
выступа́ть, уча́ствовать в програ́мме to appear, participate in a program
орке́стр (симфони́ческий, ка́мерный) orchestra (symphony, chamber)
джазба́нд jazz band
хор (мужско́й, же́нский, сбо́рный) choir (male, women's, mixed)
соли́сты (певе́ц, пиани́ст, скрипа́ч) soloists (singer, pianist, violinist)
анса́мбль та́нца dance troupe
исполня́ть, игра́ть роль to perform, to act a role
выступа́ть, игра́ть в ро́ли to appear in a role
ста́вить пье́су to put on a play, to produce a play
постано́вщик, режиссёр producer, director
кинотеа́тр пе́рвого экра́на first-run movie theaters
кинокарти́на, кинофи́льм a movie, a film
документа́льный фильм documentary film
мультипликацио́нный фильм animated cartoons
широкоэкра́нный, стереоскопи́ческий, цветно́й фильм wide screen, stereoscopic, in color film
киножурна́л newsreel

Теа́тр

Теа́тр неразры́вно свя́зан с исто́рией культу́ры всех наро́дов. В на́ше вре́мя нельзя́ отрица́ть, что веду́щая роль в формиро-

160

вáнии национáльных вкýсов принадлежи́т кинó. Америкáнские кинокарти́ны демонстри́руются на экрáнах всех стран ми́ра, а совремéнные дéти игрáют в « ковбóев » на всех языкáх. Звёзды голливýдского экрáна покоря́ют воображéние людéй в сáмых отдалённых частя́х ми́ра, им подражáют, копи́руют их манéру 5 причёсываться и одевáться.

Мировóй извéстностью тáкже пóльзуется знамени́тая нью-йóркская ýлица Бродвéй. Бродвéй — э́то театрáльный центр, где на нéскольких квартáлах глáвной и боковы́х ýлиц сосредотóчено нéсколько деся́тков теáтров, в котóрых стáвятся и пьéсы 10 нóвых америкáнских драматýргов, и вéщи класси́ческого репертуáра. Тут выступáют приéхавшие на гастрóли инострáнные трýппы со свои́м репертуáром, а с концéртной эстрáды мóжно услы́шать выступлéния виртуóзов скрипачéй, пиани́стов и певцóв с мировы́ми именáми. 15

В Росси́и теáтр всегдá пóльзовался больши́м успéхом. Ужé в середи́не 18-го вéка в Москвé бы́ло 53 театрáльных грýппы, котóрые стáвили и рýсские и переводны́е пьéсы, а тáкже выступáли инострáнные трýппы: немéцкие, францýзские и италья́нские со свои́м репертуáром. 20

Москóвский Большóй Теáтр ведёт свою́ истóрию с 1776 гóда. Большóй теáтр имéет пятия́русный зри́тельный зал с партéром и амфитеáтром. Его́ сцéна так огрóмна, что когдá на ней нахóдится бóльше трёхсóт актёров, то и тогдá онá не кáжется тéсной. Зри́тельный зал вмещáет 2.000 человéк. 25

Тáкже большóй популя́рностью в Росси́и всегдá пóльзовался балéт. Мировáя слáва рýсского балéта свя́зана с и́менем компози́тора Чайкóвского, котóрый внёс в балéт органи́ческую связь мýзыки с дéйствием и харáктером герóев балéта.

Москóвский Худóжественный теáтр, оснóванный в 1898 30 гóду Станислáвским, сóздал шкóлу актёрской игры́, котóрая при́нята тепéрь во всём ми́ре.

ЗАПÓМНИТЕ Э́ТИ ВЫРАЖÉНИЯ

неразры́вно свя́зан с   *closely bound with*
нельзя́ не отрицáть   *one cannot deny*
ведýщая роль   *leading role*
игрáть в « ковбóев »   *to play cowboys*

покоря́ть воображе́ние *to capture the imagination*
по́льзоваться мирово́й изве́стностью *to have world fame, renown*
ве́щи класси́ческого репертуа́ра *plays of classical repertory*
прие́хавшие на гастро́ли *arriving for guest appearances*
выступа́ть в своём репертуа́ре *to appear in one's own repertory*
конце́ртная эстра́да *concert stage*
с мировы́ми имена́ми *with world-famous names*
по́льзоваться больши́м успе́хом *to enjoy great success*
ведёт свою́ исто́рию *traces its history*
пятия́русный зри́тельный зал *five-storied spectators hall*
зал вмеща́ет *the hall holds*
мирова́я сла́ва *world fame*
внёс в бале́т *introduced into the ballet*
Моско́вский худо́жественный теа́тр *Moscow Art Theater*
со́здал шко́лу актёрской игры́ *created a school of acting*

ОТВЕ́ТЬТЕ НА Э́ТИ ВОПРО́СЫ

1. С чем неразры́вно свя́зан теа́тр?
2. Чему́ принадлежи́т веду́щая роль в формирова́нии национа́льных вку́сов?
3. Кто покоря́ет воображе́ние люде́й?
4. Кака́я у́лица по́льзуется мирово́й изве́стностью?
5. Каки́е пье́сы мо́жно уви́деть на Бродве́е?
6. По́льзовался ли теа́тр успе́хом в Росси́и?
7. Каки́е тру́ппы выступа́ли в Москве́ в середи́не 18-го ве́ка?
8. Как вели́к Большо́й теа́тр?
9. Что внёс Чайко́вский в ру́сский бале́т?
10. Кто со́здал но́вую шко́лу актёрской игры́?

Что сего́дня идёт в теа́тре?

(*разгово́р америка́нской тури́стки с ги́дом Интури́ста*)

До́роти: — Вы зна́ете, что идёт сего́дня в Большо́м теа́тре?
Тама́ра: — Нет, не зна́ю. Дава́йте ку́пим газе́ту. Вот « Пра́вда », « Изве́стия » и « Вече́рняя Москва́ ». Посмо́трим на театра́льной страни́це, что и где сего́дня идёт.
5 *До́роти:* — Вы ча́сто хо́дите в теа́тр? Каки́е теа́тры вы сове́туете мне посети́ть? Что сто́ит посмотре́ть?
Тама́ра: — Коне́чно, необходи́мо посети́ть Моско́вский Ху-

дожественный театр. Кажется, там сегодня идёт пьеса Чехова « Дядя Ваня ».

Дороти: — Ах, я очень люблю Чехова. Я видела эту пьесу в Нью-Йорке в прошлом году. Мне так интересно было бы увидеть эту пьесу в исполнении русских актёров. 5

Тамара: — Отлично, мы постараемся достать билеты в Художественный театр. На какое число вам достать билеты?

Дороти: — Мне хотелось бы достать билеты на завтра, если можно. « Дядя Ваня » давно идёт в этом сезоне? Трудно получить билеты? На хорошие места в партере? 10

Тамара: — Эта пьеса идёт уже несколько недель и пользуется успехом. Но я думаю, что через контору Интуриста вы получите билеты без труда.

Дороти: — Какие места вы посоветовали бы взять?

Тамара: — Возьмите места в партере, в десятом или девятом 15 ряду, в середине.

Дороти: — Спасибо за совет. Смотрите, сегодня в Большом театре ставят балет « Спящая красавица ». Это мой любимый балет. Может быть, мы могли бы достать билеты и на сегодняшний вечер? 20

Тамара : — Когда выступает народная артистка Максимова, то обыкновенно билеты распроданы; однако с помощью Интуриста для иностранных гостей почти всегда можно получить билеты.

Дороти: — Я вам буду очень благодарна, Тамара. А вы сами 25 не поклонница балета?

Тамара: — Нет, я предпочитаю ходить или на концерты симфонического оркестра, или в оперу, но, конечно, наш русский балет пользуется мировой известностью, и вы обязательно должны его посетить. 30

ЗАПОМНИТЕ ЭТИ ВЫРАЖЕНИЯ

театральная страница *amusement page*
что сегодня идёт? *what is playing today?*
что стоит посмотреть? *what is worth seeing?*
в исполнении *performed by*
на какое число достать билеты? *for what date shall I get the tickets?*

тринадцатый урок **163**

билеты на завтра *tickets for tomorrow*
сегодня ставят балет *a ballet is being given today*
« Спящая красавица » *"Sleeping Beauty"*
попробуем *let's try*
выступает народная артистка *People's artist appears*
билеты распроданы *sold-out performance*
поклонница балета *a lover of ballet*

ОТВЕТЬТЕ НА ЭТИ ВОПРОСЫ

1. Знает ли Тамара, что идёт сегодня в Большом театре?
2. Какие театры советует Тамара посетить?
3. Какая пьеса идёт сегодня в Московском Художественном театре?
4. На какое число хотела бы Дороти получить билеты?
5. Как давно идёт пьеса « Дядя Ваня »?
6. Как может Дороти получить билеты в театр?
7. Какой балет идёт сегодня в Большом театре?
8. Кто выступает сегодня вечером в этом балете?
9. Есть ли билеты на этот спектакль?
10. Что предпочитает Тамара балету?

Разговор о русском театре

Маша: — Как вам понравилась пьеса, которую вы видели вчера?

Павел: — Я получил огромное удовольствие. Состав исполнителей не оставлял желать лучшего . . .

5 *Маша:* — Кто играл главную роль?

Павел: — Заслуженный артист Петров. В его исполнении образ дяди Вани получил исключительную глубину. Но только почему Чехов назвал эту пьесу комедией?

Маша: — Да, вы правы. В пьесе больше трагического, чем
10 комического. Вам понравилась игра Петрова, а критики отмечали некоторые недостатки его интерпретации этой роли.

Павел: — Что вы! Я считаю, что он был великолепен! Критики просто не оценили его подхода к этой роли. А кроме того, мнение театральных критиков для меня не закон!

15 *Маша:* — Вы когда-нибудь видели Качалова в этой роли? Вот

164

кто был великоле́пен! Когда́ па́дал за́навес в конце́ после́днего
а́кта, в за́ле поднима́лась бу́ря аплодисме́нтов!

Па́вел: — Ах, Ма́ша, вы така́я покло́нница Кача́лова, что для
вас про́сто не существу́ет други́х актёров! Вы не хоти́те призна́ть,
что мо́жно подойти́ к ро́ли ина́че, чем ваш Кача́лов!   5

Ма́ша: — Ну, не бу́дем спо́рить! Скажи́те, а как вам понра́ви-
лись декора́ции?

Па́вел: — Прекра́сные декора́ции. Они́ со́здали и́менно то
настрое́ние, кото́рое бы́ло ну́жно для че́ховской пье́сы. На́до
сказа́ть, что но́вая враща́ющаяся сце́на значи́тельно облегча́ет 10
устано́вку декора́ций.

Ма́ша: — Я ви́жу, что вы получи́ли по́лное удово́льствие от
всей постано́вки. Зал был, коне́чно, как всегда́ по́лон?

Па́вел: — Да, перепо́лнен! Биле́ты бы́ли распро́даны почти́ на
все спекта́кли с нача́ла откры́тия сезо́на.   15

Ма́ша: — Вам о́чень повезло́, что вы суме́ли получи́ть биле́ты
на э́тот спекта́кль.

Па́вел: — Да, мы купи́ли биле́ты почти́ ме́сяц тому́ наза́д.

Ма́ша: — А я никогда́ не покупа́ю биле́тов зара́нее. Я пред-
почита́ю проч́есть снача́ла о́тзывы театра́льных кри́тиков, а 20
пото́м уже́ реши́ть, сто́ит ли смотре́ть пье́су.

ЗАПО́МНИТЕ Э́ТИ ВЫРАЖЕ́НИЯ

соста́в исполни́телей   *the cast of players*
не оставля́л жела́ть лу́чшего   *left nothing to be desired*
заслу́женный арти́ст   *honored actor*
отмеча́ли не́которые недоста́тки   *remarked on certain faults*
интерпрета́ция ро́ли   *interpretation of a role*
он был великоле́пен в э́той ро́ли   *he was magnificent in this part*
кри́тики не оцени́ли   *critics did not appreciate*
подхо́д к ро́ли   *approach to a role*
театра́льный кри́тик   *theater critic*
для меня́ не зако́н   *it is not a law for me*
бу́ря аплодисме́нтов   *a storm of applause*
созда́ть настрое́ние   *to create a mood*
враща́ющаяся сце́на   *revolving stage*
устано́вка декора́ций   *setting of scenery*
зал по́лон, перепо́лнен   *a crowded, overcrowded hall*
вам о́чень повезло́   *you were very lucky*
о́тзывы кри́тиков   *critics' reviews*

тринадцатый уро́к   **165**

ОТВЕ́ТЬТЕ НА СЛЕ́ДУЮЩИЕ ВОПРО́СЫ

1. Понра́вилась ли Па́влу пье́са, кото́рую он ви́дел вчера́?
2. Кто игра́л гла́вную роль?
3. Каки́е о́тзывы да́ли театра́льные кри́тики на исполне́ние ро́ли дя́ди Ва́ни актёром Петро́вым?
4. Счита́ется ли Па́вел с мне́нием театра́льных кри́тиков?
5. Ма́ша покло́нница како́го актёра?
6. Понра́вились ли Па́влу декора́ции?
7. Что облегча́ет устано́вку декора́ций?
8. Был ли зал по́лон?
9. Когда́ Па́вел купи́л биле́ты на э́тот спекта́кль?
10. Покупа́ет ли Ма́ша биле́ты зара́нее на спекта́кль?

Разгово́р об америка́нском теа́тре

— Каку́ю пье́су вы вчера́ ви́дели в теа́тре?

— Мы бы́ли на премье́ре пье́сы Уи́льямса.

— Вам понра́вилась э́та пье́са?

— Премье́ра спекта́кля прошла́ с больши́м успе́хом, и в це́лом
5 спекта́кль уда́чен, но . . .

— Ах, э́то « но »! Зна́чит пье́са вам не понра́вилась?

— Нет, почему́? Пье́са оста́вила хоро́шее впечатле́ние, в ней мно́го жи́зненной пра́вды, хара́ктеры обрисо́ваны чётко и жи́во. Чу́вствуется, что а́втор хорошо́ зна́ет америка́нский юг, — от-
10 де́льные сце́ны, несомне́нно, взя́ты из жи́зни . . .

— Ну, а ва́ше « но »? Что вам не понра́вилось в пье́се?

— Ви́дите ли, мне показа́лось, что режиссёр не нашёл пра́вильного худо́жественного оформле́ния э́той пье́сы, а та́кже, что Пол Нью́ман в ро́ли гла́вного геро́я не со́здал пра́вильного о́браза . . .
15 — Что вы! У Нью́мана огро́мное сцени́ческое дарова́ние! Он оди́н из веду́щих америка́нских актёров!

— Всё э́то ве́рно. Возмо́жно, что э́то вина́ режиссёра, он не суме́л испо́льзовать его́ сцени́ческого дарова́ния так как на́до.

— А мы бы́ли вчера́ на музыка́льной коме́дии « Молоко́ и мёд ».
20 Мы получи́ли большо́е удово́льствие от спекта́кля.

— Вам понра́вилась постано́вка?

— Да, осо́бенно хороши́ бы́ли та́нцы.

— Да, хорошо́ поста́вленные та́нцы всегда́ спосо́бствуют успе́ху спекта́кля. По́мните та́нцы, поста́вленные Джеро́мом

Ро́бинсом в знамени́той музыка́льной коме́дии "Вестса́йдская исто́рия"?
— Как же! Эта музыка́льная коме́дия была́ поворо́тным пу́нктом в исто́рии америка́нского теа́тра.
— Да, вели́кое де́ло – иску́сство! ⁵

ЗАПО́МНИТЕ Э́ТИ ВЫРАЖЕ́НИЯ

в це́лом спекта́кль уда́чен   *the performance is fine on the whole*
мно́го жи́зненной пра́вды   *true to life*
хара́ктеры обрисо́ваны   *the characters are drawn*
взя́ты из жи́зни   *taken from life*
худо́жественное оформле́ние   *artistic production*
не дал пра́вильного о́браза   *didn't give correct characterization*
сцени́ческое дарова́ние   *a gift for stage acting*
оди́н из веду́щих   *one of the leading*
спосо́бствовать успе́ху   *to contribute to success*
поворо́тный пункт   *a turning point*
вели́кое де́ло иску́сство!   *art is a great thing!*

ОТВЕ́ТЬТЕ НА Э́ТИ ВОПРО́СЫ

1. Где вы бы́ли вчера́?
2. Как прошла́ премье́ра?
3. Что вам понра́вилось в пье́се?
4. Что вам не понра́вилось в пье́се?
5. Как понра́вилась ва́шим друзья́м постано́вка музыка́льной коме́дии «Молоко́ и мёд»?
6. Что бы́ло осо́бенно хорошо́ в э́той постано́вке?
7. Что спосо́бствует успе́ху музыка́льной коме́дии?
8. Кем бы́ли поста́влены та́нцы в музыка́льной коме́дии «Вестса́йдская исто́рия»?
9. Каку́ю роль сыгра́ла э́та постано́вка в исто́рии америка́нского теа́тра?
10. Что мо́жно сказа́ть об иску́сстве?

Разгово́р о кино́

— Пойдём сего́дня ве́чером в кино́?
— Что идёт?
— Дава́й посмо́трим объявле́ния на театра́льной страни́це.
— В кинотеа́тре «Зна́мя» идёт документа́льный фильм «По

трина́дцатый уро́к   **167**

Сиби́ри », в кинотеа́тре « Револю́ция » со среды́ демонстри́-
руется мультипликацио́нный фильм « Конёк-Горбуно́к », в
кинотеа́тре « Побе́да » идёт музыка́льный цветно́й фильм
« Весна́ », а в кинотеа́тре « Звезда́ » со сле́дующей суббо́ты бу́дет
5 пока́зываться широкоэкра́нный фильм « Обло́мов».

— Тру́дно реши́ть, когда́ тако́й большо́й вы́бор. Я предпочита́ю
музыка́льные фи́льмы. Говоря́т, что кинокарти́на « Весна́ »
получи́ла пе́рвый приз на междунаро́дном фестива́ле в Вене́ции
и демонстри́ровалась с больши́м успе́хом во мно́гих страна́х
10 ми́ра.

— Я, коне́чно, предпочита́ю документа́льные фи́льмы. Я с
удово́льствием посмотре́л бы фильм о Сиби́ри. Я слы́шал, что
э́то о́чень реалисти́ческий фильм, кото́рый смо́трится с захва́-
тывающим интере́сом.

15 — Кто режиссёр э́того фи́льма?

— Не по́мню, но сцена́рий напи́сан Щу́киным, а съёмка фи́льма
производи́лась во мно́гих частя́х Сиби́ри. Прекра́сные съёмки
приро́ды.

— Мне ка́жется, что э́то ста́рый фильм.

20 — Нет, что ты! э́то широкоэкра́нный стереоскопи́ческий фильм.
Он был поста́влен совсе́м неда́вно и демонстри́руется в кино-
теа́трах пе́рвого экра́на.

— Ну что ж, мо́жет быть, сто́ит его́ посмотре́ть? Когда́ очеред-
но́й сеа́нс?

25 — Есть три вече́рних сеа́нса: 6, 8 и 10 часо́в.

— Отли́чно, е́сли после́дний сеа́нс начина́ется в 10 часо́в, мы
успе́ем поу́жинать до́ма и попа́сть в кино́ на после́дний сеа́нс.

— Наде́юсь, что биле́ты не распро́даны.

— Да, на хоро́шие фи́льмы биле́ты всегда́ нарасхва́т. Позвони́
30 по телефо́ну и узна́й, каки́е биле́ты есть сего́дня на после́дний
сеа́нс.

— Каки́е ты хо́чешь биле́ты: на балко́н, в за́дние ряды́ парте́ра?

— Бери́ лу́чше пере́дние ряды́ парте́ра, — они́ деше́вле.

— Я не люблю́ сиде́ть сли́шком бли́зко.

35 — Как хо́чешь, мне всё равно́, где сиде́ть. Узна́й то́же, пожа́-
луйста, пока́зывают ли киножурна́л « Но́вости дня » до пока́за
гла́вного фи́льма.

— Хорошо́, узна́ю. А ты иди́ гото́вить у́жин, а то мы опозда́ем и
на после́дний сеа́нс!

трина́дцатый уро́к

ЗАПО́МНИТЕ Э́ТИ ВЫРАЖЕ́НИЯ

« Конёк Горбуно́к » *The Magic Horse (The Hunchback Horse)*
междунаро́дный фестива́ль *international festival*
демонстри́ровалась с больши́м успе́хом *was shown with great success*
фильм смо́трится с захва́тывающим интере́сом *one watches the film with gripping interest*
съёмка фи́льма производи́лась *filming was done*
был поста́влен совсе́м неда́вно *was produced quite recently*
сто́ит посмотре́ть *it is worth seeing*
когда́ очередно́й сеа́нс? *when is the next show?*
попа́сть на после́дний сеа́нс *to get to the last show*
биле́ты нарасхва́т *tickets are bought up fast (tickets sell like hot cakes)*
за́дние, пере́дние ряды́ *back, front rows*

ОТВЕ́ТЬТЕ НА Э́ТИ ВОПРО́СЫ

1. Как мо́жно узна́ть, что идёт сего́дня в кинотеа́трах?
2. Каки́е фи́льмы демонстри́руются сего́дня?
3. Кака́я кинокарти́на получи́ла пе́рвый приз на междунаро́дном фестива́ле?
4. Како́й документа́льный фильм смо́трится с больши́м интере́сом?
5. Кем напи́сан сцена́рий э́того фи́льма и где производи́лась съёмка?
6. Э́то ста́рый и́ли но́вый фильм?
7. В каки́х кинотеа́трах он демонстри́руется?
8. Когда́ вече́рние сеа́нсы?
9. Каки́е биле́ты деше́вле?
10. Что ещё пока́зывают до пока́за гла́вного фи́льма?

Разгово́р на ве́чере худо́жественной самоде́ятельности

— Дай мне, пожа́луйста, посмотре́ть програ́мму. Я хочу́ знать, что идёт сле́дующим но́мером.

— Сле́дующий но́мер — наро́дные пе́сни в исполне́нии хо́ра ученико́в моско́вской шко́лы № 25.

трина́дцатый уро́к   **169**

— А да́льше что?

— Наро́дные та́нцы в исполне́нии кружка́ люби́телей наро́дных та́нцев моско́вской шко́лы № 55.

— Ско́лько школ уча́ствуют в програ́мме ве́чера?

5 — Ка́жется, 15 и́ли 20. Ведь э́то ежего́дный показа́тельный ве́чер худо́жественной самоде́ятельности лу́чших моско́вских шко́льных кружко́в.

— А соли́сты то́же бу́дут?

— Да, вот да́льше в програ́мме стои́т: Ю́рий Лавре́нтьев 10 (скри́пка) — сона́та Проко́фьева, а да́льше: Ни́на Фёдорова (роя́ль) — этю́ды Шопе́на.

— Всё класси́ческая му́зыка, а есть ли номера́ лёгкой му́зыки?

— Да, вот пе́сня из музыка́льной коме́дии « Весна́ » в исполне́нии хо́ра шко́лы № 8.

15 — Смотри́, как они́ кла́няются зри́телям! Как настоя́щие арти́сты!

— Они́ заслу́живают аплодисме́нтов. Они́ прекра́сно испо́лнили свой но́мер.

— По́сле таки́х аплодисме́нтов, я ду́маю, они́ спою́т что́-нибудь 20 « на бис ».

— Да, ты права́. По тре́бованию пу́блики они́ испо́лнят сейча́с ещё оди́н но́мер.

— Я уве́рена, что « на бис » они́ спою́т но́вый пионе́рский марш. Он всегда́ по́льзуется больши́м успе́хом у пу́блики.

25 — Я то́лько наде́юсь, что они́ не бу́дут повторя́ть его́ « на бис »!

ЗАПО́МНИТЕ Э́ТИ ВЫРАЖЕ́НИЯ

что идёт сле́дующим но́мером? *what's next on the program?*
в исполне́нии *performed by*
кружо́к люби́телей *an amateur society, group*
показа́тельный ве́чер *an evening of amateur performances*
в програ́мме стои́т *the program includes*
номера́ лёгкой му́зыки *light musical numbers*
кла́няться зри́телям *to bow to the spectators*
заслу́живают аплодисме́нтов *they deserve applause*
спою́т « на бис » *they will sing an encore*
по тре́бованию пу́блики *in answer to the public's demand*

ОТВЕ́ТЬТЕ НА Э́ТИ ВОПРО́СЫ

1. На како́м ве́чере вы сего́дня?
2. Что идёт сле́дующим но́мером?
3. Кто испо́лнит наро́дные та́нцы?
4. Ско́лько школ уча́ствует в э́той програ́мме?
5. Есть ли соли́сты?
6. Бу́дут ли испо́лнены номера́ лёгкой му́зыки?
7. Каку́ю пе́сню испо́лнят уча́щиеся шко́лы № 8?
8. Заслужи́ли ли они́ аплодисме́нты?
9. Что они́ испо́лнят «на бис»?
10. Како́й марш по́льзуется больши́м успе́хом у пу́блики?

СЛОВООБРАЗОВА́НИЕ

исполня́ть — испо́лнить; исполне́ние, исполни́тель
ста́вить — поста́вить; постано́вка, постано́вщик, представле́ние
выступа́ть — вы́ступить; выступле́ние
пока́зывать — показа́ть; пока́з, показа́тельный

ДЛЯ СПРА́ВОК

ОН	ОНА́	ОНИ́	
актёр	актри́са	актёры	actors
арти́ст	арти́стка	арти́сты	artists
соли́ст	соли́стка	соли́сты	soloists
исполни́тель	исполни́тельница	исполни́тели	performers
танцо́р	танцо́вщица (балери́на)	танцо́ры	dancers
певе́ц	певи́ца	певцы́	singers
пиани́ст	пиани́стка	пиани́сты	pianists
скрипа́ч	скрипа́чка	скрипачи́	violinists

СДЕЛАЙТЕ ЭТИ УПРАЖНЕНИЯ

I. Расскажите:

1. Часто ли вы бываете в театре? Какие пьесы вам больше нравятся: драмы, комедии, музыкальные комедии?
2. Любите ли вы оперу? Какая ваша любимая опера?
3. Часто ли вы ходите на концерты, на вечера художественной самодеятельности? Любите ли вы музыку? Какую музыку вы предпочитаете: классическую, лёгкую, джаз?
4. Часто ли вы посещаете кинотеатры? Какие фильмы вы предпочитаете? Какие « кинозвёзды » вам особенно нравятся?
5. Какую пьесу или какой кинофильм вы недавно видели? Как вам понравилась постановка и игра актёров? Согласны ли вы были с отзывами критиков об этой пьесе или об этом кинофильме?
6. Вы хотите пригласить вашу подругу в кино, — что вы должны сделать?
7. Вы в Москве и хотите пойти в Большой театр, — что вы должны узнать?
8. Посмотрите на театральную страницу вашей газеты и расскажите, что идёт сегодня вечером в театре, в кино, какие солисты выступают на концертной эстраде?
9. Вы на вечере художественной самодеятельности, — расскажите какая сегодня вечером программа?
10. Что стоит посмотреть в кинотеатрах вашего города?

II. Впишите нужное слово: ходить, бывать, посещать

1. Я часто —— в театре. 2. Мой друзья редко —— в театр. 3. Он большой поклонник балета и —— все спектакли Большого театра. 4. Вы часто —— в кино? 5. Какой театр вы советуете ——?

III. Впишите нужное слово: исполнение, интерпретация роли, подход к роли

1. Как вам понравилось его —— роли дяди Вани? 2. Критики не оценили его —— к роли Гамлета. 3. Не оставляет желать ничего лучшего —— роли Отелло известным актёром Ричардсоном.

IV. Впишите нужное слово: исполнять роль, играть, выступать в роли

1. Кто —— роль бабушки в новой пьесе? 2. Вы помните фамилию актриссы, которая —— роль Марии? 3. В роли отца —— ведущий американский актёр Пол Ньюман.

172   тринадцатый урок

V. *Соста́вьте диало́г ме́жду прия́телями, кото́рые хотя́т пойти́ в кино́ и не мо́гут реши́ть,каку́ю кинокарти́ну им посмотре́ть.*

VI. *Вы театра́льный кри́тик. Да́йте подро́бный о́тзыв о пье́се, кото́рую вы ви́дели вчера́ ве́чером.*

VII. *Соста́вьте диало́г ме́жду друзья́ми, кото́рые ви́дели одну́ и ту же пье́су, но одному́ из них э́та пье́са понра́вилась, а друго́му она́ не понра́вилась.*

трина́дцатый уро́к

ЧЕТЫ́РНАДЦАТЫЙ уро́к
Пути́
сообще́ния

СЛОВА́РЬ

собира́ться в пое́здку, гото́виться к пое́здке   to get ready for a trip
отправля́ться в пое́здку, в путеше́ствие   to go on a trip
е́здить, путеше́ствовать по стране́, из страны́ в страну́   to travel around the country, from country to country
посеща́ть стра́ны, города́, места́   to visit countries, towns, places
быть путеше́ственником, тури́стом   to be a traveller, a tourist
разрабо́тать план, маршру́т пое́здки   to work out a plan for a trip
прие́хать, прибы́ть к ме́сту назначе́ния   to arrive at one's destination
прямо́е сообще́ние, е́хать с переса́дками   direct connection; to change trains
сре́дства, пути́ сообще́ния: желе́зная доро́га, во́дный, возду́шный тра́нспорт   ways and means of communication: railroad, waterways, airways
быстрохо́дный, скоростно́й тра́нспорт   fast, high speed transport
самолёты обы́чного ти́па, реакти́вные   non jet, jet airplanes
спо́собы передвиже́ния, сообще́ния   means of transportation, communication
сади́ться на по́езд, парохо́д, самолёт   to board a train, boat (ship), plane
по́езд, парохо́д отхо́дит, самолёт вылета́ет   train, ship, plane leaves
по́езд, парохо́д, самолёт прибыва́ет
самолёт прилета́ет, по́езд, парохо́д прихо́дит } train, ship, plane arrives
парохо́д захо́дит в порт, стои́т в порту́   ship docks, stays in a port
получи́ть па́спорт, ви́зу (въездну́ю, выездну́ю)   to get a passport, visa (entrance, exit visa)
уложи́ть ве́щи, отпра́вить ве́щи багажо́м   to pack things, to send baggage by freight

Сбо́ры

Отправля́ясь в пое́здку, на́до пре́жде всего́ вы́яснить, како́е сообще́ние име́ется до ме́ста ва́шего назначе́ния. Обы́чные спо́собы передвиже́ния в на́ше вре́мя э́то: желе́зные доро́ги, во́дные и возду́шные пути́ сообще́ния. Совреме́нный быстрохо́дный и́ли
5 скоростно́й тра́нспорт соверше́нно измени́л на́ши представле́-

четы́рнадцатый уро́к

ния о вре́мени и географи́ческом простра́нстве. В на́ше вре́мя нет расстоя́ний!

В США мо́щные локомоти́вы — электрово́зы и тепло́во́зы покрыва́ют огро́мные расстоя́ния по желе́зным доро́гам. Пассажи́рам предоста́влены все удо́бства: спа́льные ваго́ны, ваго́ны-рестора́ны, ваго́ны-гости́ные, ваго́ны со стекля́нной кры́шей, где вы мо́жете сиде́ть и любова́ться прекра́сными ви́дами. 5

По́льзуясь во́дным тра́нспортом, путеше́ственник име́ет в своём распоряже́нии быстрохо́дные ла́йнеры, представля́ющие собо́й огро́мные первокла́ссные гости́ницы. На э́тих пассажи́рских парохо́дах-экспре́ссах мо́жно не то́лько путеше́ствовать с по́лным комфо́ртом, но и вы́брать себе́ развлече́ние по вку́су. На больши́х океа́нских парохо́дах име́ются, как изве́стно, спорти́вные площа́дки, бассе́йны для пла́вания и специа́льные за́лы для игр. 10

К услу́гам пассажи́ров име́ются библиоте́ки, а та́кже устра́иваются ле́кции и пока́зываются кинофи́льмы. 15

Реакти́вные самолёты вошли́ в строй сравни́тельно неда́вно. Э́то са́мый бы́стрый спо́соб сообще́ния. Они́ покрыва́ют то же расстоя́ние, что и самолёты обы́чного ти́па, в три, иногда́ в четы́ре ра́за быстре́е. 20

четы́рнадцатый уро́к

Пе́ред тем как вы собира́етесь пое́хать заграни́цу, на́до получи́ть па́спорт, для посеще́ния не́которых стран тре́буется въездна́я и выездна́я ви́за. Биле́ты на парохо́д обыкнове́нно лу́чше заказа́ть зара́нее. Говоря́т, что на таки́е парохо́ды, как «Короле́ва Мэ́ри» и́ли «Соединённые Шта́ты» биле́ты зака́зывают за год вперёд!

Серьёзный тури́ст, гото́вясь к пое́здке, разраба́тывает маршру́т путеше́ствия, изуча́ет путеводи́тели по тем города́м и стра́нам, кото́рые он собира́ется посети́ть. Он та́кже то́чно зна́ет расписа́ние поездо́в, парохо́дов и самолётов. Он запи́сывает, когда́ прихо́дит и когда́ отхо́дит ну́жный ему́ по́езд, когда́ вылета́ет и когда́ прилета́ет его́ самолёт, в каки́е по́рты он захо́дит, ско́лько вре́мени он стои́т в ка́ждом порту́ . . .

Наконе́ц все сбо́ры зако́нчены; ве́щи уло́жены, полу́чены биле́ты, о́тданы все после́дние распоряже́ния . . . Друзья́, прие́хавшие проводи́ть вас на вокза́л, на при́стань и́ли в аэропо́рт жела́ют вам: счастли́вого пути́! Прия́тной пое́здки! Они́ жела́ют вам благополу́чно дое́хать, долете́ть до ме́ста ва́шего назначе́ния и говоря́т: Пиши́те! Не забыва́йте! Возвраща́йтесь скоре́е обра́тно!

ЗАПО́МНИТЕ Э́ТИ ВЫРАЖЕ́НИЯ

измени́л на́ши представле́ния о   *changed our ideas about*
нет расстоя́ний   *there are no distances*
покрыва́ют огро́мные расстоя́ния   *cover great distances*
предоста́влены все удо́бства   *to provide all the conveniences*
любова́ться ви́дами   *to enjoy the views*
име́ет в своём распоряже́нии   *has at his disposal*
представля́ющие собо́й   *which are*
первокла́ссная гости́ница   *a first-rate hotel*
путеше́ствовать с по́лным комфо́ртом   *to travel with all the comforts*
к услу́гам пассажи́ров име́ются   *there are at the disposal of the passengers*
войти́ в строй   *to start operating*
сравни́тельно неда́вно   *comparatively recently*
провожа́ть   *to see someone off*

желáть: счастлúвого путú, прия́тной поéздки, интерéсного путешéствия *to wish: a happy journey, a pleasant trip, interesting journey*
благополýчно доéхать *to arrive safely*
пишúте, не забывáйте *write, don't forget*
возвращáйтесь поскорéе обрáтно *come back soon*

ОТВÉТЬТЕ НА Э́ТИ ВОПРÓСЫ

1. Какúе вы знáете срéдства сообщéния?
2. Благодаря́ чемý измени́лось нáше представлéние о геогрáфическом пространстве?
3. Какúе удóбства предостáвлены в распоряжéние пассажúра, когдá он éдет по желéзной дорóге?
4. Что представля́ют собóй быстрохóдные парохóды-экспрéссы?
5. Что нáдо сдéлать пéред поéздкой заграни́цу?
6. Что дéлает серьёзный турúст пéред тем, как он éдет путешéствовать?
7. Что он тóчно знáет?
8. Кудá éдут провожáть путешéственника егó друзья́?
9. Когдá онú с вáми прощáются, что онú говоря́т?
10. Какóй сáмый бы́стрый спóсоб сообщéния?

В туристúческом бюрó

(в спрáвочном бюрó, в бюрó путешéствий)

Г-н Смит: — Я хотéл бы получúть у вас спрáвку, как мне лýчше всегó éхать в СССР, с тем чтóбы как мóжно бóльше увúдеть по дорóге.

Слýжащий бюрó: — Вы éдете с какóй-нибудь америкáнской делегáцией? У вас командирóвка? 5

Г-н Смит: — Нет, я éду в СССР не по делáм, я éду тудá для удовóльствия, т.е. вернéе я éду тудá из любопы́тства и из интерéса к э́той загáдочной, парадоксáльной странé.

Слýжащий бюрó: — Простúте, вы éдете одúн?

Г-н Смит: — Нет, я éду с женóй. Моя́ женá óпытный путешéст- 10
вéнник! Послéдний раз, когдá мы путешéствовали по Áфрике . . .

Слýжащий бюрó: — Простúте, вы хотúте, чтóбы я разрабóтал вам маршрýт вáшего путешéствия? Скóлько врéмени вы хотúте пробы́ть в СССР? Какúе городá вы хотúте посетúть?

четы́рнадцатый урóк   **177**

Г-н Смит: — Нам хотéлось бы посетúть такúе местá, где никтó из америкáнцев ещё нé был. Как вы дýмаете, мóжно ли э́то устрóить?

Служащий бюрó: — Боюсь, что э́то невозмóжно устрóить.

5 *Г-н Смит:* — Я понимáю ... Скажúте пожáлуйста, а какúе городá разрешáется посетúть?

Служащий бюрó: — Я наведý спрáвки в Интурúсте. Прéжде всегó мне нáдо знать, скóлько врéмени вы хотúте провестú в СССР, а тáкже какúе путú сообщéния вы предпочитáете.

10 *Г-н Смит:* — Отлúчно. Из Нью-Йóрка мы полетúм на самолёте в Стокгóльм, а оттýда мы хотéли бы поéхать пóездом, а затéм из Москвы́ на парохóде по Вóлге. Есть ли пóезд прямóго сообщéния из Стокгóльма в Москвý?

Служащий бюрó: — Да, но я хотéл бы знать, скóлько врéмени 15 имéется в вáшем распоряжéнии?

Г-н Смит: — Мы ещё не решúли. Ведь мы éдем для удовóльствия, — решúм на мéсте.

Служащий бюрó: — Боюсь, что э́то невозмóжно. Интурúст трéбует тóчных свéдений.

20 *Г-н Смит:* — Что за ерундá! В пéрвый раз слы́шу такúе прáвила!

Служащий бюрó: — Óчень жаль, но э́то так. Вы, конéчно, знáете, что вам нáдо бýдет получúть вúзу и пáспорт?

Г-н Смит: — Да, конéчно. Я не в пéрвый раз éду загранúцу, молодóй человéк! Ну, давáйте подýмаем, как нам вернýться 25 обрáтно из Волгогрáда в Нью-Йóрк.

Служащий бюрó: — У вас есть мнóго рáзных возмóжностей. Во-пéрвых, вы мóжете проéхать на Кавкáз úли в Крым, а оттýда поéхать на парохóде по Чёрному мóрю и посетúть Тýрцию.

Г-н Смит: — Нет, моя́ женá не перенóсит морскóй кáчки, а 30 крóме тогó, Тýрция нас не интересýет. Скажúте, а не моглú бы мы с женóй поéхать в Монгóлию, а оттýда вернýться в США чéрез Китáй?

Служащий бюрó: — Мне кáжется, что вы не совсéм хорошó ориентúруетесь в междунарóдном политúческом положéнии. 35 Наскóлько вам должнó быть извéстно по газéтным свéдениям ...

Г-н Смит: — Ах да, я всё врéмя забывáю о междунарóдном положéнии. Так надоéла э́та полúтика! В такóм слýчае мы вернёмся в Москвý парохóдом, а оттýда поéдем пóездом в Кúев.

четы́рнадцатый урóк

Есть скорые поезда прямого сообщения между Киевом и Веной? Или нам лучше лететь на реактивном самолёте?

Служащий бюро: — Итак, вы хотите заказать два билета первого класса в один конец на реактивном самолёте в Стокгольм, а затем ...?   5

Г-н Смит: — Я ещё ничего не хочу заказывать. Я только навожу справки. Во-первых, скажите пожалуйста, сколько стоит билет второго класса до Стокгольма на самолёте; во-вторых, сколько стоит билет на поезде прямого сообщения из Стокгольма в Москву и в третьих, — сколько стоит билет на пароходе от   10 Москвы до Волгограда туда и обратно? Затем, узнайте, пожалуйста, есть ли скорые поезда прямого сообщения между Киевом и Веной. Когда вы дадите мне эти предварительные данные, мы обсудим детали нашего путешествия.

Служащий бюро: — Да, но когда вы собираетесь совершить   15 ваше путешествие?

Г-н Смит: Мы ещё не решили. Может быть, в будущем году, а может быть через год или два, когда я выйду в отставку. Но мы с женой любим все планировать заранее.

ЗАПОМНИТЕ ЭТИ ВЫРАЖЕНИЯ

получать, наводить справки   *to inquire*
получить, навести справки   *to receive information*
с тем чтобы   *in order to*
у вас командировка?   *are you going on business?*
опытный путешественник   *experienced traveller*
можно ли это устроить?   *can it be arranged?*
в вашем распоряжении   *at your disposal*
решим на месте   *we shall decide when we get there*
что за ерунда!   *what nonsense!*
у вас есть много разных возможностей   *you have many possibilities*
вы не совсем хорошо ориентируетесь   *you don't quite understand*
международное политическое положение   *international political situation*
насколько вам известно   *as far as you know*
по газетным сведениям   *according to the newspapers*
так надоела эта политика!   *I'm so tired of politics!*
предварительные данные   *preliminary data*
планировать заранее   *to plan ahead of time*

четырнадцатый урок   **179**

ОТВЕТЬТЕ НА ЭТИ ВОПРОСЫ

1. Какую справку хотел бы получить господин Смит?
2. Почему он едет в СССР?
3. С кем он едет?
4. Какие бы места он хотел посетить в СССР?
5. Что должен знать служащий бюро?
6. Какими путями сообщения будет пользоваться господин Смит?
7. Что требует Интурист?
8. Как может г-н Смит вернуться из Волгограда в Нью-Йорк?
9. Через какую страну хотел бы г-н Смит вернуться в США?
10. Возможно ли это?
11. Готов ли г-н Смит заказать билеты для своего путешествия?
12. Когда он будет готов это сделать?

На вокзале

Иван Иванович: — Ну, наконец, мы добрались до вокзала! Водитель, сколько с нас? Я иду за билетами. Надеюсь, что не будет большой очереди перед билетной кассой! У нас мало времени до отхода поезда.

5 *Мария Петровна:* — Я подожду тебя в зале ожидания или лучше в буфете. Возьмём носильщика?

И.И.: — Нет, не стоит. У нас с собой только ручной багаж. Лучше ты иди со мной, тут в толпе легко потеряться, а пока я тебя буду искать, мы опоздаем на поезд.

10 *М.П.:* — Ну, ты ведь знаешь, когда в расписании говорится, что поезд уходит в девять часов, можно расчитывать на то, что он опоздает по крайней мере на полчаса!

И.И.: — На опоздание поезда лучше не расчитывать, но пожалуй, ты лучше пройди в буфет и купи нам пирожков или 15 рыбных консервов в дорогу.

М.П.: — Да, ты прав, всегда лучше взять с собой еду в дорогу. Сколько времени осталось до отхода поезда?

И.И.: — Ещё двадцать минут. Вот мы и у кассы. Слава Богу, очередь небольшая.

четырнадцатый урок

ЗАПÓМНИТЕ Э́ТИ ВЫРАЖЕ́НИЯ

добра́ться до *to reach*
зал ожида́ния *waiting room*
буфе́т *snack bar*
у нас с собо́й *we have with us*
ручно́й бага́ж *hand baggage, light baggage*
легко́ потеря́ться *it is easy to get lost*
опозда́ть на по́езд *to be late for a train*
по кра́йней ме́ре *at least*
лу́чше не расчи́тывать на *better not count on*
но пожа́луй *but still better*
купи́ нам в доро́гу *buy for our trip*

ОТВЕ́ТЬТЕ НА Э́ТИ ВОПРО́СЫ

1. Как добрали́сь Ива́н Ива́нович и Мари́я Петро́вна на вокза́л?
2. Куда́ идёт Ива́н Ива́нович?
3. Ну́жен ли ему́ носи́льщик?
4. Почему́ Ива́н Ива́нович не хо́чет, чтобы Мари́я Петро́вна ждала́ его́ в за́ле ожида́ния и́ли в буфе́те?
5. Что он попроси́л купи́ть в доро́гу?
6. Ско́лько вре́мени у них оста́лось до отхо́да по́езда?

В по́езде

Ива́н: — Э́то на́ше купе́?

Ви́ктор: — Да, ка́жется, на́ше. Посмотри́, на биле́те до́лжен быть указан номер.

Ива́н: — Ваго́н восьмо́й, четвёртое купе́, пе́рвое и второ́е ме́сто.

Ви́ктор: — Отли́чно. Лу́чше бы мы сда́ли на́ши ве́щи в бага́ж. 5 Тут не́куда положи́ть ве́щи.

Ива́н: — Э́то ваго́н для куря́щих?

Ви́ктор: — Нет, для некуря́щих. Хо́чешь откры́ть окно́?

Ива́н: — Да, пожа́луйста. Че́рез каки́е больши́е города́ мы проезжа́ем? 10

четы́рнадцатый уро́к   **181**

Виктор: — Давай посмотрим по расписанию. Следующая остановка будет только через час.

Иван: — Как называется это место? Посмотри, какая красивая река!

5 *Виктор:* — Да, вид красивый! Что это за река? Давай посмотрим по путеводителю.

Иван: — Когда мы прибываем к месту назначения?

Виктор: — По расписанию в восемь тридцать вечера. Надеюсь, что не слишком сильно опоздаем. Нас ведь будут встречать на

10 вокзале.

ЗАПОМНИТЕ ЭТИ ВЫРАЖЕНИЯ

тут некуда положить вещи   *there is no place for things*
вагон для курящих, для некурящих   *smoking, no smoking car*
как называется это место?   *what is this place called?*

ОТВЕТЬТЕ НА ЭТИ ВОПРОСЫ

1. Какой номер билета Ивана и Виктора?
2. Есть ли в вагоне место для вещей?
3. Этот вагон для курящих или для некурящих?
4. Когда будет следующая остановка?
5. Когда они прибывают к месту назначения?

ДЛЯ СПРАВОК

ПУТИ СООБЩЕНИЯ

автомобиль (автомашина), мотоцикл (мотоциклет), велосипед
automobile, car   *motorcycle*   *bicycle*

железная дорога: поезд, скорый поезд, поезд местного сообщения
railroad: *train, express,*   *local*

водные пути сообщения: пароход, лодка (моторная, парусная)
waterways: *ship*   *boat (motor, sail)*

воздушные пути: самолёт (обычного типа, реактивный), вертолёт
airways: *plane (non jet, jet)*   *helicopter*

городское сообщение: автобус, троллейбус, трамвай, такси,
city transport: *bus,*   *trolleybus,*   *streetcar, taxi,*

электрический поезд (электричка), метро
electric train,   *subway*

СДЕ́ЛАЙТЕ Э́ТИ УПРАЖНЕ́НИЯ

I. *Расскажи́те:*

1. Вы реши́ли пое́хать в Евро́пу, — с чего́ вы должны́ нача́ть сбо́ры к пое́здке?
2. Каки́е есть пути́ сообще́ния ме́жду Нью-Йо́рком и Сан-Франци́ско?
3. Почему́ не́которые путеше́ственники предпочита́ют е́хать в Евро́пу на парохо́де?
4. Вы реши́ли е́хать по́ездом из Босто́на в Чика́го, — что вы должны́ сде́лать на вокза́ле?
5. Вы реши́ли пое́хать в СССР, что вы должны́ сде́лать пе́ред отъе́здом?
6. Каки́е пути́ сообще́ния вы предпочита́ете? Почему́?
7. Ва́ша после́дняя пое́здка: как и куда́ вы е́здили?
8. Как вы провожа́ли ва́ших друзе́й, кото́рые уезжа́ли в Евро́пу?
9. Что вы должны́ взять с собо́й в пое́здку по США на автомоби́ле?
10. Что спра́шивает слу́жащий бюро́ путеше́ствий у челове́ка, кото́рый хо́чет пое́хать путеше́ствовать по Евро́пе?

II. *Впиши́те слова́ противополо́жного значе́ния:*

1. Когда́ (отхо́дит) по́езд?
2. Самолёт (прилета́ет) в три часа́ дня.
3. Мы е́дем (по́ездом прямо́го сообще́ния).
4. Ма́ша (встре́тила) меня́ на вокза́ле.
5. Вам нужна́ (въездна́я) ви́за.

III. *Впиши́те ну́жные слова́:*

1. По́езд прихо́дит на ——, парохо́д прибыва́ет к ——, самолёт вылета́ет с ——. 2. До ме́ста ва́шего назначе́ния есть —— сообще́ние. 3. Каки́е име́ются пути́ —— в ва́шей стране́? 4. На парохо́дах пассажи́рам —— все удо́бства. 5. Биле́ты на́до —— зара́нее. 6. Вы уже́ на́чали —— к пое́здке? 7. Я не ду́маю, что наш парохо́д —— в э́тот порт. 8. Кто жела́л вам счастли́вой ——? 9. С тех пор как мы купи́ли автомоби́ль, для нас нет ——. 10. Мо́щные локомоти́вы вхо́дят в —— в бу́дущем году́.

IV. *Соста́вьте диало́г ме́жду слу́жащим бюро́ путеше́ствий и челове́ком, кото́рый не мо́жет реши́ть куда́ ему́ пое́хать путеше́ствовать.*

ПЯТНА́ДЦАТЫЙ уро́к
Америка́нские
тури́сты
в Москве́

СЛОВА́РЬ

прие́хать, прибы́ть в го́род   to arrive in town
разложи́ть ве́щи   to unpack
осма́тривать го́род   to sightsee
знако́миться с го́родом   to get acquainted with a city
осма́тривать достопримеча́тельности го́рода   to see the sights
архитекту́рные па́мятники   architectural monuments
па́мятники старины́   remains of the past
посеща́ть: музе́и, вы́ставки, карти́нные галере́и   to visit: museums, exhibitions, picture galleries
по́льзоваться услу́гами: ги́да (экскурсово́да), перево́дчика, ги́да-перево́дчика   to use the services of: a guide, interpreter, interpreter-guide
что вы ду́маете о Москве́? ⎫
как вы нахо́дите Москву́? ⎬ what do you think of Moscow?
как вам понра́вилась Москва́?   how did you like Moscow?
како́е ва́ше о́бщее впечатле́ние?   what are your general impressions?
како́е впечатле́ние произвела́ на вас Москва́?   how did Moscow impress you?
что вам осо́бенно понра́вилось?   what did you like most?
что на вас произвело́ осо́бенно си́льное впечатле́ние?   what impressed you most?
что вас порази́ло в Москве́?   what made a striking impression on you in Moscow?
что вам запо́мнилось?   what made a lasting impression on you?
мно́го ли вы ви́дели?   did you see much?
мно́го ли вам удало́сь уви́деть?   did you have a chance to see much?
я был потрясён, поражён   I was struck by

пятна́дцатый уро́к

Прие́зд в Москву́

Ра́но у́тром реакти́вный самолёт ТУ104 приземли́лся на Вну́ковском аэродро́ме. По тра́ппу спуска́ется америка́нская делега́ция.

— Добро́ пожа́ловать в на́шу столи́цу! — встреча́ют их представи́тели одного́ из моско́вских нау́чных институ́тов и 5 гид-перево́дчица из Интури́ста.

— Мы ра́ды познако́миться с на́шими колле́гами из Москвы́.

Перево́дчица Интури́ста бы́стро перевела́ на ру́сский язы́к э́ти слова́. Дик и До́роти Дэ́вис, чле́ны америка́нской делега́ции, заме́тили удивле́ние на её лице́, когда́ они́ подошли́ к одному́ 10 из москвиче́й и сказа́ли по-ру́сски:

— О́чень прия́тно познако́миться. На́ша фами́лия Дэ́вис. Мы из Вашингто́на . . .

На лице́ москвича́ то́же бы́ло заме́тно удивле́ние, когда́ он сказа́л: 15

— Нам не да́ли знать, что среди́ вас есть лю́ди, говоря́щие по-ру́сски! Отли́чно!

— Това́рищ Чулко́в,— вмеша́лась перево́дчица, — я ду́маю, что прие́зжие го́сти уста́ли с доро́ги и хоте́ли бы отдохну́ть. Не ду́маете ли вы, что лу́чше отвезти́ их в гости́ницу? 20

— Да, да, коне́чно, вы соверше́нно пра́вы. Уважа́емые колле́ги, мы продо́лжим на́шу бесе́ду в бо́лее прия́тной атмосфе́ре. . .

— Мы заброни́ровали для вас ко́мнаты с отде́льной ва́нной в гости́нице « Метропо́ль ». Она́ нахо́дится в са́мом це́нтре го́рода, 25 — говори́т перево́дчица.

— Как э́то удо́бно! — говори́т До́роти Ди́ку, — я смогу́ пойти́ и в музе́й, и в теа́тр, всё так бли́зко . . .

— До́роти, пожа́луйста, не забыва́й, что мы здесь не тури́сты, мы чле́ны америка́нской делега́ции . . . 30

— В чём де́ло, господи́н Дэ́вис? — услы́шал Дик го́лос перево́дчицы из Интури́ста. — Ва́ша жена́ хоте́ла бы осмотре́ть го́род? Я к ва́шим услу́гам . . .

— Благодарю́ вас, я ещё не зна́ю, как мы распредели́м день. 35

— Вы уста́ли с доро́ги госпожа́ Дэ́вис? Хоти́те отдохну́ть?

— Нет я совсе́м не уста́ла. Полёт был прекра́сный.

— Я с удово́льствием покажу́ вам столи́цу, пока́ ваш муж бу́дет занима́ться свои́ми дела́ми.

— Как ты ду́маешь, Дик, я могла́ бы?

— Пра́во, До́роти, будь благоразу́мна. Дава́й снача́ла раз-
5 ло́жим ве́щи, узна́ем, что хотя́т де́лать мои́ колле́ги . . .

— Спаси́бо за ва́ше любе́зное предложе́ние, госпожа́ . . . Прости́те, я не зна́ю ва́шей фами́лии.

— Зови́те меня́ про́сто Тама́ра, — отве́тила перево́дчица.

— Е́сли вам бу́дут нужны́ мои́ услу́ги, вы́зовите меня́ по теле-
10 фо́ну. Вот мы уже́ и прие́хали. Пожа́луйста, пройди́те пря́мо в вестибю́ль. Не беспоко́йтесь о веща́х, — вам их доста́вят пря́мо в ваш но́мер.

— Ско́лько на́до дать «на чай» слу́жащему, кото́рый при-несёт на́ши ве́щи?

15 — Не беспоко́йтесь о «чаевы́х», — у нас «чаевы́е» не полага́ются.

ЗАПО́МНИТЕ Э́ТИ ВЫРАЖЕ́НИЯ

самолёт приземли́лся *plane landed*
по тра́ппу спуска́ется *coming down the planks*
добро́ пожа́ловать! *welcome!*
уста́ли с доро́ги *tired from the trip*
уважа́емые колле́ги *esteemed colleagues*
ко́мнаты с отде́льной ва́нной *rooms with a private bath*
я к ва́шим услу́гам *I am at your service*
как мы распредели́м день *how shall we plan the day*
будь благоразу́мна *be reasonable*
спаси́бо за ва́ше любе́зное предложе́ние *thank you for your kind offer*
вы́зовите по телефо́ну *call up*
доста́вят ве́щи *will deliver the baggage*
дать «на чай» *to tip*
«чаевы́е» не полага́ются *no tipping allowed*

ОТВЕ́ТЬТЕ НА Э́ТИ ВОПРО́СЫ

1. Кто встре́тил америка́нскую делега́цию на аэродро́ме?
2. Кто удиви́лся, услы́шав, что Дэ́висы говоря́т по-ру́сски?
3. Кто вмеша́лся в разгово́р Дэ́висов с москвичо́м?

пятна́дцатый уро́к

4. Где и каки́е ко́мнаты заброни́рованы для прие́зжих?
5. Где нахо́дится гости́ница Метропо́ль?
6. Кто предложи́л свои́ услу́ги Дэ́висам?
7. Уста́ла ли До́роти с доро́ги?
8. Что хоте́ла де́лать госпожа́ Дэ́вис?
9. Что сказа́л её муж?
10. Полага́ется ли дава́ть « на чай » слу́жащим гости́ницы?

Госпожа́ Дэ́вис в Москве́

В своём но́мере в гости́нице До́роти Дэ́вис разложи́ла ве́щи, переоде́лась и, узна́в у му́жа, что он бу́дет за́нят днём от 2-х до 4-х часо́в, реши́ла не теря́ть вре́мени и усло́виться с ги́дом-перево́дчицей Тама́рой, когда́ она́ смо́жет показа́ть ей го́род.

Госпожа́ Дэ́вис: — Алло́! Попроси́те, пожа́луйста к телефо́ну 5
Тама́ру. Это говори́т госпожа́ Дэ́вис из но́мера 47. Тама́ра?
Здра́вствуйте. Сего́дня у́тром вы так любе́зно предложи́ли мне
свои́ услу́ги и обеща́ли показа́ть Москву́. Я бу́ду свобо́дна от
2-х до 6-ти — не могли́ бы мы встре́титься в э́то вре́мя?

Тама́ра: — Коне́чно, я к ва́шим услу́гам. У меня́ уже́ разрабо́тан 10
маршру́т: мы начнём осмо́тр го́рода с музе́я Револю́ции, зате́м
посети́м мавзоле́й Ле́нина, а зате́м пое́дем на се́льско-хозя́й-
ственную вы́ставку, где вы смо́жете ознако́миться с нове́йшими
достиже́ниями социалисти́ческого строи́тельства.

Госпожа́ Дэ́вис: — Прости́те, Тама́ра, но меня́ бо́льше интере- 15
су́ют архитекту́рные па́мятники ва́шей столи́цы. Я хоте́ла бы по-
е́хать в Кремль, уви́деть па́мятники старины́, це́ркви . . .

Тама́ра: — Удиви́тельно, что мно́гие америка́нцы интересу́ются
про́шлым на́шей страны́ бо́льше, чем её настоя́щим!

Госпожа́ Дэ́вис: — Ви́дите ли, Тама́ра, мне интере́сно уви́деть 20
места́, кото́рые глу́бже всего́ свя́заны с исто́рией ру́сского на-
ро́да.

Тама́ра: — Как хоти́те! Мы встре́тимся внизу́ в вестибю́ле в два
часа́.

ЗАПО́МНИТЕ Э́ТИ ВЫРАЖЕ́НИЯ

сельскохозя́йственная вы́ставка *agricultural exhibit*
ознако́миться с достиже́ниями социалисти́ческого строи́тельства
to get to know the achievements of socialist construction

ОТВЕ́ТЬТЕ НА Э́ТИ ВОПРО́СЫ

1. Что сде́лала До́роти в своём но́мере?
2. Что она́ реши́ла де́лать, узна́в, что муж бу́дет за́нят днём?
3. Како́й маршру́т был разрабо́тан у Тама́ры?
4. Что хоте́ла уви́деть в Москве́ госпожа́ Дэ́вис?
5. Где встре́тятся госпожа́ Дэ́вис и Тама́ра?

Прогу́лка по Москве́

Америка́нская тури́стка госпожа́ Дэ́вис и гид Интури́ста Тама́ра иду́т по Кра́сной пло́щади и разгова́ривают:

— Зна́ете ли вы, госпожа́ Дэ́вис, что Москва́ о́чень ста́рый го́род?

5 — Да, коне́чно, я чита́ла, что Москва́ впервы́е упомина́ется в ру́сской исто́рии уже́ в 1147-ом году́.

— Отли́чно! Так ма́ло кто из тури́стов зна́ет ру́сскую исто́рию.

— Е́сли не ошиба́юсь, знамени́тые ба́шни Кремля́ бы́ли по-стро́ены в семна́дцатом ве́ке?

10 — Соверше́нно ве́рно! Но городски́е постро́йки бы́ли деревя́н-ные, и Москва́ до́лгое вре́мя была́ бо́льше похо́жа на большу́ю дере́вню, чем на европе́йский го́род.

— Да, я ви́жу, что ма́ло оста́лось от её про́шлого!

— Вы пра́вы, за после́дние го́ды Москва́ была́ соверше́нно 15 перестро́ена.

— Ва́ша Москва́ ско́ро ста́нет вторы́м Нью-Йо́рком!

— Обрати́те внима́ние, госпожа́ Дэ́вис, что на́ша столи́ца не собра́ние ка́мня и желе́зо-бето́на; в Москве́ мно́го зе́лени, а в городски́х Па́рках культу́ры и отды́ха мо́жно занима́ться 20 спо́ртом, гуля́ть, слу́шать конце́рты . . .

— Бою́сь, что у вас непра́вильное представле́ние об америка́н-ских города́х! Вот вам приме́р: в Нью-Йо́рке, в са́мом це́нтре го́рода, нахо́дится огро́мный парк, где есть и спорти́вные пло-ща́дки, и большо́е о́зеро, и зоологи́ческий сад . . .

25 — Да, но кто мо́жет себе́ позво́лить все э́ти удово́льствия? Америка́нские безрабо́тные? Ско́лько на́до плати́ть за вход в э́тот парк?

— Бог с ва́ми! Нигде́ нет никако́й пла́ты за вход: ни в па́рки, ни в музе́и . . .

пятна́дцатый уро́к

— Мне э́то ка́жется маловероя́тным, но не бу́дем спо́рить. Хоти́те посети́ть Моско́вский зоопа́рк? Он постро́ен по но́вой систе́ме: живо́тные не сидя́т в кле́тках, а . . .

— Ах, э́то как у нас в зоопа́рке в Бро́нксе!

— Да что вы говори́те! Я не зна́ла, что в други́х города́х то́же 5 есть зоопа́рки, как у нас в Москве́. В тако́м слу́чае вряд ли вам бу́дет интере́сно ви́деть наш зоопа́рк?

— Я с больши́м удово́льствием посети́ла бы Моско́вский зоопа́рк, но к сожале́нию у меня́ так ма́ло вре́мени . . .

— Всё я́сно, госпожа́ Дэ́вис, не беспоко́йтесь. Начнём осмо́тр 10 Москвы́ с Кремля́. Ведь э́то гла́вная достопримеча́тельность на́шей столи́цы!

ЗАПО́МНИТЕ Э́ТИ ВЫРАЖЕ́НИЯ

впервы́е упомина́ется *first mentioned*
так ма́ло кто из тури́стов *so few of the tourists*
городски́е постро́йки *urban buildings*
ма́ло оста́лось от *little remained from*
обрати́те внима́ние *turn your attention*
непра́вильное представле́ние о *incorrect idea about*
вот вам приме́р *here is an example for you*
зоологи́ческий сад, зоопа́рк *zoological garden, a zoo*
кто мо́жет себе́ позво́лить? *who can afford?*
ско́лько на́до плати́ть за вход? *what is the entrance fee?*
Бог с ва́ми! *for God's sake!*
нигде́ нет никако́й пла́ты за вход *no entrance fee anywhere*
мне э́то ка́жется маловероя́тным *this seems to me somewhat improbable*
постро́ен по но́вой систе́ме *built in a new way*
живо́тные не сидя́т в кле́тках *animals are not caged*
вряд ли вам бу́дет интере́сно *it could hardly interest you*
гла́вная достопримеча́тельность *the main attraction*

ОТВЕ́ТЬТЕ НА Э́ТИ ВОПРО́СЫ

1. Что зна́ла госпожа́ Дэ́вис о Москве́?
2. Когда́ бы́ли постро́ены кремлёвские ба́шни?
3. Была́ ли Москва́ похо́жа на европе́йский го́род?
4. Измени́лась ли Москва́, мно́го ли оста́лось от её про́шлого?
5. Есть ли в Москве́ па́рки?

пятна́дцатый уро́к

6. Чем мо́жно занима́ться в па́рках культу́ры и о́тдыха?
7. Како́е представле́ние об америка́нских города́х у Тама́ры?
8. Есть ли пла́та за вход в городски́е па́рки в США?
9. Как устро́ены зоопа́рки в Москве́ и в Нью-Ио́рке?
10. С чего́ хоте́ла бы госпожа́ Дэ́вис нача́ть осмо́тр го́рода?

Разгово́р с ги́дом Интури́ста

До́роти Дэ́вис провела́ не́сколько часо́в в Кремле́, де́лая фото-
сни́мки наибо́лее интере́сных зда́ний. Наконе́ц она́ сказа́ла ги́ду
Интури́ста, Тама́ре:
— Ну, ка́жется, всё са́мое интере́сное я осмотре́ла . . .
5   — Вы должно́ быть уста́ли? Хоти́те верну́ться в гости́ницу?
— Нет, ничего́. Жаль тра́тить вре́мя на о́тдых! Мо́жет быть, мы
могли́ бы прое́хать к Моско́вскому университе́ту?
— Я к ва́шим услу́гам. С удово́льствием покажу́ вам наш университет.
10 — Вы око́нчили Моско́вский университе́т, Тама́ра?
— Нет, я не конча́ла университе́та. Я учи́лась на перево́дческих
ку́рсах, госуда́рство нужда́лось в пополне́нии ка́дров специа-
али́стов-перево́дчиков.
— Вы родили́сь в Москве́?
15 — Нет, на́ша семья́ с Ура́ла.
— Чем занима́ются ва́ши роди́тели?
— Моя́ мать была́ учи́тельницей в нача́льной шко́ле, а оте́ц был
по специа́льности агроно́мом, рабо́тал по освое́нию цели́нных
земе́ль . . .
20 — Должно́ быть, тру́дно бы́ло рабо́тать в таки́х усло́виях? Что
расска́зывал вам об э́том оте́ц?
— В истори́ческом проце́ссе строи́тельства коммунисти́ческого
о́бщества от сове́тских гра́ждан тре́буется отка́з от у́зко-эгои-
сти́ческих стремле́ний . . .
25 — У вас есть бра́тья и сёстры, Тама́ра? Где они́, чем они́ зани-
ма́ются?
—Да, моя́ ста́ршая сестра́ – библиоте́карь. Она́ слу́жит в Ленин-
ской библиоте́ке; мла́дшая — стенографи́стка в Министе́рстве
Культу́ры; ста́рший брат прикреплён уполномо́ченным к поле-

вóй бригáде колхóза «Крáсное Знáмя», а млáдший окóнчил семилéтку и рабóтает на произвóдстве.

— Вы чáсто провóдите врéмя вмéсте? У вас, конéчно, мнóго óбщих интерéсов ...

— Все зáняты. Крóме рабóты у всех есть общéственная нагрýзка. 5
А какáя у вас специáльность, госпожá Дэ́вис?

— Я окóнчила педагоги́ческий факультéт Колумби́йского университéта в Нью Йóрке, преподавáла инострáнные языки́ в срéдней шкóле.

— Вы рабóтаете по специáльности? 10

— Сейчáс я нигдé не рабóтаю. У нас двóе мáленьких детéй и мы считáем, что дéтям нужнá мать в тот пери́од, когдá формирýется харáктер ребёнка ...

— Да, мне э́ти теóрии извéстны. У нас жéнщины ужé давнó раскрепощены́ от домáшней рабóты и свобóдны посвяти́ть себя́ 15
всецéло профессионáльной, общéственной и́ли полити́ческой рабóте.

— Но я совсéм не чýвствую себя́ «закрепощённой» — засмея́лась Дóроти. — Я моглá бы рабóтать, но я считáю, что ...

— Вы говори́те, что вы «могли́ бы рабóтать», но в США, как 20
извéстно, не так легкó найти́ рабóту, осóбенно жéнщинам.

— Бог с вáми, Тамáра! Откýда у вас таки́е непрáвильные свéдения?

— Я ви́дела сни́мки америкáнских безрабóтных в совéтских журнáлах ... 25

— Вы так хорошó знáете англи́йский язы́к, вы когдá-нибудь читáете америкáнские журнáлы и газéты? Они́ дáли бы вам совсéм инóе представлéние об услóвиях жи́зни и рабóты в США.

— В э́том нет никакóй необходи́мости. Нáши газéты прекрáсно 30
информи́руют совéтских грáждан и даю́т при э́том прáвильную оцéнку фáктов.

— Да, но вы сýдите таки́м óбразом обо всём с предвзя́той тóчки зрéния.

— Не бýдем спóрить, госпожá Дэ́вис, существýет тóлько оди́н 35
объекти́вно наýчный подхóд: маркси́стско-лéнинский. Обрати́те внимáние на архитектýру э́того здáния.

Автомоби́ль останови́лся на плóщади пéред Москóвским университéтом. Дóроти и Тамáра вы́шли из маши́ны.

пятнáдцатый урóк   **191**

ЗАПО́МНИТЕ Э́ТИ ВЫРАЖЕ́НИЯ

перево́дческие ку́рсы *translator's school*
пополне́ние ка́дров *an addition to personnel*
нача́льная шко́ла *elementary school*
освое́ние цели́нных земе́ль *bringing of virgin lands under cultivation*
у́зко-эгоисти́ческие стремле́ния *narrow-egoistical aspirations*
прикреплён к *is attached to*
полева́я брига́да *field brigade*
рабо́тать на произво́дстве *to work in industry*
обще́ственная нагру́зка *assignment of social work*
педагоги́ческий факульте́т *School of Education*
раскрепощены́ от *freed from, emancipated*
посвяти́ть себя́ всеце́ло *to devote all one's time to*
оце́нка фа́ктов *an appraisal of facts*
предвзя́тая то́чка зре́ния *a prejudiced point of view*

ОТВЕ́ТЬТЕ НА Э́ТИ ВОПРО́СЫ

1. Ско́лько вре́мени провела́ госпожа́ Дэ́вис в Кремле́?
2. Хоте́ла ли госпожа́ Дэ́вис верну́ться в гости́ницу?
3. Куда́ хоте́ла пое́хать госпожа́ Дэ́вис?
4. Где учи́лась Тама́ра?
5. Кто бы́ли роди́тели Тама́ры?
6. Что тре́буется от сове́тских гра́ждан?
7. Ско́лько у Тама́ры бра́тьев и сестёр? Чем они́ занима́ются?
8. Почему́ Тама́ра не ча́сто встреча́ется с чле́нами свое́й семьи́?
9. Како́е образова́ние получи́ла госпожа́ Дэ́вис?
10. Почему́ она́ сейча́с не рабо́тает по специа́льности?
11. Что говори́т Тама́ра о положе́нии же́нщин в СССР?
12. Отку́да получа́ет Тама́ра все све́дения о США?
13. Как она́ су́дит обо всём?
14. На чём око́нчился разгово́р Тама́ры с госпожо́й Дэ́вис?

Встре́ча америка́нских студе́нтов с сове́тскими студе́нтами

На пло́щади пе́ред зда́нием Моско́вского госуда́рственного университе́та стои́т гру́ппа молодёжи. Э́то студе́нты из ра́зных американских колледжей и университетов, приехавшие в СССР в порядке культурного обмена. Они оживлённо обмениваются впечатлениями:

Студент Броган: — Обратите внимание на архитектуру этих зданий!

Студент Вуд: — Я слышал, что это называют « сталинская готика »!

Студентка Брайт : — Однако такая архитектура производит впечатление . . .

Студент Мак Кéллер: — Я согласен с тобой. Эти высотные здания должны производить сильное впечатление на новых студентов.

Студентка Пирс: — Ещё бы! Особенно если эти студенты приехали откуда-нибудь из Казахстана или из Сибири!

Студент Броган: — Очевидно, советское правительство имело это в виду!

Студентка Пирс: — Как вы думаете, удастся ли нам поговорить со студентами Московского университета? Так надоело слушать гидов и экскурсоводов!

Студент Мак Кéллер: — Не падай духом, Салли! Смотри, вот идёт группа студентов. Давайте начнём с ними разговор.

(американские студенты подходят к группе русских студентов)

Студент Мак Кéллер: — Простите, вы студенты МГУ?

Василий Туманов: — Да, чем мы можем быть вам полезны?

Студентка Пирс: — Мы американские студенты, приехали сюда в порядке культурного обмена. Хотели бы познакомиться с русскими студентами . . .

Хор голосов: — Отлично. С удовольствием! Пожалуйста! Прекрасная идея!

Студент Вуд: — Скажите, на каком факультете вы учитесь?

Василий Туманов: — Я на втором курсе физико-математического факультета.

Студент Мак Кéллер: — Вот здорово! Я тоже на физико-математическом! В какой области вы собираетесь работать по окончании университета?

Василий Туманов: — По окончании университета я получу назначение на то место, где мои услуги будут нужны правительству.

пятнадцатый урок

Студе́нтка Брайт: — Вы, коне́чно, мо́жете продолжа́ть своё образова́ние и стать аспира́нтом?

Никола́й Миха́йлов: — Ви́дите ли, госуда́рство даёт нам всем образова́ние, а за э́то оно́ тре́бует от нас, что́бы мы три го́да
5 рабо́тали на тех места́х, куда́ нас пошлю́т.

Студе́нтка Бэйтс: — Скажи́те, ве́рно ли э́то, что сове́тские студе́нты должны́ совмеща́ть заня́тия в университе́те с рабо́той на произво́дстве?

Бори́с Во́лков: — Вы говори́те о произво́дственной пра́ктике?
10 Да, э́то так.

Студе́нт Вуд: — Прости́те, мне не совсе́м поня́тно заче́м, ска́жем, фи́зику и́ли матема́тику рабо́тать на произво́дстве?

Васи́лий Тума́нов: — Вы должны́ поня́ть, что у нас совсе́м друго́й подхо́д к образова́нию. На́ши ву́зы должны́ помога́ть сове́т-
15 скому прави́тельству созда́ть но́вого сове́тского челове́ка ...

Студе́нтка Брайт: — Вы хоти́те сказа́ть, что у́мственный труд до́лжен всегда́ быть свя́зан с физи́ческим трудо́м?

Бори́с Во́лков: — Вот и́менно! В на́шем о́бществе нет ме́ста « белору́чкам »! ...

20 *Студе́нт Бро́ган:* — Но как при тако́й систе́ме образова́ния создаю́т ка́дры специали́стов?

Васи́лий Тума́нов: — Над э́тим вопро́сом рабо́тает на́ше парти́йное руково́дство. А в настоя́щее вре́мя, как вам изве́стно, мы ни в чём не отстаём от капиталисти́ческого о́бщества.

25 *Никола́й Миха́йлов:* — Бо́льше того́, — я бы сказа́л, что мы идём впереди́!

Студе́нт Мак Ке́ллер: — Ну, э́то вы бро́сьте! Достиже́ния США в о́бласти нау́ки и те́хники изве́стны всему́ ми́ру!

Бори́с Во́лков: — Скажи́те, а кто мо́жет себе́ позво́лить вы́сшее
30 образова́ние в США?

Студе́нтка Брайт: — Ка́ждый, у кого́ есть спосо́бности. Я, наприме́р, учу́сь в « Ва́ссар Ко́лледж » на по́лной стипе́ндии.

Студе́нт Вуд: — Могу́ сказа́ть о себе́, что я получа́ю образова́ние в шта́тном университе́те, где пла́та за обуче́ние мини-
35 ма́льная.

Студе́нт Мак Ке́ллер: — До́лжен созна́ться, что мои́ роди́тели, « представи́тели вымира́ющего кла́сса ме́лких бизнесме́нов », — доста́точно зараба́тывают для того́, что́бы оплати́ть моё образова́ние.

Никола́й Миха́йлов: — Поня́тно. Нам интере́сно бы́ло бы знать, кака́я у вас университе́тская програ́мма?

Студе́нтка Бэйтс: — У нас нет о́бщей програ́ммы для всех университе́тов.

Студе́нт Вуд: — Та́кже нет о́бщей програ́ммы для всех студе́н- 5
тов одного́ университе́та. У нас ка́ждый студе́нт име́ет свобо́ду
вы́бора: он сам реша́ет, каки́ми предме́тами ему́ занима́ться, в
како́й о́бласти специализи́роваться . . .

Студе́нт Бро́ган: — В США друго́й подхо́д к образова́нию: нас
у́чат ду́мать самостоя́тельно и относи́ться ко всему́ крити- 10
чески . . .

Бори́с Во́лков: — Ины́ми слова́ми: ли́чность — э́то всё, а кол-
лекти́в — ничто́?!

Студе́нтка Бэйтс: — Что вы хоти́те э́тим сказа́ть?

Бори́с Во́лков: — О́чень про́сто: у нас ка́ждый граждани́н до́лжен 15
быть поле́зным чле́ном о́бщества. Он до́лжен отка́зываться от
свои́х у́зко-эгоисти́ческих стремле́ний и не занима́ться филосо́-
фией, е́сли госуда́рство нужда́ется в пополне́нии ка́дров специа-
ли́стов: инжене́ров, хи́миков, фи́зиков.

Студе́нт Вуд: — Но вы не пра́вы, е́сли вы ду́маете, что челове́к 20
не мо́жет быть поле́зным чле́ном о́бщества, е́сли он ду́мает
самостоя́тельно.

Никола́й Миха́йлов: — Господа́! Предлага́ю в поря́дке культу́р-
ного обме́на пойти́ вы́пить ча́ю в на́шей студе́нческой столо́вой.

Хор голосо́в: — Прекра́сная иде́я! Отли́чно! Договори́лись! 25
Пошли́!

ЗАПО́МНИТЕ Э́ТИ ВЫРАЖЕ́НИЯ

«ста́линская го́тика»   *"Stalin Gothic"*
ещё бы! *and how!*
име́ло э́то в виду́   *had it in mind*
уда́стся ли нам поговори́ть   *shall we have a chance to chat*
надое́ло слу́шать   *tired of listening*
чем мы мо́жем быть вам поле́зны?   *what can we do for you?*
вот здо́рово!   *that's great!*
получу́ назначе́ние   *shall receive an appointment*
стать аспира́нтом   *to become a graduate student*

пятна́дцатый уро́к   **195**

совмещáть заня́тия с рабо́той *to combine studies with work*
произво́дственная пра́ктика *industrial practice*
зачéм, скáжем *why, let's say*
вýзы *institutions of higher learning*
ýмственный, физи́ческий труд *mental, physical labor*
нет мéста « белорýчкам » *we have no use for people who do not want to dirty their hands with work*
парти́йное руково́дство *party leadership*
бо́льше того́ *more than that*
на по́лной стипéндии *on full scholarship*
могý сказáть о себé *I can tell about myself*
в штáтном университéте *state university*
плáта за обучéние *tuition fee*
до́лжен сознáться *I must confess*
представи́тели вымирáющего клáсса мéлких бизнесмéнов *representatives of a dying class of small businessmen*
оплати́ть образовáние *to pay for education*
ли́чность — это всё, а коллекти́в — ничто́ *individual is everything, society is nothing*
что вы хоти́те э́тим сказáть? *what do you mean by this?*
быть полéзным члéном о́бщества *to be a useful member of society*

ОТВÉТЬТЕ НА Э́ТИ ВОПРО́СЫ

1. О чём разговáривают америкáнские студéнты на пло́щади пéред здáнием Моско́вского госудáрственного университéта?
2. С кем они́ хотéли бы поговори́ть!
3. Как нáчал разгово́р с рýсскими студéнтами студéнт Мак Кéллер?
4. Что бýдет дéлать Васи́лий Тумáнов по оконча́нии университéта?
5. Что должны́ совмещáть совéтские студéнты с заня́тиями в университéте?
6. Како́й подхо́д к образовáнию в СССР?
7. Почемý кáждый, у кого́ есть спосо́бности, мо́жет себé позво́лить получи́ть вы́сшее образовáние в США?
8. Есть ли о́бщая програ́мма для всех студéнтов в США?
9. Како́й подхо́д к образовáнию в США?
10. Что предложи́л Никола́й Миха́йлов?

пятнáдцатый уро́к

Туристы обмениваются впечатлениями

В вестибюле гостиницы « Украина » группа американских туристов обменивается впечатлениями. Гид Интуриста Тамара принимает живое участие в разговоре.

Госпожа Смит: — Ну вот, сегодня мы последний день в Москве. Как быстро прошло время! 5

Гид: — Как вам понравилась наша столица, госпожа Смит?

Г-жа Смит: — Что можно сказать, пробыв в городе только три дня!

Гид: — Что вам больше всего понравилось в Москве?

Г-н Смит: — Меня поразило московское метро! 10

Студент Броган: — Самое сильное впечатление на меня произвёл Кремль!

Студент Вуд: — Что касается меня, то мне навсегда запомнится собор Василия Блаженного. Удивительная архитектура!

Студентка Брайт: — На меня большое впечатление произвела 15 Третьяковская галерея. Я с большим интересом познакомилась с картинами русских художников. Наш экскурсовод водил нас по залам этой галереи несколько часов.

Гид: — Насколько мне известно, у вас на Западе увлекаются абстрактной живописью? Не находите ли вы, госпожа Брайт, 20 что искусство должно прежде всего быть понятно каждому?

Студентка Брайт: — Нет, не думаю. Мне кажется, что искусство прежде всего должно выражать мысли и чувства художника . . .

Гид: — Вы не считаете, что творческий труд, как всякий труд, 25 должен быть продуктивен и служить обществу?

Студент Вуд: — Я не согласен с вашим взглядом на искусство! Личность художника, его индивидуальность определяют содержание его картин . . .

Гид: — Я протестую против такого подхода к искусству! Само- 30 выражение не может быть целью искусства. Искусство должно изображать жизнь!

Студент Броган: — Да, но что такое « жизненная правда »? Субъективный подход к жизни показывает нам жизнь такой, какой её видит художник. 35

Гид: — Абстрактное искусство — искусство умирающего буржуа́зного о́бщества, в на́шем коммунисти́ческом о́бществе тако́му иску́сству нет ме́ста!

Г-н Смит: — Ли́чно я не большо́й покло́нник абстракциони́зма, тем не ме́нее, я нахожу́ совреме́нную ру́сскую жи́вопись не́сколь-
5 ко однообра́зной.

Студе́нтка Брайт: — Да, когда́ существу́ет то́лько оди́н подхо́д к иску́сству, э́то ведёт к поте́ре индивидуа́льности . . .

Гид: — Что каса́ется меня́, то мне соверше́нно я́сно, что тео́рия «иску́сство для иску́сства» — э́то тупи́к, из кото́рого нет
10 вы́хода! Господа́, прошу́ внима́ния! По програ́мме Интури́ста, мы сего́дня осма́триваем Музе́й револю́ции. На́ша экску́рсия займёт два часа́.

ЗАПО́МНИТЕ Э́ТИ ВЫРАЖЕ́НИЯ

мне навсегда́ запо́мнится   *I shall always remember*
собо́р Васи́лия Блаже́нного   *Cathedral of St. Basil*
Третьяко́вская галере́я   *Tretyakov Gallery*
води́л нас по за́лам   *lead us through the exhibition halls*
наско́лько мне изве́стно   *as far as I know*
увлека́ются абстра́ктной жи́вописью   *they are keen on abstract art*
не нахо́дите ли вы?   *don't you find?*
вы не счита́ете?   *don't you think?*
как вся́кий труд   *as any work*
служи́ть о́бществу   *to serve society*
взгляд на иску́сство   *attitude to art*
ли́чность худо́жника   *artist's personality*
протесту́ю про́тив тако́го подхо́да к иску́сству   *I object to such an approach to art*
самовыраже́ние   *self expression*
изобража́ть жизнь   *to portray life*
субъекти́вный подхо́д   *subjective approach*
тако́му иску́сству нет ме́ста   *we have no room for such art*
нахожу́ не́сколько однообра́зной   *I find it somewhat monotonous*
э́то ведёт к поте́ре индивидуа́льности   *it leads to the loss of individuality*
«иску́сство для иску́сства»   *"art for art's sake"*
тупи́к, из кото́рого нет вы́хода   *dead end with no way out*
прошу́ внима́ния!   *your attention, please!*

198   пятна́дцатый уро́к

ОТВЕ́ТЬТЕ НА Э́ТИ ВОПРО́СЫ

1. Что де́лают америка́нские тури́сты в вестибю́ле гости́ницы Украи́на?
2. Что бо́льше всего́ понра́вилось в Москве́ господи́ну Сми́ту?
3. Что произвело́ си́льное впечатле́ние на студе́нта Бро́гана?
4. Что навсегда́ запо́мнится студе́нту Ву́ду?
5. Что произвело́ впечатле́ние на студе́нтку Брайт?
6. Где увлека́ются абстра́ктной жи́вописью?
7. Како́й у Тама́ры подхо́д к иску́сству?
8. Како́й взгляд на иску́сство у студе́нта Ву́да? У студе́нта Бро́гана?
9. Нра́вится ли господи́ну Сми́ту совреме́нная ру́сская жи́вопись?
10. Что должны́ осма́тривать тури́сты по програ́мме Интури́ста?

СДЕ́ЛАЙТЕ Э́ТИ УПРАЖНЕ́НИЯ

I. *Расскажи́те:*

1. Что вы должны́ сде́лать по приезде́ в гости́ницу?
2. Как бы вы разрабо́тали маршру́т для осмо́тра Москвы́?
3. Опиши́те музе́й в ва́шем го́роде.
4. Нра́вится ли вам абстра́ктное иску́сство?
5. Како́й у вас подхо́д к иску́сству?
6. Чем отлича́ется подхо́д к образова́нию в США и в СССР?
7. Отку́да получа́ют све́дения обо всём сове́тские гра́ждане?
8. Кака́я рабо́та у ги́да, ги́да-перево́дчика, экскурсово́да?
9. Что явля́ется гла́вной достопримеча́тельностью ва́шего го́рода?
10. Каки́е па́мятники старины́ име́ются в ва́шем го́роде?

II. *Впиши́те ну́жные слова́.*

1. У вас ма́ло —— от ва́шего про́шлого.
2. Вот вам приме́р непра́вильного —— о на́шей стране́.
3. В програ́мму сове́тских университе́тов вхо́дит —— пра́ктика.
4. Мы хоте́ли бы —— с достиже́ниями америка́нской промы́шленности.
5. Я не согла́сен с ва́шим —— к образова́нию.
6. Я учу́сь в шта́тном университе́те на по́лной ——.
7. Прие́зжие —— с доро́ги и хотя́т отдохну́ть.
8. Кака́я пла́та за —— в ва́шем ко́лледже?

9. Ваш го́род —— на меня́ огро́мное впечатле́ние.
10. Мы счита́ем, что на́до быть —— чле́ном о́бщества.
11. О́чень тру́дно —— заня́тия с рабо́той.
12. Вы да́ли нам непра́вильную —— фа́ктов.
13. Не —— ду́хом! Мы ско́ро бу́дем до́ма.
14. По оконча́нии педагоги́ческого факульте́та я ста́ну ——.
15. Реалисти́ческое иску́сство должно́ —— жизнь.
16. Карти́на э́того худо́жника мне навсегда́ ——.
17. До́лжен ——, что я ничего́ не понима́ю в иску́сстве.
18. Я не зна́ю —— ли нам поговори́ть с ним.
19. «Белору́чкам» в на́шем о́бществе ——.
20. Что вы име́ете в ——, когда́ вы говори́те о рабо́те на фа́брике?

III. *Соста́вьте диало́г ме́жду слу́жащим гости́ницы и амери-
ка́нским тури́стом, кото́рый то́лько что прие́хал в
Москву́.*

IV. *Соста́вьте диало́г ме́жду америка́нским тури́стом и
ги́дом Интури́ста. Тури́ст хо́чет осма́тривать па́мят-
ники старины́, а гид счита́ет, что на́до ознако́миться с
достиже́ниями социалисти́ческого строи́тельства.*

V. *Соста́вьте диало́г ме́жду двумя́ прия́телями, кото́рые
прие́хали в Нью-Йо́рк и хотя́т осмотре́ть гла́вные досто-
примеча́тельности го́рода.*

ПиН

Russian-English
GLOSSARY

A list of abbreviations used in the Glossary follows:

(*adj.*) adjective
(*i*) imperfective aspect of the verb
(*p*) perfective aspect of the verb
(*s.f.*) short form of the adjective

Note: Not all of the words used in this text are included in the Glossary. It excludes the words expected to be known by the second-year students of Russian.

А

абрико́с apricot
а́вгуст August
аво́ська marketing bag
авто́бус bus
автомати́ческий automatic
авторучка fountain pen
агити́ровать (*i*) to agitate
агроно́м agronomist
адмира́л admiral
а́дрес address
адресо́ван (*s.f.*) addressed
акт act
актёр actor
актёрский actors', theatrical
акти́вно actively
акти́вный active
актри́са actress
альбо́м album
альпини́зм mountaineering
амфитеа́тр amphitheater
ана́лиз analysis
а́нгел angel
анке́та questionnaire
апельси́н orange
апельси́новый orange (*adj.*)
аплодисме́нты applause

аппара́т camera
апре́ль April
апте́ка drugstore
арбу́з watermelon
а́рия aria
а́рмия army
арти́ст artist
архитекту́ра architecture
архитекту́рный architectural
аспира́нт graduate student
ассортиме́нт assortment
атмосфе́ра atmosphere
а́том atom
аэродро́м airport
аэропо́рт airport

Б

бакале́йный grocery (*adj.*)
бал ball
балери́на ballet dancer
бале́т ballet
балко́н porch, balcony
балова́ть (*i*) to spoil
ба́льный ball (*adj.*)
бамбу́ковый bamboo (*adj.*)
бана́н banana
ба́нка can, jar

словáрь

бара́нина lamb
бара́ний lamb, sheep (*adj.*)
баскетбо́л basketball
бассе́йн pool
бато́н loaf (of bread)
ба́шня tower
бег running, sprint
бе́гать (*i*) to run
бе́ден (*s.f.*) poor
бе́дный poor
бежа́ть (*i*) to run
безво́дный waterless
безде́лье idleness
безрабо́тный unemployed
бейсбо́л baseball
бейсбо́льный baseball (*adj.*)
беко́н bacon
белу́га white sturgeon
белору́чка sissy; fine lady
бельё laundry, lingerie
бе́рег bank, shore
бере́т beret
бесе́да talk
беспоко́йство trouble
беспоко́иться (*i*) to worry
бесце́нок for a trifle
библиоте́карша librarian (*female*)
библиоте́карь librarian (*male*)
бизнесме́н businessman
биле́т ticket
биле́тная ка́сса ticket office, ticket window
биле́т ticket
  dow
био́лог biologist
бить (*i*) to strike, beat
благодаре́ние thanksgiving
благодари́ть (*i*) to thank
благода́рность gratitude
благополу́чие prosperity
благоразу́мен (*s.f.*) reasonable
благоразу́мный reasonable
бле́дный pale
ближа́йший nearest
бли́зко near
блокно́т notebook
блонди́н, блонди́нка blonde
блу́зка blouse
блю́до dish
бобы́ beans
бо́дрость good spirits, cheerfulness
бок side
бока́л glass, goblet
бокс boxing

боле́льщик fan (*sports*)
боль pain
больни́ца hospital
больни́чный hospital (*adj.*)
бо́льше more
борщ beet soup, borshcht
борьба́ fight, struggle
боти́нок shoe
брать (*i*) to take
бра́тья (брат) brothers
брига́да brigade
бри́ться (*i*) to shave
бро́нзовый bronze (*adj.*)
брю́ки trousers, pants
брюне́т, брюне́тка person with dark
  hair
буди́льник alarm clock
буди́ть (*i*) to awaken
бу́дущее future
бу́дущий future (*adj.*)
бу́лочка bun, roll
бульва́р boulevard
бульо́н broth
бума́жник wallet
буржуа́зный bourgeois (*adj.*)
бу́рный stormy
бу́ря storm
буты́лка bottle
бушева́ть (*i*) to rage
быва́ть (*i*) to be; happen; visit
быстре́е faster
быстрота́ speed
быстрохо́дный fast
бюро́ office, bureau

В

ваго́н car (*railroad*)
ваго́н-гости́ная lounge car
ваго́н-рестора́н dining car
важне́е more important
ва́жный important
ва́ленки felt boots
вальс waltz
ва́нная bathroom
варе́нье preserves
ва́тник quilted jacket
ва́тный quilted
вверх up
вдруг suddenly
ведро́ pail
веду́щий leading
ве́жливо politely

202   словáрь

век century
великолепен (*s. f.*) magnificent
величественный majestic
верить (*i*) to believe, trust
вернее rather
верно correctly; indeed, true
вернуться (*p*) to return
верховая езда riding
вершина summit, top
весел (*s. f.*) gay
весёлый gay
веселье merriment
весенний spring (*adj.*)
весна spring
вестибюль lobby, entrance hall
ветер wind
ветка branch
ветчина ham
вечеринка party
вечный eternal
вешать (*i*) to hang
вещь thing
взгляд glance, view
вздор nonsense
вздыхать (*i*) to sigh
взрослый adult
взять (*p*) to take
вид kind; sight, scenery
видать (*i*) to see
виден (*s. f.*) visible
видеть (*i*) to see
видный prominent
виза visa
визит visit
вилка fork
вина guilt, fault
вино wine
виноват (*s. f.*) sorry, at fault
виноград grapes
виртуоз virtuoso
висеть (*i*) to hang
виски whiskey
витамин vitamin
витрина shop window
вишня cherry
включить (*p*) to turn on
вкус taste
вкусный tasty
влажный humid
влияние influence
вместе together
вмешаться (*p*) to intervene

вмещать (*i*) to hold
внести (*p*) to introduce
внешность physical appearance
вниз down, downward
внимание attention
внук grandson
внучка granddaughter
во-время on time, in time
во-вторых secondly, in the second place
водка vodka
водный water (*adj.*)
вождь leader
возвращаться (*i*) to return
воздушный air (*adj.*)
возможность opportunity, possibility
возражать (*i*) to object
возраст age
войти в строй (*p*) to be put into operation
вокзал railroad station
волейбол volleyball
волейболист volleyball player
волейбольный volleyball (*adj.*)
волноваться (*i*) to worry
волос hair
воображение imagination
во-первых first, in the first place
ворота gate
воспалённый inflamed
воспитание bringing up
восстание uprising, revolt
восторг delight
восьмой eighth
впервые for the first time
вперёд forward, in advance
впечатление impression
вполне completely
впрочем besides
впускать (*i*) to let in
врач physician
вращающийся revolving
вредно harmful
время time
всецело completely
вслух aloud
вставать (*i*) to get up
встретить (*p*) to meet
встретиться (*p*) to meet
встреча meeting
встречать (*i*) to meet
встречаться (*i*) to meet
второе main course

словарь

в-тре́тьих in the third place
вход entrance
входя́ entering
выбира́ть (*i*) to choose
вы́бранный selected
вы́бор selection
вы́брав having chosen
вы́брать (*p*) to choose
вы́глядеть (*i*) to look
вы́дача delivery, serving out
выдаю́щийся remarkable, protruding
вы́ехать (*p*) to leave
вы́звать (*p*) to summon, elicit
вы́здороветь (*p*) to get better, recover
вы́играть (*p*) to win
вы́йти (*p*) to go out
вы́йти в отста́вку (*p*) to retire
вылета́ть (*i*) to leave by plane
вымира́ющий dying out
вы́мыться (*p*) to wash
выпада́ть (*i*) to fall
вы́пивка drinks
выпи́сывать (*i*) to write out
вы́пить (*p*) to drink
вы́полнить (*p*) to fulfill
выража́ть (*i*) to express
выраже́ние expression
вы́ситься (*i*) to tower, rise
высо́тный high-rise
вы́ставка exhibit
выступа́ть (*i*) to appear; perform
выступле́ние appearance; performance
вы́сший highest
вы́тереть (*p*) to wipe
вы́ход exit
вы́ход в отста́вку retirement, retiring
выходи́ть (*i*) to go out, come out
выходно́й день day off
вы́чистить (*p*) to clean
вы́яснить (*p*) to find out
вуз institution of higher learning
вчера́шний yesterday's
вью́га storm
вью́щийся wavy

Г

газе́тный newspaper (*adj.*)
газиро́ванная вода́ soda water
галантере́йный haberdashery (*adj.*)
галантере́я haberdashery
галере́я gallery
га́лстук tie

гама́к hammock
гастро́ли tour
гастроно́м epicure
гениа́льный highly talented
гид guide
гимна́стика gymnastics
гимнасти́ческий gymnastics (*adj.*)
гипс cast
глава́ head
гла́вный chief, main
гла́дко smooth, smoothly
глаз eye
глу́бже deeper
глубина́ depth
глубо́кий deep
глубоко́ deeply
говоря́щий speaking
говя́дина beef
годовщи́на anniversary
голла́ндский Dutch
голливу́дский Hollywood (*adj.*)
голова́ head
головно́й head (*adj.*)
го́лоден (*s.f.*) hungry
го́лос voice
голубо́й light blue
голу́бчик darling, my dear
гольф golf
го́нка race
гора́ mountain
го́рный mountain (*adj.*)
городско́й city (*adj.*)
горо́х peas
горо́шек peas
гости́ная living room
гости́ница hotel
госуда́рственный state (*adj.*)
гото́вить (*i*) to cook, prepare
гото́виться (*i*) to prepare oneself
гото́вый ready, ready-made
гра́дус degree
граммофо́нный phonograph (*adj.*)
гре́бля rowing
грести́ (*i*) to row
гриб mushroom
гроза́ thunderstorm
гро́мкий loud
гро́мко loudly
грудь breast, chest
гру́стен (*s.f.*) sad
гру́ша pear
гря́зный dirty

204   слова́рь

ГУМ State Department Store (*a department store in Moscow*)
гусь goose

Д

давно́ long ago
дальне́йший further
да́льше farther, further
да́ма lady
да́мский ladies'
да́нные data
дарова́ние talent, gift
два́дцать twenty
двена́дцатый twelfth
дви́гаться (*i*) to move
движе́ние traffic, motion
дви́нуться (*p*) to move
дво́е two
дворе́ц palace
двухэта́жный two-storied
де́вочка little girl
де́вушка girl
девя́тый ninth
Дед Моро́з Grandfather Frost
де́йствие act, action
делега́ция delegation
дели́ться (*i*) to share, be divided
де́ло affair, business
делово́й business (*adj.*)
демонстри́роваться (*i*) to be shown
де́ньги money
день рожде́ния birthday
дереву́шка small village
дере́вья (де́рево) trees
деревя́нный wooden
держа́ться на (*i*) to rest on
деся́ток ten
де́тский сад kindergarten
де́тство childhood
деше́вле cheaper
джин gin
диагно́з diagnosis
диало́г dialogue
дие́та diet
ди́кий wild
дичь game
длинне́е longer
дли́нный long
добр (*s.f.*) good, kind
добра́ться (*p*) to reach
добро́ good, kindness
дово́льно enough, quite, rather

договори́ться (*p*) to agree, settle
доезжа́ть (*i*) to drive up to
дое́сть (*p*) to finish eating
дождеви́к raincoat
дождево́й rain (*adj.*)
доигра́лся! you've done it!
дойти́ (*p*) to reach
докла́д report
до́лгий for a long time
долете́ть (*p*) to reach by air
доли́на valley
дома́шний home, house (*adj.*)
дома́шняя пти́ца poultry
домохозя́йка housewife
дополни́тельный additional
доро́же more expensive
доро́жка path
доса́да nuisance
достава́ть (*i*) to get
доста́вить (*p*) to deliver
доста́точно enough
доста́ть (*p*) to get
достиже́ние achievement
достопримеча́тельность sights
доходи́ть to reach by foot
драгоце́нный precious
драмати́ческий dramatic
драмату́рг playwright
друго́й another
дружи́ть (*i*) to be friends
дру́жный close-knit
друзья́ friends
душ shower
душа́ soul
ду́шно stifling
ду́шный stifling
ды́ня melon
дыша́ть (*i*) to breathe

Е

едва́ barely
ежеви́ка blackberries
ежего́дный annual
ежедне́вно daily
езда́ riding, driving
ёлка spruce, Christmas tree
ерунда́ nonsense

Ж

жаке́т jacket
жале́ть (*i*) to pity
жа́ловаться (*i*) to complain

словарь

жаль it's a pity
жара́ heat
жа́реный fried
жа́рить (i) to fry
жа́рко hot
жарко́е main course
жела́ние wish
жела́ть (i) to wish
желе́ jelly
желе́зная доро́га railroad
желе́зо-бето́н reinforced concrete
жёлтый yellow
же́нщина woman
же́ртвенность spirit of self-sacrifice
живо́й lively, alive
жи́вопись painting
живо́тное animal
живо́тный animal (adj.)
жизнь life
жило́й residential
жи́тель inhabitant
журнали́ст journalist

3

забежа́ть (p) to stop by, drop in
забинто́ван bandaged
забира́ть (i) to take
заблуди́ться (p) to lose one's way
заболева́ть (i) to become sick
забыва́ть (i) to forget
забы́ть (p) to forget
заведе́ние institution, establishment
заве́дующий chief
зави́довать (i) to envy
зави́симость dependence
заводско́й factory (adj.)
завоева́ть (p) to win
зага́дочный mysterious
загора́ть (i) to tan, acquire a tan
загоре́ть (p) to get a tan
за́городный suburban, out-of-town
заграни́ца foreign countries, abroad
зада́ча goal, task
задержа́ть (p) to retain
за́дний back (adj.)
заду́маться (p) to become thoughtful
зае́хать (p) to pick up; drop by
зажа́рить (p) to fry
заже́чь (p) to light, set fire to
зазвони́ть (p) to start ringing
зазелене́ть (p) to become green
зака́з order

заказа́ть (p) to order
зака́зывать (i) to order
закали́ть (i) to temper, strengthen
зако́нчен (s.f.) finished
закрепощённый in the state of serfdom
заку́ска hors d'œuvre
заку́сочная snack bar
заку́тывать (i) to wrap
зал hall
заме́длить (p) to slow down
заме́тить (p) to notice, remark
заме́тно evident
замеча́ние remark
замеча́ть (i) to notice, remark
замолча́ть (p) to fall silent
за́морозки frost
за́навес curtain
занима́ться (i) to occupy oneself
занима́ющийся engaged in
заня́тие occupation
заня́ть (p) to occupy
заня́ться (p) to occupy oneself
запасти́сь (p) to store
записа́ть (p) to write down
записа́ться в (p) to join
записна́я кни́жка notebook, address book
запи́сывать (i) to write down
заплати́ть (p) to pay
запозда́ть (p) to be late
запо́мнить (p) to remember
зараба́тывать (i) to earn
зара́за infection, contagion
зара́нее in advance
за́росли thicket
заря́дка exercises
заслу́женный honored
заслужи́ть (p) to deserve
засну́ть (p) to fall asleep
засыпа́ть (i) to fall asleep
зати́хнуть (p) to become silent
затреща́ть (p) to crackle
захва́тывать (i) to take, seize
захва́тывающий gripping, exciting
заходи́ть (i) to drop by
заче́м what for
за́ячий hare, rabbit (adj.)
звать (i) to call
знако́мый acquaintance, friend
знамени́тый famous
зна́мя banner
зна́ние knowledge

слова́рь

значи́тельно significantly
зна́чить (*i*) to mean
значо́к emblem
зно́йный hot, sweltering
золото́й gold, golden
зонт umbrella
зоологи́ческий zoological
зооло́гия zoology
зоопа́рк zoo
зре́ние vision
зри́тель spectator
зри́тельный зал auditorium
зря in vain
зуб tooth
зубри́ть (*i*) to cram for an examination

И

иго́лка needle
игра́ play, game
игро́к player
идеа́льный ideal (*adj*.)
изба́виться (*p*) to get rid of
избра́ть (*p*) to elect, select
изве́стность fame
изве́стный famous
извини́ться (*p*) to apologize
изде́лия goods
измени́ть (*p*) to change
износи́ться (*p*) to wear out
изобража́ть (*i*) to portray
изуча́ть (*i*) to study
изуче́ние study
икра́ caviar
име́ться (*i*) to be, exist
и́мя name
имени́ны name day
ина́че otherwise
инде́йка turkey
индю́шка turkey
ино́й different
иностра́нный foreign
институ́т institute
интенси́внее more intense
интенси́вный intense
интере́с interest
интере́сный interesting
интересова́ть (*i*) to interest
интернациона́льный international
интерпрета́ция interpretation
информи́ровать (*i*) to inform
иска́ть (*i*) to seek, search
исключе́ние exception

исключи́тельный exceptional
иску́сственный artificial
иску́сство art
испе́чь (*p*) to bake
исполне́ние performance, fulfillment
исполни́тель performer, executor
исполня́ть (*i*) to perform, fulfill
испо́льзовать (*p*) to use
иссле́дование research
истори́ческий historical
исто́рия history
исче́рпан (*s.f.*) settled
италья́нский Italian
ито́г sum, total

К

кабине́т study
каблу́к heel
ка́дры personnel
ка́ждый each, every
каза́ться (*i*) to seem
как оби́дно! what a pity!
кака́о cocoa
како́й-нибу́дь some, some kind
кало́ша rubber shoe
ка́менный stone (*adj*.)
ка́мень stone
кани́кулы vacation
канцеля́рский office (*adj*.)
капиталисти́ческий capitalist (*adj*.)
капита́н captain
капу́ста cabbage
кардиогра́мма cardiogram
ка́рий brown
карма́н pocket
карп carp
ка́рта map
карти́нный picture (*adj*.)
карто́фель potatoes
карье́ра career
каса́ться (*i*) to concern; touch
ка́сса cash register
касси́рша cashier (*female*)
ката́нье на конька́х skating
ка́чка rolling (*sea*)
ка́ша porridge
кашма́р nightmare
кашне́ scarf
кварта́л block
ке́пка cap
кило́ kilo
килогра́мм kilogram

словарь

ки́лька sprat
киносъёмочный motion picture (*adj.*)
кинофи́льм motion picture
кио́ск stand
кисе́ль jello-like dessert
кла́няться (*i*) to bow, give one's regards
класси́ческий classical
класть (*i*) to put
клева́ть (*i*) to peck
кле́тка cage
кли́мат climate
климати́ческий climate (*adj.*)
кли́ника clinic
клубни́ка strawberries
клубни́чный strawberry (*adj.*)
ковбо́й cowboy
ковёр rug, carpet
когда́-нибу́дь sometimes
кокте́йль cocktail
колбаса́ sausage
колеба́ние fluctuation
коле́но knee
колле́га colleague
ко́лледж college
кома́нда team
командиро́вка business trip
коме́дия comedy
комите́т committee
коми́ческий comical
комме́рческий commercial
коммуна́льный communal
коммунисти́ческий communist (*adj.*)
компа́ния company
компози́тор composer
компо́т stewed fruit
конве́рт envelope
конди́терский confectioner's
консе́рвы canned goods
консоме́ consommé
конструкти́вный constructive
конто́ра office
конфе́та candy
конце́ртный concert (*adj.*)
ко́нчиться (*p*) to end
конья́к cognac
копе́йка kopeck
копи́ровать (*i*) to copy
копчёный smoked
корзи́нка basket
кори́чневый brown
корми́ть (*i*) to feed
коро́бочка box, small box

короле́ва queen
коро́ткий short
коро́че shorter
корт court
косме́тика cosmetics
костёр bonfire
костю́м suit
котле́та meat patty
кото́рый who, which
ко́фе coffee
ко́фточка blouse
краб crab
кра́йний extreme
кра́ска paint, color
кра́шеный dyed, painted
креве́тка shrimp
кре́пкий firm, sound, robust
крити́чески critically
крова́ть bed
кровь blood
кроке́т patty, croquettes
кро́ме aside from, except
кру́жево lace
кружо́к circle, group
кру́пный large
кры́ша roof
крюшо́н wine punch
кста́ти incidentally, to the point
кто́-нибудь someone
кукуру́зный corn (*adj.*)
кули́ч Easter bread
культу́ра culture
культу́рно-просвети́тельный cultural
    and educational
культу́рный cultural, cultured
куоба́х Yakut national game
купи́ть (*p*) to buy
купе́ compartment
кури́ный chicken (*adj.*)
ку́рица chicken, hen
курно́сый snub-nosed
куропа́тка partridge
куро́рт resort
курс course
ку́ртка jacket
куря́щий smoker, smoking (*adj.*)
кусо́к piece
ку́хня kitchen

Л

лаборато́рия laboratory
ла́герь camp

слова́рь

ла́дно all right
лапта́ ball game
ле́вый left
лёгок (s. f.) light, easy
лёд ice
ле́дник icehouse
лека́рство medicine
ле́кция lecture
лень sloth
лете́ть (i) to fly
ле́тний summer (adj.)
лече́бница hospital
лече́ние cure, treatment
ликёр liqueur
лимо́н lemon
лимона́д lemonade
ли́ния line
ли́стья (лист) leaves
литерату́рный literary
лить (i) to pour
лифт elevator
лицо́ face
ли́чно personally
ли́чность personality
лоб forehead
ло́вкость agility
ло́дка boat
ложи́ться (i) to lie down
ло́жка spoon
локомоти́в locomotive
ло́но приро́ды the lap of nature
луг meadow
лук onion
лу́чше better
лу́чший best
лы́жа ski
лы́жник skier
лы́жный ski (adj.)
льди́на block of ice
любе́зно politely, kindly
любе́зный polite, kind
люби́мый beloved, favorite
люби́ть (i) to love
люби́тель fancier
любо́вь love
любо́й any
любопы́тство curiosity

М

мавзоле́й mausoleum
мали́на raspberries

маловероя́тный improbable
ма́льчик boy
мандари́н tangerine
мане́ра manner
маникю́р manicure
марино́ванный pickled
маркси́стско-ле́нинский Marxist-Lenin-
ist
марш marching song
маршированть (i) to march
маршру́т itinerary
ма́сло oil, butter
ма́ссовый mass (adj.)
материа́л material, fabric
мате́рия fabric
матч match, game
ме́бель furniture
медсестра́ nurse
междунаро́дный international
ме́лкий small, fine, petty
ме́ньше less
меню́ menu
ме́ра measure, limit
мерза́вец villain
ме́стный local
ме́сяц month
ме́сячный a month's
мете́ль snow storm
мехово́й fur (adj.)
меша́ть to interfere
мешо́к bag
ми́мо past
минера́льный mineral
минима́льный minimal
министе́рство ministry, department
мини́стр minister, secretary
мину́точка minute
мир world; peace
мирово́й world (adj.)
мла́дший younger, youngest
мне́ние opinion
мно́гие many (adj.)
многоэта́жный multi-storied
мно́жить (i) to multiply
моде́ль design
мо́дный fashionable, modern
мо́кнуть (i) to get wet
моли́тва prayer
молодёжь youth
моло́же younger
моло́чный milk (adj.)
моля́щиеся congregation

словáрь

монопо́лия monopoly
мо́ре sea
морко́вь carrot
моро́женое ice cream
моро́з frost
моро́зный cold, frosty
морска́я ка́чка pitching and rolling
морско́й naval
москви́ч Muscovite
моско́вский Moscow (*adj.*)
мост bridge
мото́рный motor (*adj.*)
мо́щный powerful
мощь might
мужско́й male, men's
музыка́нт musician
мультипликацио́нный animated
му́скул muscle
му́тный dull, muddy, cloudy
мысль thought
мэр mayor
мя́гкий soft
мясно́й meat (*adj.*)

Н

на́бережная quay, embankment
набира́ть (*i*) to gather; dial
наблюда́ть (*i*) to watch
набо́р assortment
навести́ спра́вки (*p*) to make inquiries
наводи́ть спра́вки (*i*) to make inquiries
навсегда́ forever
наговори́ться (*p*) to have enough talking
нагру́зка load
надви́нуться (*p*) to approach
надева́ть (*i*) to put on
наде́жда hope
наде́ть (*p*) to put on
наде́яться (*i*) to hope
надоеда́ть (*i*) to bore
надое́сть (*p*) to bore
надо́лго for a long time
на́дпись inscription, sign
наза́д ago, back
назва́ть (*p*) to call, name
назна́чен (*s.f.*) appointed
назначе́ние appointment
наибо́лее most
найти́ (*p*) to find
наконе́ц finally

накрыва́ть (*i*) to set
накры́ть (*p*) to set
нале́во to the left
налива́ть (*i*) to pour
нама́зать (*p*) to spread
намета́ть (*p*) to throw together
намеча́ться (*i*) to be contemplated
наоборо́т on the contrary
нападе́ние attack, offense
напи́ток drink, beverage
напо́лнить (*p*) to fill
напра́во to the right
напра́сно in vain
наприме́р for example
напряже́ние tension
нарасхва́т sell like hot cakes
нару́жность physical appearance
населе́ние population
наско́лько how, how much
настоя́щее present
настоя́щий real, genuine
настрое́ние mood
наступа́ющий coming
науга́д at random, by guesswork
научи́ться (*p*) to learn
нау́чно-иссле́довательский scientific research (*adj.*)
нау́чный scientific, scholarly
наха́л impudent fellow
находи́ть (*i*) to find
находи́ться (*i*) to be; be situated
национа́льный national
нача́льный beginning, primary
нача́ть (*p*) to begin
начина́ние endeavor
начи́нка stuffing, filling
неблагоприя́тный unfavorable
небольшо́й small
небоскрёб skyscraper
нева́жный poor, not too good
нева́жно not too well, poorly
неве́рный incorrect; unreliable
невозмо́жно impossible
невыноси́мо unbearably
невысо́кий not high, not tall
негодя́й scoundrel
неда́вно recently
недалёкий not distant, near
недово́льно in a dissatisfied manner
недоста́ток failing, fault
незави́симость independence

слова́рь

незнако́мый strange
не́когда no time for
не́который certain, some
не́которые some
некуря́щий nonsmoker
нелёгкий difficult
неле́по absurd
неме́дленно immediately
неме́цкий German (adj.)
немно́го a little
необходи́мо necessary
необходи́мость necessity
необходи́мый necessary
необыча́йный unusual
непого́да bad weather
непра́в (s.f.) wrong
непра́вильный incorrect, irregular
непреры́вный constant, uninterrupted
неприя́тность trouble
непромока́емый water repellent
непрости́тельно unforgivable
неразры́вно inseparably
нерв nerve
не́сколько several
несозна́тельный lacking in social con-
    sciousness
несомне́нно undoubtedly
нести́ (i) to carry
нетерпе́ние impatience
неудо́бство inconvenience
неуже́ли really
неузнава́ем (s.f.) unrecognizable
неуспе́х failure
ника́к in no way
никако́й no, none
ничего́ не поде́лаешь! there's nothing
    one can do!
ничего́ подо́бного nothing of the sort
нове́йший newest
нового́дний New Year's
нога́ foot, leg
нож knife
но́мер number, a room in a hotel
норма́льный normal
нос nose
носи́льщик porter
носи́ть (i) to wear
носки́ socks
нра́виться (i) to please, be liked
нужда́ться (i) to need
ну́жный needed
нуль zero

О

о́ба both
обду́мать (p) to consider, think over
обеспе́чить (p) to secure
обеща́ть (i) and (p) to promise
оби́деться (p) to be offended
оби́дно it is a pity
о́бласть region, field
о́блачность cloudy condition
облегчи́ть (p) to make easy
обме́н exchange
обме́ниваться (i) to exchange
обнима́ться (i) to embrace
ободря́ть (i) to encourage
обозна́чен (s.f.) marked
обойти́ (p) to go around
обойти́сь (p) to get along without
о́браз image, characterization
образова́ние education
обрати́ть (p) to turn
обрати́ться (p) to turn to
обра́тно back (adv.)
обра́тный return, back (adj.)
обраща́ться (i) to turn to
обрисо́ван (s.f.) delineated
обруча́ться (i) to get engaged
обсуди́ть (p) to discuss
обсужда́ть (i) to discuss
о́бувь shoes
общежи́тие dormitory
обще́ственно-полити́ческий civic and
    political
обще́ственный civic, social
обще́ственный де́ятель civic leader
о́бщество society
о́бщий general, common, mutual
объеде́ние! delicious!
объекти́вно objectively
объя́влен (s.f.) announced
объясни́ть (p) to explain
обы́чай custom
обы́чный usual
обя́зан (s.f.) obliged
обяза́тельно without fail
овощно́й vegetable (adj.)
о́вощ vegetable
огля́дывать (i) to eye
огоро́д vegetable garden
огро́мный enormous
огуре́ц cucumber
оде́жда clothing
одея́ло blanket

словарь

одино́к (*s.f.*) lonely
одна́ко however
однобо́ртный single-breasted
одновреме́нно simultaneously
однообра́зный monotonous
одноэта́жный one-storied
одолжи́ть (*p*) to loan
ожива́ть (*i*) to come alive
оживлённо with animation
ожида́ние expectation
о́зеро lake
ознако́миться (*p*) to acquaint oneself
оказа́ться (*p*) to turn out; find oneself
океа́н ocean
океа́нский ocean (*adj.*)
оконча́ние end, ending
око́нчен (*s.f.*) finished
оле́нь reindeer
ома́р lobster
опа́здывать (*i*) to be late
опера́ция operation
о́перный opera (*adj.*)
описа́ние description
опи́сывать (*i*) to describe
оплати́ть (*p*) to pay for
опозда́ние tardiness
опозда́ть (*p*) to be late
определя́ться (*i*) to be determined
опро́сный лист, опро́сник questionnaire
о́пытный experienced
органи́зм organism
органи́ческий organic
оре́х nut
оса́дки precipitation
освеще́ние light
освое́ние assimilation, development
осе́нний autumn (*adj.*)
осма́тривать (*i*) to look at; inspect
осмо́тр checkup
осмотре́ть (*p*) to view, see
осно́ванный founded
осо́бенно especially
осо́бенность peculiarity
осо́бый special
остава́ться (*i*) to remain
оставля́ть (*i*) to leave
остально́й remaining
остана́вливать (*i*) to stop
останови́ться (*p*) to stop
остано́вка stop
оста́ться (*p*) to remain

осторо́жен (*s.f.*) careful
отбива́ть (*i*) to strike
отвезти́ (*p*) to take
отве́тственный responsible
отдалённый remote
о́тдан (*s.f.*) given
отде́л department, section
отделе́ние department
отде́лка trim
отде́льно separately
отде́льный separate
отдохну́ть (*p*) to have a rest
о́тзыв comment, reference
отка́з refusal, rejection
отка́зываться (*i*) to refuse
откли́кнуться (*p*) to respond
откры́тие opening
откры́тка postcard
откры́тый open
отли́чно excellently, perfectly, fine
отли́чный excellent
отме́рить (*p*) to measure
отмеча́ться (*i*) to be marked
отморо́зить (*p*) to get frostbitten
отнести́сь (*p*) to react to
относи́ться (*i*) to belong; have an attitude towards
отпра́вить (*p*) to send
отпра́виться (*p*) to start out, go
отправля́ться (*i*) to start out, go
о́тпуск vacation
отре́зать (*p*) to cut off
отрица́ть (*i*) to deny
отстава́ть (*i*) to fall behind
отста́вка retirement
отсю́да from here
отта́лкивающий repulsive
отте́нок shade
отхо́д departure
отходи́ть (*i*) to go away, leave
отча́ливать (*i*) to cast off
официа́нт waiter
оформле́ние design, staging
охлажде́ние cooling
оцени́ть (*p*) to evaluate
оце́нка evaluation
очарова́тельный charming
очеви́дно evidently
о́чередь line, turn
очередно́й scheduled next
ошиба́ться (*i*) to make a mistake

слова́рь

П

па́дать (*i*) to fall
пала́та room in a hospital
па́лец finger
па́мятник memorial
пара́д parade
парадокса́льный paradoxical
па́рень lad, fellow, youth
пари́ bet
парк park
парохо́д steamship
партёр pit, orchestra seats
парти́йный party (*adj.*)
па́ртия party
па́русная ло́дка sailboat
парфюме́рия perfumes, cosmetics
па́спорт passport
па́смурный cloudy
пассажи́р passenger
пассажи́рский passenger (*adj.*)
Па́сха, па́сха Easter, Easter cake
пасха́льный Easter (*adj.*)
пате́нт patent
па́хнуть (*i*) to smell
пацие́нт patient (*male*)
пацие́нтка patient (*female*)
паште́т pâté
па́юсная икра́ caviar
педагоги́ческий pedagogical
педа́нт pedant, prig
педанти́чен (*s.f.*) pedantic
пельме́ни meat dumplings (Siberian ravioli)
пе́ние singing
пенсионе́р pensioner, retired man
первокла́ссный first-class (*adj.*)
перевести́ (*p*) to translate
перево́д translation
переводи́ться (*i*) to run out
переводно́й translated
перево́дческий translator's
перево́дчик translator, interpreter (*male*)
перево́дчица translator, interpreter (*female*)
перевыполне́ние overfulfillment
перевы́полнить (*p*) to overfulfill
передава́ться (*i*) to be transmitted
переда́ть (*p*) to transmit; give
передвиже́ние transportation
переде́лать (*p*) to change, alter

пере́дний front
перейти́ (*p*) to go over
перекрёсток intersection
перемени́ть (*p*) to change
переме́нный changeable
переноси́ть (*i*) to endure
переодева́ться (*i*) to change clothes
перепо́лнен (*s.f.*) full, crowded
перепу́тать (*p*) to mix up
перерабо́тать (*p*) to overwork
переса́дка transfer
переса́живаться (*i*) to change (trains, planes, *etc.*)
переселе́нец migrant, settler
перестро́ен (*s.f.*) rebuilt
переу́лок lane, alley
переходи́ть (*i*) to go over
пе́рец pepper
перечита́ть (*p*) to reread
пе́рсик peach
перча́тка glove
пече́ние cookies, pastry
печёнка liver
печь (*i*) to bake
пешехо́д pedestrian
пиани́ст pianist
пи́во beer
пиджа́к jacket
пилю́ля pill
пиро́г pie
пиро́жное pastry
пирожо́к small pie
пи́шущая маши́нка typewriter
пищево́й food (*adj.*)
пла́вание swimming
пла́вать (*i*) to swim
план plan
пласти́нка record
пла́та fee
плати́ть (*i*) to pay
плато́к kerchief
платфо́рма platform
пла́тье dress, clothes
плащ cape, raincoat
плёнка film
плечо́ shoulder
плита́ stove
плод fruit, result
площа́дка court
победи́тель victor, winner
побо́льше more

слова́рь

повезти́ (*p*) to be lucky
поверну́ть (*p*) to turn
поверну́ться (*p*) to turn
повеселе́ть (*p*) to become cheerful
повесели́ться (*p*) to enjoy oneself, have a good time
повора́чиваться (*i*) to turn
поворо́тный turning
повтори́ть (*p*) to repeat
повторя́ть (*i*) to repeat
повыше́ние promotion, increase
погла́дить (*p*) to iron
поговори́ть (*p*) to have a talk
пого́да weather
подава́ться (*i*) to be served
подари́ть (*p*) to give
пода́ть (*p*) to serve
пода́ча service
подборо́док chin
по́двиг feat
подводи́ть (*i*) to bring up to, balance
подгото́виться (*p*) to prepare oneself
подде́рживать (*i*) to support
поде́лать (*p*) to do
подкла́дка lining
поднима́ться (*i*) to go up, ascend, rise
подня́ть (*p*) to lift
подожда́ть (*p*) to wait
подойти́ (*p*) to be suitable; approach
подража́ть (*i*) to imitate
подро́бный detailed
подря́д in a row
подсо́лнечный sunflower (*adj.*)
подсу́шенный хлеб toast
подсчита́ть (*p*) to calculate, count up
поду́мать (*p*) to think
подхо́д approach
подходя́щий suitable
подыто́живать (*i*) to sum up
подыша́ть (*p*) to breathe for a while
по́езд прямо́го сообще́ния direct train
пое́здка trip
пожа́ловать to come; grant
пожела́ть (*p*) to wish
пожени́ться (*p*) to get married
пожило́й aged
поза́втракать (*p*) to have breakfast
позво́лить (*p*) to allow
позвони́ть (*p*) to ring, call
поздоро́ваться (*p*) to say "hello"
поздрави́тельный congratulatory
поздра́вить (*p*) to congratulate

поздравле́ние congratulation
поздравля́ть (*i*) to congratulate
по́зже later
познако́мить (*p*) to introduce
познако́миться (*p*) to get acquainted
пожела́ние wish
пожела́ть (*p*) to wish
по-кавка́зски in the Caucasian manner
пока́з showing
показа́тельный demonstrating
показа́ть (*p*) to show
пока́зываться (*i*) to be shown
поката́ться (*p*) to go for a drive
покло́нник fan, beau
покло́нница fan, admirer (*female*)
поколе́ние generation
покоря́ть (*i*) to subjugate, win
покрыва́ть (*i*) to cover
покры́т (*s.f.*) covered
покупа́тель buyer, shopper (*male*)
покупа́тельница buyer, shopper (*female*)
полага́ть (*i*) to suppose
полево́й field (*adj.*)
поле́зен (*s.f.*) useful
поле́зный useful
полёт flight
полива́ть (*i*) to pour, water
поли́тика politics
полити́ческий political
полице́йский policeman
по́лка shelf
полки́ло half a kilo
полне́ть (*i*) to gain weight
полни́ть (*i*) to make someone look stouter
по́лный full
положе́ние position
положи́ть (*p*) to place down
по́лон (*s.f.*) full
поло́ска stripe
получа́ть (*i*) to get, receive
полу́чен (*s.f.*) obtained, received
получи́ть (*p*) to obtain, receive
по́льзоваться (*i*) to use
по́люс pole
поля́рный polar
помеще́ние space, room
помидо́р tomato
помо́чь (*p*) to help
помо́щник helper, assistant
по́мощь help

214

словарь

понра́виться (p) to please, make a favorable impression
поня́тно understandable
поня́ть (p) to understand
попада́ть (i) to get, find oneself
попече́ние care
пополне́ние replenishment
попра́виться (p) to recover, look better
по-пре́жнему as before, as usual
попро́бовать (p) to try
попроси́ть (p) to ask
популя́рен (s.f.) popular
популя́рность popularity
популя́рный popular
пораже́ние defeat
поражён (s.f.) struck
порази́ть (p) to strike
порт port
портре́т portrait
портфе́ль briefcase
по́рция portion
поря́док order
поря́дочный considerable, decent
посвяти́ть (p) to dedicate
посе́в sowing
посети́ть (p) to visit
посеще́ние visit
посиде́ть (p) to sit for a while
посла́ть (p) to send
после́довать (p) to follow
посмея́ться (p) to laugh
посмотре́ть (p) to look
посове́товать (p) to advise
поста́вить (p) to produce, place
поста́влен (s.f.) produced, staged
поста́вленный produced, staged
постано́вка production, staging
постара́ться (p) to try
по-ста́рому as before
постели́ть (p) to make (bed)
постира́ть (p) to do the laundry
посто́йте! wait!
постоя́нно constantly
постро́ен (s.f.) built
постро́ить (p) to build
постро́йка building, construction
посу́да dishes
посыла́ться (i) to be sent
поте́ря loss
потеря́ться (p) to be lost
пото́к stream
потрясён (s.f.) shocked

поту́шен (s.f.) turned off
похо́д hike
похо́ж (s.f.) resembling
похо́жий resembling
поцелова́ть (p) to kiss
почему́-то for some reason
почи́стить (p) to clean
по́чта mail
почти́ almost
почто́вый mail, post (adj.)
поэ́зия poetry
появля́ться (i) to appear
по́яс belt
пра́вило rule
пра́вильный regular, correct
прави́тельственный government (adj.)
прави́тельство government
пра́во law
пра́во really
правосла́вный Orthodox
правосу́дие justice
пра́вый right
пра́здник holiday
пра́здничный festive
пра́зднование celebration
пра́здноваться (i) to be celebrated
пра́ктика practice
превзойти́ (p) to surpass, exceed
предвари́тельный preliminary
предвзя́тый preconceived, biased
предлага́ть (i) to propose
предложе́ние proposal, offer
предложи́ть (p) to propose, offer
предме́т object; subject
предоста́вить (p) to let; give, grant
предоста́влен (s.f.) given
предположи́ть (p) to suppose, assume
предпочита́ть (i) to prefer
предприя́тие enterprise
предрассу́док prejudice
председа́тель, председа́тельница chairman
представи́тель representative
предста́вить (p) to introduce, present
представле́ние concept
представля́ющий representing
предстоя́щий forthcoming
пре́жде before
прекра́сно perfectly, wonderfully
прекра́сный excellent, beautiful
преле́стный charming
преподава́тель teacher

словарь

преподава́ть (*i*) to teach
приближа́ться (*i*) to approach, come near
приве́л halt, rest, bivouac
привезти́ (*p*) to bring
привести́ (*p*) to lead; bring
приве́т greetings, regards
приве́тствовать (*i*) to greet
привле́чь (*p*) to attract
пригласи́ть (*p*) to invite
пригото́вить (*p*) to prepare
пригото́влен (*s.f.*) prepared
прие́зд arrival
прие́зжий stranger, new arrival
приём reception
приёмная waiting room
прие́хавший one who has arrived
приземли́ться (*p*) to land
призна́ть (*p*) to admit
призы́в call
приказа́ть (*p*) to order
прикреплён (*s.f.*) attached
прила́вок counter
прилета́ть (*i*) to arrive by air, fly in
приме́рить (*p*) to try on
при́мус primus-stove, kerosene-burner
принадлежа́ть (*i*) to belong
принадле́жности supplies, implements
принима́ть (*i*) to take, receive, accept
приноси́ть (*i*) to bring
принципиа́льный of principle (*adj.*)
при́нят (*s.f.*) adopted
приня́ть (*p*) to take, receive, accept
приро́да nature
при́стань pier
приходи́ть (*i*) to come, arrive
прича́ливать (*i*) to moor
причеса́ться (*p*) to comb one's hair
причёсан (*s.f.*) combed
причёска hairdo
причёсываться (*i*) to comb one's hair
прия́тель friend
прия́тно pleasantly, pleased
прия́тный pleasant
пробира́ться (*i*) to make one's way through
пробы́ть (*p*) to stay
провари́ть (*p*) to cook through
прове́рить (*p*) to check
прове́рочная checking, testing
провести́ (*p*) to spend

провинциа́л provincial, country bumpkin
прови́нция province, backwoods
проводи́ть вре́мя (*i*) to spend time
проводи́ть (*i*) to lead, accompany, take leave
прогно́з forecast
проголода́ться (*p*) to become hungry
програ́мма program
продава́ть (*i*) to sell
продава́ться (*i*) to be on sale
продаве́ц salesman
продавщи́ца saleslady
прода́жа sale
продово́льственный food (*adj.*)
продолжа́ть (*i*) to continue
продолжа́ться (*i*) to last
продо́лжить (*p*) to extend, continue
продукти́вен (*s.f.*) productive
проду́кты food products
проезжа́ть (*i*) to go through, pass
прое́хать (*p*) to get to, pass
прозаи́ческий prosaic
производи́ть (*i*) to produce
произво́дственный production (*adj.*)
произво́дство production
произноси́ть (*i*) to pronounce
промы́шленный industrial
происходи́ть (*i*) to take place
происходя́щий happening
пройти́ (*p*) to pass
прописа́ть (*p*) to prescribe
пропусти́ть (*p*) to miss
проси́ть (*i*) to ask
просну́ться (*p*) to wake up
прост (*s.f.*) simple
прости́ть (*p*) to forgive
про́сто simply
простоква́ша curdled milk, yogurt
простра́нство space
просту́да cold
простуди́ться (*p*) to catch a cold
просту́жен having a cold, with a cold
простыня́ sheet
просыпа́ться (*i*) to wake up
протестова́ть (*i*) to protest
проти́вник opponent
профессиона́льный professional
профе́ссия profession
профе́ссор professor
профсою́з trade union
проходи́ть (*i*) to pass

216

словáрь

проходя́щий passing
прохо́жий passerby
проце́сс process
прочѐсть (p) to read through
про́чий other
про́чный firm, wear-resistant
про́шлое past
про́шлый past (adj.)
про́ще simpler
проще́ние pardon, forgiveness
прыжо́к jump, leap
пря́мо straight
прямо́й straight (adj.)
пря́ник gingerbread
пу́блика public
пу́динг pudding
пунш punch
пурга́ snow storm
пуст (s.f.) empty
пусты́ня desert
пустя́к trifle
путеводи́тель guide, guidebook
путеше́ственник traveller
путеше́ствие trip, journey
путеше́ствовать (i) to travel
пути́ сообще́ния means of transportation
пу́шечный gun, artillery (adj.)
пылесо́с vacuum cleaner
пыль dust
пы́льник lightweight coat
пье́са play
пюре́ puree
пятимину́тный five-minute (adj.)
пятия́русный consisting of five tiers
пятьдеся́т fifty

Р

раб slave
рабо́тник worker
рабо́чий worker
равни́на plain
ра́ди Бо́га for God's sake
ра́достный joyous
разбе́г running start
разбежа́вшись after a running start
разби́ть (p) to crush, break
разбуди́ть (p) to awaken
ра́зве really
разведён (s.f.) divorced
развива́ть (i) to develop

разви́тие development
развлека́ться (i) to have fun
развлече́ние amusement, entertainment
разга́р climax, full swing
разгова́ривать (i) to talk
разговля́ться (i) to break the fast
разгово́р conversation
разгоня́ть (i) to drive apart
раздева́ться (i) to undress
разлага́ющийся decaying
разли́чный different
разложи́ть (p) to sort out; decompose
разме́р size
разнообра́зие variety
разнообра́зный varied
разноси́ть convey, deliver
ра́зный different
разочаро́ван (s.f.) disappointed
разраба́тывать (i) to work out
разрабо́тан (s.f.) worked out
разреша́ться (i) to be allowed
разреши́ть (p) to allow; solve
разъе́зды travel, going back and forth
разъезжа́ться (i) to go in different directions
рак crayfish
ра́ньше earlier, before
раскрепощён (s.f.) emancipated
раскры́ть (p) to open
расписа́ние schedule
распла́чиваться (i) to pay
распоряже́ние order, instruction, disposal
распоря́док schedule
распредели́ть (p) to plan; distribute
распрода́жа sale
распро́дан (s.f.) sold out
распуга́ть (p) to frighten away
распу́хший swollen
расска́з story
рассказа́ть (p) to tell
рассма́тривать (i) to look at, inspect
расстоя́ние distance
расте́ние plant
расти́ (i) to grow
расти́тельный vegetation (adj.)
расчеса́ть (p) to comb
расчи́тывать (i) to count on
расши́риться (p) to widen, expand
расшуме́ться (p) to make noise
расщепле́ние splitting
реакти́вный jet (adj.)

словарь   217

револю́ция revolution
реди́ска radish
ре́дко rarely
результа́т result
режиссёр producer, director
река́ river
рекла́ма advertisement
рекомендова́ть (i) and (p) to recommend
реко́рд record
ре́па turnip
репертуа́р repertoire, repertory
репроду́ктор loudspeaker
рефери́ referee
речь speech
реце́пт prescription
реша́ться (i) to decide
реши́тельно resolutely
реши́ть (p) to decide
ринг ring
ро́вный even, level
роди́ться (p) to be born
родно́й native, relative
родня́ relatives
рожде́ние birth
Рождество́ Christmas
ро́за rose
ро́зовый pink, rose (adj.)
роль role
ром rum
рома́н novel
ро́скошь luxury
рост height
росто́к shoot
рот mouth
ро́ща grove
роя́ль grand piano
руба́шка shirt
рубль ruble
рука́ hand, arm
рукави́ца glove, mitten
руководи́тель leader of the group
руково́дство leadership
румя́нец blush, color (face)
руча́ться (i) to vouch
ру́чка pen
ры́ба fish
рыболо́в fisherman
ры́бный fish (adj.)
ры́жий red (hair)
рюкза́к knapsack, rucksack
рю́мка glass, jigger

ря́бчик grouse
ряд row

С

сади́ться (i) to sit down
сала́т salad, lettuce
сало́н salon
салфе́тка napkin
самовыраже́ние self-expression
самоде́ятельность spontaneous activity, amateur performance
самолёт airplane
самостоя́тельность self-reliance
са́мый most
санда́лий sandal
са́ндвич sandwich
са́ни sled, sleigh
сапоги́ boots
сарди́на sardine
са́харница sugar bowl
сбо́ры preparations
свари́ть (p) to cook
све́дения information
све́жий fresh
сверхуро́чный overtime (adj.)
свет light
све́тлый light (adj.)
светофо́р traffic light
свида́ние meeting, date
свини́на pork
сви́тер sweater
свобо́да freedom
свобо́ден (s.f.) free
свы́ше more than
свя́зан (s.f.) connected
свя́занный connected
связь connection, tie
свято́й saint
свяще́нник priest
сда́ча change
сде́лан (s.f.) done, made
сде́лать (p) to do, make
сде́лать вид (p) to pretend
сеа́нс show (movie)
се́вер north
се́верный northern
сего́дняшний today's
седо́й gray (hair)
сезо́н season
сезо́нный seasonal
секрета́рша secretary
се́кция section

слова́рь

селёдка herring
сельдерей celery
сельскохозяйственный agricultural
сёмга salmon
семейный family (adj.)
семилетка seven-year school
семинар seminar
семья family
сенсационный sensational
сердечный heart (adj.), heartfelt
сердце heart
серебряный silver (adj.)
середина middle
серьёзен (s.f.) serious
серьёзный serious
серый gray
сесть (p) to sit down
сидеть (i) to sit
сила force
сильный strong
симфонический symphonic
сказка fairy tale
сквер square
скидка price reduction
складывать (i) to put, pile up
скорей faster
скоростной fast
скорый fast
скрипка violin
скрипач violinist
скромный modest
скрывать (i) to hide, conceal
скука boredom
слабый weak
слава fame, glory
сладкое dessert
следить (i) to watch
следовать (i) to follow
следующий following, next
слива plum
сливки cream
сливочный cream (adj.)
слишком too
слово word
сложение build
сложный complicated
служащий employee
служба job, service
служебный job, office (adj.)
служить (i) to work, serve; celebrate
случиться (p) to happen
слыхать (i) to hear

слышать (i) to hear
смена change
сметана sour cream
смородина currant
смотреть (i) to look
смочь (p) to be able to, manage
снаряжение equipment
снежный snow (adj.)
снимать (i) to take off
снимок photograph, X ray
сноб snob
снят (s.f.) photographed
собака dog
собираться (i) to get ready, plan, gather
соблюдать (i) to maintain
собор cathedral
собрание meeting, conglomeration
собраться (p) to get ready, gather
совершенно completely
совершить (p) to carry out
совет advice
советовать (i) to advise
совещание conference
совмещать (i) to combine
современный contemporary
совсем completely, at all
согласен (s.f.) agreeable, in agreement
согласие consent, agreement
согласиться (p) to agree, consent
содержание content
соединённый united
сожаление regret
создать (p) to create
сознаться (p) to confess
сойти с ума to go insane
сок juice
солёный salted
соломенный straw (adj.)
соль salt
сомневаться (i) to doubt
соната sonata
сообща together
сообщение connection
соревнование competition
сорт grade, sort, kind
сосед neighbor
соседний neighboring, next
сосиска sausage, frankfurter
сосредоточен (s.f.) concentrated
состав cast
состязание contest

словарь

состязáться (i) to compete
сóтня a hundred
сóус sauce
социалистúческий socialist (adj.)
сочетáние combination
спáльный sleeping (adj.)
спáржа asparagus
спастúсь (p) to save oneself
спать (i) to sleep
спектáкль performance
специалúст specialist
специáльно especially
специáльность speciality, profession
специáльный special
спецóвка overalls
спéшный urgent
спинá back
спиртнóй alcoholic
спокóйно quietly
спокóйный quiet
спóрить (i) to argue
спорт sport
спортúвный sport (adj.)
спорткружóк sports club
спортсмéн sportsman
спóсоб means, way
спосóбности ability, talents
спосóбствовать (i) to further, assist
спрáвиться (p) to manage
спрáвка information
спрáвочное бюрó information center
спрúнтерский sprint (adj.)
спросúть (p) to ask
спускáться (i) to descend
спящий sleeping
сравнúтельно comparatively
срáзу at once
средú among
срéдний medium, middle, average
срéдняя шкóла secondary school
срéдство means
срок time
срывáть (i) to tear off
ссóриться (i) to quarrel
СССР USSR
стáвить (i) to put, stage
стадиóн stadium
стакáн glass
стандáрт standard
становúться (i) to become
стáнция station
стáраться (i) to try

старúнный ancient
старожúл old resident
стáрость old age
стáрший older, elder, oldest, eldest
стать (p) to become
стеклó glass
стеклянный glass (adj.)
стеннóй wall (adj.)
стенографúстка stenographer
стереоскопúческий stereoscopic
стóит (i) to cost, be worth (it)
столúца capital
столóвая dining room
стóлько so many, so much
сторонá side
стоянка parking
стоящий standing
страдáть (i) to suffer
странá country
странúца page
стремлéние aspiration
стрóгий stern, strict
стрóго sternly, strictly
стрóитель builder
стрoúтельство building, construction
стыдно shameful
сувенúр souvenir
сугрóб snowdrift
судúть (i) to judge
судья judge
суетá fuss, bustle
сумéть (p) to be able to, manage to
сýмка handbag
сýмочка handbag
сурóвый harsh
сухóй dry
существовáть (i) to exist
сходúть (i) to get off
схóдство resemblance
сцéна stage, scene
сценáрий scenario, screen script
счастлúвый happy
счёт count
считáться (i) to be considered
США USA
съёмка shooting a film
сырный cheese (adj.)
сырóй humid
сырость humidity
сыт full
сюрпрúз surprise

словáрь

Т

такóй such
таксú taxicab
тáнец dance
танцóр dancer
тáпочки sneakers
тарéлка plate
тáять (*i*) to melt, thaw
творóг cottage cheese
твóрческий creative
театрáльный theater (*adj.*)
телевúзор television set
телегрáф telegraph
телеграфúровать (*i*) *and* (*p*) to send a cable
телефóн telephone
телятина veal
темп tempo
тéннис tennis
тéннисный tennis (*adj.*)
теóрия theory
тепловóз diesel locomotive
тёплый warm
терáсса terrace
терять (*i*) to lose
тéсный crowded, tight
тётка aunt
тетрáдь notebook
технúческий technical
тёща mother-in-law
тип type
типúчно typically
тúхо quietly
тишинá quiet
товáр merchandise
толкáться (*i*) to mill around, push each other
толпá crowd
толпúться (*i*) to throng
томáт tomato
томý назáд ago
торгóвля trade
торгóво-промышленный trade and industrial (*adj.*)
торгóвый trade (*adj.*)
торжéственный solemn
торт cake
тост toast
тóчка point, spot
тóчно exactly
тóчный exact
трагúческий tragic

традúция tradition
трáнспорт transport, transportation
трап ship's ladder
трáтить (*i*) to spend
трéбование demand
трéбовать (*i*) to demand
трéбоваться (*i*) to be needed
трек track
тренировáться (*i*) to train
тренирóвка training
треск crackling
трéтье dessert
трёхэтáжный three-storied
трикотáж knitted wear
трóе three
троллéйбус trolley
трóнут (*s.f.*) touched (*adj.*)
трóпики tropics
тропúческий tropical
тротуáр sidewalk
трýбка receiver
труд work, labor
трудовóй labor (*adj.*)
трýппа troupe
трюк trick
тумáн fog
тупúк dead end
турúст tourist
туристúческий tourist (*adj.*)
туфля shoe
тýча storm cloud
тушёный braised, smothered, stewed
тыквенный pumpkin (*adj.*)
тяжёлый heavy

У

убирáть (*i*) to straighten up, clear
убрáнство furnishings
уважáемый respected
увелúчить (*p*) to increase
увéрен (*s.f.*) convinced
увúдеть (*p*) to see
увлекáться (*i*) to be carried away, take a great interest in
увлечён (*s.f.*) carried away
уговáривать (*i*) to try to persuade
угóдно any
ýгол corner
удáться (*p*) to turn out well, work out
удáча luck, success
удáчен (*s.f.*) successful
удивúтельно surprising

словáрь

удивле́ние surprise
уди́ть (*i*) to fish, catch fish
удо́бнее more convenient
удо́бство comfort
удово́льствие pleasure
у́дочка fishing rod
уезжа́ть (*i*) to leave
уе́хать (*p*) to leave
у́жас horror
ужа́сно horribly
у́зко эгоисти́ческий egotistical
узнава́ть (*i*) to recognize
уйти́ (*p*) to leave, go
Украи́на Ukraine
украша́ть (*i*) to decorate, embellish
укрепля́ть (*i*) to strengthen
укры́ться (*p*) to find shelter
у́личный street (*adj.*)
уло́в catch
уло́жен (*s.f.*) packed
уме́ренный moderate, temperate
умере́ть (*p*) to die
умира́ть (*i*) to die
у́мница smart girl
у́мственный intellectual, mental
умыва́ться (*i*) to wash oneself
универма́г department store
университе́тский university (*adj.*)
упакова́ть (*p*) to pack
уполномо́ченный authorized representative
упомина́ться (*i*) to be mentioned
упражне́ние exercise
урожа́й harvest, crop
усло́вие condition
усло́виться (*p*) to arrange
услу́га service
услы́шать (*p*) to hear
успе́ть (*p*) to have the time to
успе́х success
уста́лость tiredness
устана́вливать (*i*) to establish
установи́ться (*p*) to be; become established
устано́вка establishment, position
устано́влен (*s.f.*) established
устра́ивать (*i*) to arrange
устра́иваться (*i*) to be arranged
уста́ть (*p*) to be tired, get tired
у́стрица oyster
устро́енный arranged, made
устро́ить (*p*) to arrange

уступа́ть to yield, be inferior to
у́тка duck
у́тренний morning (*adj.*)
уха́ fish chowder
у́хо ear
уча́ствовать (*i*) to participate
уча́стие part, participation
уче́бное заведе́ние school
уче́бный school (*adj.*)
учени́к pupil
учёный scientist
учи́ться to study, learn
учрежде́ние institution
уша́нка warm cap

Ф

фаза́н pheasant
факт fact
факульте́т school, department
фарширо́ваный stuffed
фасо́ль green beans
фасо́н design
фейерве́рки fireworks
фигу́ра figure
фи́зик physicist
фи́зика physics
фильм film
финанси́ст financier
фиоле́товый violet
флот navy, fleet
форе́ль trout
фо́рма uniform
формирова́ние forming, formation
формирова́ться to be formed
фотоаппара́т camera
фотосни́мок snapshot, photograph
францу́зская борьба́ French wrestling
францу́зский French
фрикаде́льки meatballs
фрукт fruit
фундамента́льный fundamental
футбо́л football, soccer
футбо́льный football, soccer (*adj.*)

Х

хала́т coat, gown
хао́с chaos
хара́ктер character
хва́тит enough
хими́ческий chemical
хлопу́шка cracker
хло́пья flakes

словáрь

ход progress
хозя́ин master, boss
хозя́йка hostess
хокке́й hockey
холостя́к bachelor
хор choir
хотя́ бы even if
христиа́нский Christian (adj.)
ху́до harm, evil
худо́жественный artistic
худо́жник artist
худо́й thin
ху́же worse
хулига́н ruffian

Ц

цветна́я капу́ста cauliflower
цветно́й colored
цвету́щий blooming
целина́ virgin soil, land
цели́нный virgin (adj.)
целова́ть (i) to kiss
целова́ться (i) to kiss
цени́ть (i) to value
центр center
це́рковь church
цыплёнок chicken

Ч

чаевы́е tips
часова́я стре́лка hand (clock)
ча́стник private merchant
ча́стый frequent
часть part
часы́ watch, clock
ча́шка cup
ча́ще more often
чей whose
чемода́н suitcase
чемпиона́т championship
чепуха́ nonsense
черта́ trait
честь honor
четве́рг Thursday
че́тверть quarter
чётко accurately, clearly
че́ховский Chekhov's
чи́сто purely
чи́стый pure
член member
чорт devil
что́бы in order to, so as to

что́-нибудь something
что́-то something
чу́вство feeling
чулки́ stockings
чуть бы́ло almost

Ш

шаг step
шаль shawl
шампа́нское champagne
шар sphere
шарф scarf
шахмати́ст chess player
ша́хматы chess
шашлы́к shish kebab
швейца́рский Swiss
шёлк silk
шерстяно́й wool (adj.)
ше́я neck, throat
шко́ла school
шко́льник pupil
шко́льный school (adj.)
шля́па hat
шля́пный hat (adj.)
шокола́дный chocolate (adj.)
шпина́т spinach
шпро́ты sprats
штат state
што́ра drape, curtain
шу́ба winter coat

Щ

щека́ cheek
щи cabbage soup
щу́ка pike

Э

эгоисти́ческий egoistic
экза́мен examination
эконо́мист economist
эконо́мить (i) to economise, save up
экра́н screen
экскурсово́д guide
э́кспортно-и́мпортный export-import (adj.)
э́кспортный export (adj.)
экспре́сс express train, boat
элега́нтный well-dressed, elegant
электрово́з electric locomotive
электроте́хник electrician
электротова́ры electric appliances
энерги́чный energetic

словáрь

эскала́тор escalator
эстра́да stage
этю́д etude
э́хо echo

Ю

юбиле́й anniversary
ю́бка skirt
ювели́рный jewelry (*adj.*)
юг south
юриди́ческий law (*adj.*)
юри́ст lawyer

Я

я́блоко apple
я́блочный apple (*adj.*)
я́года berry
я́дерный nuclear
язы́к tongue
яи́чница-глазу́нья fried egg
яйцо́ egg
Яку́тия Yakut Republic
япо́нский Japanese
я́сно clear, clearly

слова́рь